■ 2022年度浙江省哲学社会科学规划后期资助课题研究成果

（编号：22HQZZ44YB）

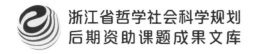

浙江省哲学社会科学规划
后期资助课题成果文库

中国房地产投资的挤出效应研究

刘孝斌　著

ZHEJIANG UNIVERSITY PRESS
浙江大学出版社
·杭州·

图书在版编目(CIP)数据

中国房地产投资的挤出效应研究 / 刘孝斌著. —杭州：浙江大学出版社，2022.12

ISBN 978-7-308-23412-2

Ⅰ. ①中… Ⅱ. ①刘… Ⅲ. ①房地产投资－研究－中国 Ⅳ. ①F299.233.53

中国版本图书馆 CIP 数据核字(2022)第 245739 号

中国房地产投资的挤出效应研究

刘孝斌　著

策划编辑	吴伟伟
责任编辑	陈思佳(chensijia_ruc@163.com)
文字编辑	谢艳琴
责任校对	陈逸行
封面设计	周　灵
出版发行	浙江大学出版社
	(杭州市天目山路 148 号　邮政编码 310007)
	(网址:http://www.zjupress.com)
排　　版	杭州朝曦图文设计有限公司
印　　刷	广东虎彩云印刷有限公司绍兴分公司
开　　本	710mm×1000mm　1/16
印　　张	17.75
字　　数	320 千
版 印 次	2022 年 12 月第 1 版　2022 年 12 月第 1 次印刷
书　　号	ISBN 978-7-308-23412-2
定　　价	78.00 元

前　言

　　自 2015 年 12 月"去库存"以来，中国房地产业进入新的发展周期。"去库存"与中国房地产投资"大扩张"、中国房价的"大涨幅"并存，形成中国房地产业新的阶段性特征。研究房地产投资的挤出效应以促进房地产业和国民经济健康稳定发展，就成为当前一个非常重要的现实课题。

　　对挤出效应理论的一般性逻辑进行梳理，并回顾挤出效应在其他领域的扩展，例如社会规范、信贷市场、上市公司过度融资行为、旅游业等，形成房地产投资挤出效应研究的理论基础。

　　参考挤出效应的一般性逻辑和扩展，并联系中国房地产投资的实际，本书选择其他投资、制造业和居民消费三个视角来观察中国房地产投资的挤出效应。在演进过程中，房地产投资对其他投资的挤出效应最早产生，对制造业的挤出效应其次，对居民消费的挤出效应最后。

　　房地产投资对其他投资的挤出效应指房地产业对投资的过度吸附导致其他产业投资的流失。在理论基础之上，进一步参考 Agosin 和 Machado(2005)的回归方程，构建滞后两期的差分方程作为实证检验方程。对差分方程进行求导可以得到房地产投资对其他投资挤出效应的计算公式，它由两部分组成：房地产投资对其他投资的直接挤出效应和间接挤出效应。直接挤出效应指房地产投资对其他投资的"固有"挤出倾向，间接挤出效应指房地产业投入产出系数，不具有"固有"倾向，会随着房地产业的发展而变化。房地产投资对其他投资直接挤出效应和间接挤出效应的提出，是对房地产挤出效应研究的小小创新。

　　房地产投资对制造业的挤出效应指房地产投资的增加导致房地产业对生产要素的过度吸附，阻碍生产要素向制造业流动，从而制约制造业发展的现象。在理论基础之上，进一步参考 Mendicino 和 Punzi(2014)、Chakraborty 等(2018)等研究，建立房地产投资对制造业挤出效应的回归方程。在实证分析的过程中,主要关注"去库存"以来中国房地产投资对制造业的挤出效应。

房地产投资对居民消费的挤出效应指房地产投资的增加通过影响房地产市场预期促使房价上涨,进而削弱居民消费能力的现象。在房地产投资对居民消费挤出效应的分析框架中,鉴于通货膨胀对房地产业和居民消费的影响均比较大,不同的通胀水平下房地产投资对居民消费的挤出效应可能会出现较大的差异性。于是选择门限效应模型进行回归,以观察不同的通胀水平下房地产投资对居民消费挤出效应的差异性。

以中国 31 个省级行政区 2003—2017 年的面板数据为样本,实证检验中国房地产投资对其他投资的挤出效应,得出的结论为:在全国总体样本回归中,λ_1 是一个正数,这意味着中国房地产投资对其他投资产生了正的直接挤出效应,房地产投资对其他投资存在正的挤出倾向;λ_2 是一个负数,中国房地产投资对其他投资产生了负的间接挤出效应,这意味着中国房地产业对投资的吸引力在减弱,其他产业投资会相对增加。在分样本回归中,我们可以得出以下结论:东部地区的直接挤出效应为负,表明东部地区的房地产投资不但没有"直接挤出"其他投资,反而"直接挤入"了其他投资,东部地区的间接挤出效应为正,意味着东部地区房地产业对投资的吸引力在增强,其他产业投资会相对减少;中部地区直接挤出效应为正,间接挤出效应为正;西部地区直接挤出效应为正,间接挤出效应为负。对比来看,全国总体、东部地区、中部地区、西部地区的直接挤出效应大小不同,间接挤出效应的方向不同,这表明中国房地产投资挤出效应存在区域差异性。经过稳健性检验,以上实证检验结果是稳健的。

以中国 2015 年 12 月—2019 年 12 月的月度时间序列数据作为样本数据("去库存"从 2015 年 12 月 20 日开始),实证检验中国房地产投资对制造业的挤出效应,得出的结论为:房地产投资对制造业产生显著的挤出效应,说明"去库存"以来房地产投资与制造业之间产生了"挤出"的关系,这对于理解当前阶段房地产业的阶段性特征以及制定相应的调控政策是有帮助的。以上结果具有稳健性。

以中国 2001—2017 年的面板数据为样本,实证检验中国房地产投资对居民消费的挤出效应,得出的结论为:当通货膨胀率处于较低水平时(即低于门限值),房地产投资对居民消费水平产生显著的正向影响;当通货膨胀率突破门限值后,房地产投资对居民消费水平仍然产生显著的正向影响,并且估计系数更大。因此,可以认为房地产投资对居民消费水平产生了负向的挤出效应(也即挤入效应),并且这种负向挤出的程度在通货膨胀率较高的背景下更大,这体现了房地产投资挤出效应的阶段差异性。以上结果具有稳健性。

对实证检验结果进行综合分析发现,中国房地产投资的挤出效应具有三个特征:房地产投资挤出效应的区域差异性、房地产投资挤出效应的城乡差异性、房地产投资挤出效应的阶段差异性。

基于实证检验结果以及对实证检验结果的分析,调控房地产投资的挤出效应,促进房地产业健康发展的政策建议为:探索房地产投资分区域分阶段调控制度;促进房地产业与其他产业协调发展;减轻国民经济对房地产业的依赖;加强房地产市场健康发展的长效机制建设;化解房地产泡沫,防范房地产业风险;优化房地产业的宏观调控机制。

目　录

第一章

绪　论

第一节 选题背景与研究意义

一、选题背景

房地产业是国民经济的一个重要领域,在整个国民经济体系中具有十分重要的地位和作用。房地产业发展健康与否不仅直接关系国计民生,还关系我国经济能否实现健康稳定和可持续发展。房地产业在拉动国民经济增长、增加财政收入和扩大就业等方面起到积极作用。但是在房地产业快速发展的过程中,出现了区域投资过热、房价增长过快、供应结构失衡等一系列问题,特别是房地产投资过热、信贷增长过快、房价涨幅过高等问题导致房地产业存在较大风险。

第一,我国房地产投资仍然保持较快增长①。2015年12月,中央经济工作会议提出,2016年经济社会发展主要是抓好去产能、去库存、去杠杆、降成本、补短板五大任务。② 但即使是在"去库存"的政策背景下,中国房地产业依然保持较快增长,特别是住宅开发投资。2015年12月,中国房地产开发投资(累计值)为95978.85亿元,同比增长1.0%(见图1-1),到2019年9月,中国房地产开发投资(累计值)为98007.67亿元,同比增长达到10.5%,是2015年12月同比增长率的10.5倍。2015年12月,中国房地产住宅开发投资(累计值)为64595.24亿元,同比增长0.4%,到2019年9月,中国房地产住宅开发投资(累计值)为72145.72亿元,同比增长高达14.9%,是2015年12月同比增长率的37倍。图1-2为2000年2月—2019年9月中国房地产开发投资累计增长率与中国房地产住宅开发投资累计增长率的散点图,图中的散点拟合成一条向右上方倾斜的直线。因此,中国房地产开发投资累计增长率和房地产住宅开发投资累计增长率保持"共振"态势,房地产住宅开

---

① 房地产投资是以房地产为对象,为获得预期效益而对土地和房地产开发、房地产经营,以及购置房地产等进行的投资。房地产开发投资、固定资产投资中的房地产业投资等都是房地产投资的重要形式。本书在宏观范畴分析房地产投资,排除了微观范畴的房地产投资行为,比如个人购买房地产。

② 中央经济工作会议举行 习近平李克强作重要讲话[EB/OL]. (2015-12-21)[2020-08-11]. http://www.gov.cn/xinwen/2015-12/21/content_5026332.htm.

发投资增长是整个房地产开发投资增长的重要支撑。与此同时,中国住房价格维持较快增长。例如,一线城市的代表——北京市的二手房均价在 2015 年 12 月是 39437 元,到 2018 年 10 月涨到了 60436 元,涨幅达 53.2%。二线城市的代表——杭州市的二手房均价在 2015 年 12 月为 16080 元,到 2018 年 10 月涨到了 29068 元,涨幅达 80.8%。中小城市的代表——惠州市的二手房均价在 2015 年 12 月为 6125 元,到 2018 年 10 月涨到了 10258 元,涨幅达 67.5%(房价数据均来源于安居客)。"去库存"与中国房地产投资"大扩张"、中国房价的"大涨幅"并存,形成中国房地产业新的阶段性特征。

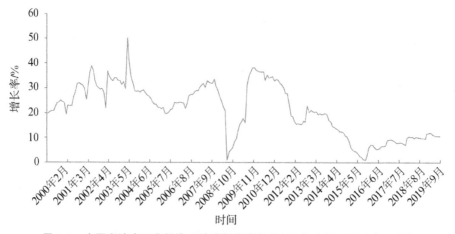

图 1-1　中国房地产开发投资累计增长率变化(2000 年 2 月—2019 年 8 月)

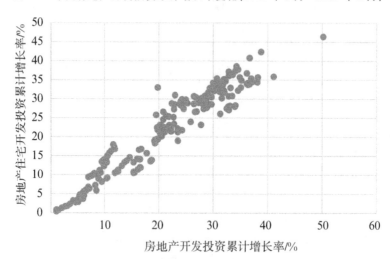

图 1-2　中国房地产开发投资累计增长率与中国房地产住宅开发投资
累计增长率散点图(2000 年 2 月—2019 年 9 月)

第二,中国固定资产投资中房地产业投资占比过高,对其他产业投资存在"挤占"现象。2015 年 10 月—2018 年 3 月,中国房地产开发投资额(累计值)占固定资产投资完成额(累计值)的比重月平均值为 18.82%(见图 1-3),也即固定资产投资完成额中有很大一部分来自房地产开发投资。从增长率来看,中国固定资产投资额(累计值)的同比增长率在 2015 年 10 月至 2016 年 12 月之间的月平均值为 8.76%,而中国房地产开发投资额(累计值)的月平均值为 5.02%,但是在 2017 年 2 月至 2019 年 9 月之间情况有了反转,中国固定资产投资额(累计值)同比增长率的月平均值为 6.81%,而中国房地产开发投资额(累计值)同比增长率的月平均值则上升到 9.65%(见图 1-4),超过固定资产投资额累计增长率。2003 年至 2017 年间,房地产业固定资产投资占全社会固定资产投资总额比重的年平均值为 24.10%,在所有行业中仅次于制造业(制造业固定资产投资占全社会固定资产投资总额的比重年平均值为 31.48%),但是从两者占比的差距来看,从 2011 年开始两者之间的差距在缩小(见图 1-5)。进一步观察短期增长趋势,2016 年 3 月—2019 年 9 月房地产业固定资产投资额(累计值)同比增长率的月均值为 7.52%,而制造业固定资产投资额(累计值)同比增长率的月均值仅为 4.90%,房地产业固定资产投资额的增速远远超过了制造业固定资产投资额的增速(见图 1-6)。这意味着房地产业固定资产投资额占固定资产投资总额的比重将出现上升的趋势,而制造业固定资产投资额占固定资产投资总额的比重会有下降的趋势,"一升一降"似乎显示了房地产业固定资产投资对制造业固定资产投资的"挤出"。

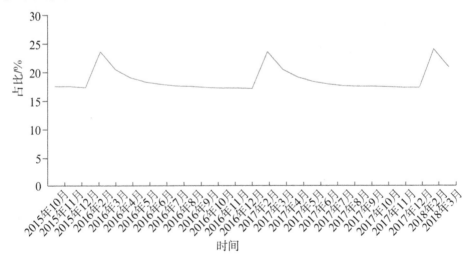

图 1-3　中国房地产开发投资额累计值占固定资产投资完成额
累计值的比重变化(2015 年 10 月—2018 年 3 月)

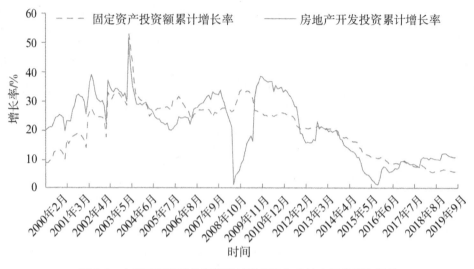

**图 1-4　中国固定资产投资额累计增长率与房地产开发投资累计
增长率的比较（2000 年 2 月—2019 年 9 月）**

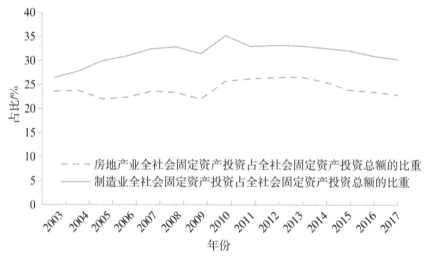

**图 1-5　房地产业和制造业全社会固定资产投资分别占
全社会固定资产投资总额的比重变化（2003—2017 年）**

第三,中国房价收入比的持续偏高正在削弱居民消费能力。根据凯恩斯的收入理论,消费取决于收入。于是,当房价偏离收入(表现为房价过高给居民收入带来了较大负担)的程度越大,居民消费能力将越低。用房价收入比作为房价与收入偏离程度的衡量指标,发现全国 35 个重点城市 2017 年的房价收入比均在 6 以上,并且有半数以上的城市在 10 以上,其中,深圳市甚至高达 39.64(房价收入比数据来源于中房智库研究院)。房价收入比越高,居民收入被房地产"侵占"的比例就越高,于是当期以及未来的消费能力将被削弱。进一步考察中国商品住宅销售额与社会消费品零售总额的增长率。2014 年 6 月—2019 年 9 月中国商品住宅销售额(累计值)同比增长率月均值为 21.27％,而社会消费品零售总额(累计值)同比增长率月均值为 9.76％,商品住宅销售额的增长速度远超社会消费品零售总额的增长速度(见图 1-7)。如果商品住宅销售额的高速增长持续下去,居民收入被房地产不断"固化",消费的潜在增长速度将受损。中国房价收入比的偏高导致居民消费能力受到削弱,房地产对居民消费造成"挤出"效应。

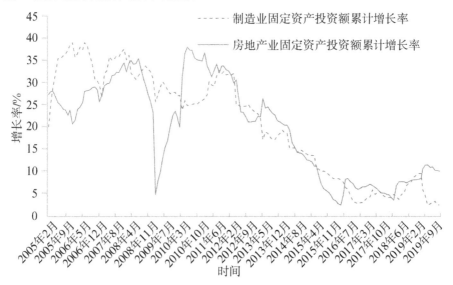

图 1-6 制造业固定资产投资额累计增长率与房地产业固定资产投资额累计增长率的比较(2005 年 2 月—2019 年 9 月)

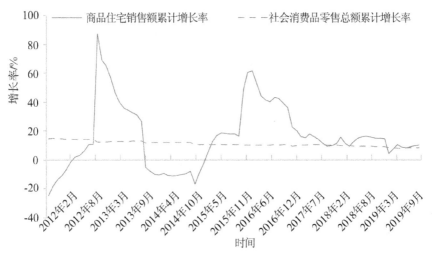

图 1-7 商品住宅销售额累计增长率与社会消费品零售总额累计增长率的比较(2012 年 2 月—2019 年 9 月)

第四,中国房地产业对信贷资金的过度"吸附能力",正在对其他行业的发展进行"抽水"。房地产业对信贷资金的过度"吸附能力"集中体现在房地产贷款占全部贷款总额的比重上。截至 2018 年 6 月末,全国人民币房地产贷款余额为 35.78 万亿元,房地产贷款占全部贷款的比重达到 27.7%。从新增贷款来看,2017 年、2018 年房地产新增贷款占全部新增贷款的比重分别达到 45.1% 和 40.7%。从增速来看,2004 年以来,房地产贷款增速总体保持高于全部贷款增速的水平,房地产贷款占全部贷款的比重也在持续上升(以上数据来源于 WIND)。房地产业对贷款的超强"吸附能力"在一定程度上对其他行业的贷款投放进行了"抽水"。以工业中长期贷款为例,截至 2018 年 6 月末,工业中长期贷款余额为 8.43 万亿元,占全部中长期贷款的比重为 16.2%,远低于房地产贷款的比重,并且自 2011 年以来,工业中长期贷款增速始终低于 10%,工业中长期贷款增速从 2010 年开始呈现逐年下滑的态势(以上数据来源于 WIND)。缺乏信贷资金的投放(尤其是新增贷款的投放),房地产之外行业的发展速度将受限。

第五,中国房地产业长期高速扩张累积的风险加大。2016 年,中国房地产总市值占 GDP 的比例为 411%,远高于全球 260% 的平均水平(任泽平,2016)。2000 年至 2017 年,中国房地产开发企业的资产负债率年平均值为 75.31%,2017 年达到最高点 79.10%,并且在 2012 年到 2017 年之间呈现出逐年上升的趋势(见图 1-8)。资产负债率常年在 70% 以上运行,中国房地产开发企业的风险值得关注。从 2003 年到 2013 年,国务院先后发布《国务院关于促进房地产市场持续健康发展的通知》(2003 年)、《国务院办公厅关于促进房地产市场健康发展的若干意见》(2008 年)、《国务院办公厅关于促进房地产市场平稳健康发展的通知》(2010 年)、《国务院办公厅关于进一步做好房地产市场调控工作有关问题的通知》(2011 年)、《国务院办公厅关于继续做好房地产市场调控工作的通知》(2013 年)。2017 年,党的十九大报告强调"坚持房子是用来住的、不是用来炒的定位"[①],显示了中央调控房地产业的决心。

---

① 习近平:决胜全面建成小康社会 夺取新时代中国特色社会主义伟大胜利——在中国共产党第十九次全国代表大会上的报告[EB/OL].(2017-10-27)[2020-08-09].http://www.gov.cn/zhuanti/2017-10/27/content_5234876.htm.

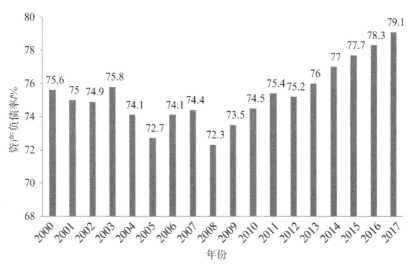

图 1-8 中国房地产开发企业资产负债率（2000—2017 年）

第六，房地产业的平均利润率大大高于社会平均利润率。根据有关数据显示，社会平均利润率在 8％左右，而房地产业的平均利润率可以达到 30％。据中国社会科学院发布的 2011 年《住房绿皮书》披露，2009 年中国房地产行业平均毛利润率为 55.72％，2010 年各行业平均利润率为 6％，可见房地产业的利润率依然高于社会平均利润率。巨大的收益差别，导致大量社会资金流向房地产，造成社会对实体经济投入不足。

2019 年 6 月，中国社会科学院发布的《中国城市竞争力报告 No.17：住房，关系国与家》主题报告指出："尽管 2018 年表面上中国房地产投资对经济增长有 0.6 左右个百分点的带动贡献，但是其挤出效应已大于带动效应。也就是说，上一年房地产对经济增长的综合贡献已经为负。而在许多房价收入比过高的一、二线城市，楼市对消费和投资已经产生了较严重的挤出效应。"因此，认真研究房地产投资的挤出效应，客观评价房地产在我国经济增长中的地位和作用，研究化解房地产风险之策，正确处理房地产业与其他产业的相互关系，促进房地产业和国民经济健康稳定发展，就成为当前一个非常重要的现实课题。

二、研究意义

在"去库存"的背景下研究中国房地产投资的挤出效应既有理论意义也有现实意义。

第一，将挤出效应理论延伸到房地产投资的分析中，拓展了挤出效应的研究视野。挤出效应是宏观经济学的一个基本概念，近年来拓展到了很多领域，比如社会规范、信贷市场、上市公司过度融资行为、旅游业等。本书在挤出效应初始概念和一般性逻辑的基础上,通过变换应用场景,将其延伸到房地产投资的分析中,可以拓展挤出效应的研究视野。

第二,研究房地产投资的挤出效应,有助于合理解决房地产投资与其他投资的关系,进而促进房地产业与其他产业的协调发展以及房地产业本身的健康发展。这一点在"去库存"的背景下更具现实意义。如果房地产投资对其他投资存在强烈的挤出效应,则需要探索房地产投资的调控措施;如果房地产投资对其他投资不存在挤出效应或者存在挤入效应,则需要对房地产投资采取鼓励措施。通过挤出效应反映出的房地产投资与其他投资之间的关系决定了房地产业调控政策的走向。此外,研究房地产投资的挤出效应对于解决当前中国房地产业存在的高风险问题,也能提供启示。

第二节　研究内容与方法

一、研究内容

本书按照"背景—文献—理论—现状—实证—探讨—建议—结论"的逻辑线索进行阐述。本书第一部分为选题背景与研究意义,主要阐述本书的选题背景与研究意义、研究内容与方法,以及研究的重点、难点和创新点。第二部分为房地产投资挤出效应相关研究的文献综述,主要从房地产有关研究的文献、挤出效应有关研究的文献、房地产挤出效应的文献三个方面对目前房地产投资挤出效应的相关研究进行回顾,并在文献回顾的基础上对现有文献进行总体评价,提出本书的创新之处。第三部分是房地产投资挤出效应的理论基础与分析框架,主要阐述挤出效应的相关理论及房地产投资挤出效应的分析框架。第四部分是中国房地产业的发展现状,主要阐述中国房地产价格的变化轨迹、中国房地产市场的强周期性、中国房地产业在国民经济中的地位。第五部分是中国房地产投资挤出效应的实证检验,将从三个角度对中国房地产投资的挤出效应进行实证检验:中国房地产投资对其他投资的挤出效应、中国房地产投资对制造业的挤出效应、中国房地产投资对居民消费的挤出效应。第六部分是对实证检验结果的分析。第七部分是结论与政策建议,对全文进行总结,并在研究结论的基础上,提出调控房地产投资挤出效应、促进中国房地产市场健康发展的政策建议。

二、研究方法

本书采用的研究方法有以下几种。

一是文献分析法。通过对房地产投资挤出效应相关文献的分析,找到本书的价值和创新之处。

二是比较分析法。通过对中国分区域(东、中、西部地区)的房地产投资挤出效应的比较分析,发现中国房地产投资挤出效应的区域差异性。

三是定性分析法。对房地产投资挤出效应进行定性分析,提炼出一些定性结论。

四是实证分析法。对中国房地产投资挤出效应进行实证分析,得出实证分析结论,为调控中国房地产投资挤出效应、促进中国房地产业健康发展的政策思路提供依据。

第三节　研究重点、难点与创新点

一、研究重点

本书的主体部分为中国房地产投资挤出效应的实证检验和对实证检验结果的分析(也即第五章和第六章)。

二、研究难点

本书研究的难点主要有以下两点。

第一,如何在"瞬息万变"的房地产业梳理出最新、最准确的变化趋势,并找到房地产投资挤出效应的直观证据。房地产业每月、每周甚至每天都有新的数据产生,数据的迭代频率非常高。因此,如何在高迭代频率的房地产业数据中探寻房地产业的发展趋势并找到房地产投资挤出效应的"痕迹"并非易事。

第二,房地产投资挤出效应的衡量方法尚无定论,目前相关理论还在探索中。

因而本书的难点之一是找到合适的中国房地产投资挤出效应衡量方法并用于实证分析。

三、可能的创新点

本书可能的创新点体现在以下几个方面。

第一，在房地产投资对其他投资的挤出效应分析框架中提出直接挤出效应和间接挤出效应，这是房地产挤出效应研究的一个小小创新。直接挤出效应指房地产投资对其他投资的"固有"挤出倾向，间接挤出效应指房地产业投入产出系数，不具有"固有"倾向，会随着房地产业的发展而变化。

第二，从已有的研究来看，研究房地产投资挤出效应的文献还不多，因此，本书研究能够深化对该领域的认识，扩充该领域研究的文献资料。

第三，引入非线性方法实证研究房地产投资的挤出效应，能在一定程度上拓展房地产挤出效应研究方法的视野。

第二章

房地产投资挤出效应相关
研究的文献综述

　　本书按照如下思路对房地产投资挤出效应相关研究的现状进行阐述：一是将房地产投资挤出效应相关研究的文献划分为三个组成部分——房地产有关研究的文献、挤出效应有关研究的文献、房地产挤出效应有关研究的文献（如图 2-1 所示）；二是对房地产有关研究的文献进行概述，主要集中在五个方面（房地产投资研究、房地产价格研究、房地产市场调控研究、如何化解房地产泡沫的研究、房地产政策研究）；三是对挤出效应有关研究的文献进行概述，其中，挤出效应有关研究的文献主要集中在三个方面（FDI 的挤出效应研究、其他投资的挤出效应研究、其他领域的挤出效应研究）；四是对房地产挤出效应的文献进行概述，这一部分的文献相对较少，因而不再分类；五是对房地产投资挤出效应的相关研究进行总体评价，并提出本书的创新之处。

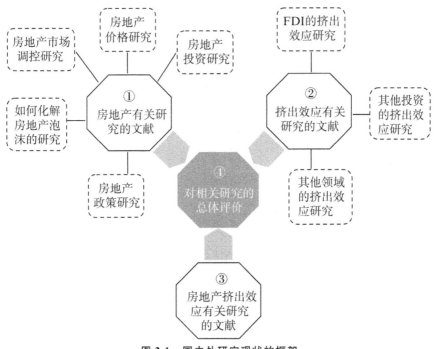

图 2-1　国内外研究现状的框架

第一节　房地产有关研究的文献综述

一、关于房地产投资的研究

熊凌云(2019)研究了上市公司房地产投资对企业创新的影响,发现房地产投资会抑制企业创新。何珊珊等(2019)研究了中国房地产业的过度投资问题,建议通过政府合理引导、完善市场准入机制等措施来推动房地产业的健康发展。范建双和周琳(2019)研究了房地产投资对碳排放的影响,发现城镇房地产投资强度在1997—2015年对中国碳排放产生了促进作用。米旭明等(2019)研究了企业的房地产投资与资本效率的关系,发现两者之间存在倒U形关系。景刚和王立国(2019)研究了房地产投资与经济增长之间的关系,得出的结论为房地产投资在一定程度上可以促进经济增长。王重润和崔寅生(2019)研究了投资性房地产与企业创新的关系,发现投资性房地产在房价上涨"挤出"企业创新的过程中发挥了中介作用。彭俞超等(2018)研究了房地产投资与金融效率的关系,发现在经济欠发达地区房地产投资对金融效率的抑制作用更强。刘焕鹏等(2018)研究了房地产投资对劳动力成本的影响,发现房地产投资的快速增长对劳动力成本的提高产生了显著的正向影响。张屹山等(2018)研究了房地产投资对经济增长的空间效应,发现房地产投资与经济增长具有较强的跨区域空间相关性。李菁和徐英杰(2018)对交通基础设施与房地产开发投资的关系进行了分析,发现在房地产开发投资的空间分布中,基础设施的区域差异扮演着重要的角色。李江涛等(2018)研究了房地产投资对工业全要素生产率的影响,发现房地产投资过热会对工业全要素生产率的增长产生抑制作用。罗知和张川川(2015)研究了房地产投资与制造业资源配置效率的关系,发现房地产投资与制造业资源配置效率之间存在显著的负向关系。

在国外研究现状中,Almudhaf和Hansz(2018)研究了房地产投资信托基金的随机游走行为,发现其与弱式有效市场假说相悖。有学者认为房地产投资对企业而言可以起到促进企业发展的效果,因为房地产可以为企业提供原始资本。Nguyen等(2014)对越南胡志明市的商业房地产投资进行了研究,发现对于胡志明市的国内外投资者而言,还没有一个公平的竞争环境。Zhou等(2008)用DEA的方法对房地产投资的风险评估进行了研究。Ong(2004)用新加坡 34 个公寓开发项目的交易数据实证检验了房地产投资对资本市场的影响。

二、关于房地产价格的研究

陈学胜(2019)研究发现房地产价格下跌有两个关键因素:房地产贷款违约和家庭收入下降。在此基础上认为预防房价暴跌的有效措施为提高首付比、降低房地产贷款价值比等。刘金东等(2019)研究了房地产税对房价的影响,发现房地产税调控房价的功能无论是从短期还是从长期来看均与中央的政策初衷相去甚远。陈华和郑晓亚(2019)通过构建一个金融动态 CGE 模型来分析汇率对房价的影响,发现汇率波动会显著影响房价,并且进一步发现汇率影响房价的渠道包括流动性效应、信贷效应、财富效应、预期效应、溢出效应,其中,溢出效应的影响最为强烈。李成和李一帆(2019)分析了货币政策对房价的影响,发现货币政策数量型工具和价格型工具对房价的调控效果存在较大差异。于雪(2019)通过对比东京和上海,分析了房价泡沫拐点问题,得出的结论为:房价泡沫拐点的影响因素有短期、中期、长期的差别,短期受金融政策影响较大,中期受房地产开发投资和土地供给影响较大,长期受人口增长的可持续性和收入增长影响较大。李欢欢等(2019)研究了污染型邻避设施对房价的溢出效应,发现垃圾处理站的规模和到住宅的距离会对住宅价格产生空间溢出效应。王睿和李连发(2019)基于时变分析视角分析了货币政策与房价之间的关系,认为我国的货币政策能够有效应对房价波动。张澄和沈悦(2019)研究了房地产价格对银行风险承担的影响,发现房地产价格上涨会使银行的主动风险承担降低。陈长石和刘景晖(2019)研究了棚户区改造背景下房地产价格受非常规货币政策的影响,得出的结论为:在影响房地产价格的货币政策工具中,抵押补充贷款正在取代 M2 的作用。李迎星等(2019)研究了房地产限购政策与房价之间的关系,发现限购政策对房价增速的影响在不同城市之间存在严重差异。陈创练和戴明晓(2018)通过局部均衡模型分析了货币政策对房地产价格的管控作用,发现数量型货币政策对房价的管控效果比价格型货币政策更好。陈斌开等(2018)运用企业和城市数据对住房价格与经济增长之间的关系进行了分析,得出了房价上涨会对经济增长产生抑制作用的结论,并且指出房价上涨对经济增长产生抑制作用的途径是降低工业企业利润率和抬高企业人力成本。唐云锋和吴琦琦(2018)探讨了土地财政在房价上涨过程中的作用,发现房价上涨的根本原因就是土地财政,在土地财政推高房价的过程中,房企行为对房价的上涨具有放大效应。刘雅娇和胡静波(2018)采用 Sys-GMM 模型实证检验了房地产价格与实体经济波动的关系,发现房价波动会对实体经济波动产生动态的影响。刘金全等(2018)对中国房地产价格两种调控模式——李嘉图范式和非李嘉图范式进行了比较分析,得出的结论为:非李嘉图范式(财政政策为主、货币政策为辅)更有利于中国经济"脱虚向实",也更能避免"明斯基时刻"。许祥云和李立恒(2018)研究发现房价对工业产出的影响具有状态性特征。顾海峰和张元姣(2014)对货币政策与地产之间的关联性进行了分析,发现利率并不会对房地产价格产生显著的调控效应,存准率会对房地产价格产生显著的调控效应。原鹏飞和冯蕾(2014)通过 DCGE 模型对房价上涨的收入分配效应、经济增长效应、贫富分化效应进行了系统模拟。有学者研究发现应通过信贷总量和货币总量对房地产价格进行差异化调控。

在国外的研究现状中,Robstad(2018)、Zhu 等(2017)都研究了利率对房地产价格的影响,发现利率政策对房价产生负向影响,并且这种负向影响在信贷市场越发达的情况下越明显。Reed 和 Ume(2016)、Fu 等(2016)研究了房价对劳动力市场的影响,认为房价的迅速上涨会对劳动参与率和劳动供给产生抑制作用。Mendicino 和 Punzi(2014)通过 DSGE 模型对房价、资本流入与宏观审慎政策之间的关系进行了研究,认为外部冲击在房价和家庭债务上涨的过程中扮演了重要角色。Bajari 等(2013)研究了房价对不同年龄的消费者买房选择及福利水平的影响。Agnello 等(2012)从税收再分配理论出发,认为房地产价格被引入财政政策和货币政策反应方程后将对系统性金融风险起到重要的防范作用。Hintermaier 和 Koeniger(2011)、Fernandez-Villaverde 和 Krueger(2011)、Diaz 和 Luengo-Prado(2010)运用一个共同的理论框架——生命周期理论,对房价与预防性储蓄、家庭投资、财富分配之间的关系进行了研究。Chaney 等(2012)研究了房价对企业投资规模的作用途径,认为房价上涨会导致企业抵押品价值增加,从而使企业投资规模获得扩张的动力。

三、关于房地产市场调控的研究

刘水(2019)从分形的视角分析了中国房地产市场的有效性,发现中国的房地产市场是一个非线性的系统,一线城市的有效性程度最高,二、三线城市紧随其后。傲日格乐(2019)对中国大中型房地产市场进行实证分析,发现房价—地价叠加效应是中国房地产市场泡沫产生的重要原因。荆中博等(2019)研究了中国房地产市场的系统性风险,发现系统性风险的两大关键性驱动因素为房价上行时期的风险累积和房地产市场的风险溢出。方建国(2019)对房地产市场治理的长效机制进行了探讨,提出长效机制建设的主线应为经济政策重构。林梨奎和江民星(2019)通过双边随机边界模型实证分析了房地产交易市场价格的形成过程,得出的结论为:买卖双方的讨价还价会显著影响房价的最终形成。潘敏和周闯(2019)通过 DSGE 模型研究了房地产市场调控对金融稳定的冲击,发现杠杆率冲击给金融稳定带来的负面影响要比住房需求冲击大。翟乃森(2019)从宏观经济层面分析了房地产市场的繁荣与萧条,认为房地产市场的预期影响因素包括经济基本面的变化、家庭信念、前期信贷条件的变化等。孟宪春等(2018)探讨了宏观审慎政策在调控房地产市场中的作用,认为当前的宏观审慎政策应该盯住房地产广义信贷,这样才能缓解房地产与实体经济失衡的问题。武力超等(2018)对中国、美国和日本的房地产市场进行了比较,观察视角为人口结构,认为人口结构变化对中日美房价的影响具备阶段性特征。郭克莎和黄彦彦(2018)通过国际比较对中国房地产市场的发展提出了建议。马亚明和王虹珊(2018)通过动态随机一般均衡模型对中国房地产市场进行研究,发现利率冲击是导致房价波动的重要因素。王雪等(2018)通过溢出指数和 DAG 对中国房地产市场的溢出效应与联动效应进行研究,发现二线城市具备最强的溢出效应。

在国外研究现状中,Favilukis 等(2017)认为房地产财富、房地产金融具有宏观经济效应。Piazzesi 和 Schneider.(2016)认为房地产与宏观经济学有着密切联系,这是很多学者主张用宏观审慎政策调控房地产市场的重要理论基础。Liu 等(2013)同样研究了房地产市场与宏观经济的关系,观察视角为地价。Lambertini 等(2013)研究了房地产市场和信贷的生命周期问题。Kannan 等(2012)探讨了在房地产市场扩张的过程中,尤其是房价上涨的时候,宏观审慎政策的应用规则。Miao 等(2014)探讨了抑制房地产市场泡沫的政策思路。

四、如何化解房地产泡沫的研究

戴国强和肖立伟(2019)对欧盟的房地产金融宏观审慎管理的经验进行了研究,提出从完善统计指标体系、开展房地产市场脆弱性评估等方面加强中国房地产金融的宏观审慎管理。丁如曦和李东坤(2019)分析了日本房地产泡沫形成及破灭的原因,得出财政体制结构失衡、金融信贷扩张、土地相关政策等是其形成及破灭的主要原因的结论。彭建刚等(2019)研究了《多德—弗兰克法案》对美国房地产金融市场的影响,并从提高监管效率、加强住房抵押贷款审查、监管信用评级机构等方面对中国房地产金融市场提出了建议。任荣荣和李牧汀(2018)研究了美国都市带房地产发展的经验,发现都市带的产业分布特点会对房地产市场圈层结构产生重要影响。吴婷婷等(2018)通过房地产市场的国际经验数据对泡沫经济的动态预警进行了研究。韩昱(2017)研究了我国香港特区政府治理房地产泡沫的经验。李杰等(2016)对导致恶性房地产泡沫的原因进行了经验分析,发现较高的货币供给速度、较低的实际利率会对恶性房地产泡沫产生显著的影响。张平(2016)借鉴美国的经验对中国房地产税的政府层级归属进行了探讨,发现高层级政府将会逐渐将房地产税转移到其他税种,这是一种必然。刘威等(2015)研究了东欧转型国家房地产税制的经验。付颖哲和徐策(2011)研究了德国对房地产投机进行抑制的经验,发现德国的地上权制度非常具有借鉴意义。

五、关于房地产政策的研究

2018年10月,财政部、税务总局发布《关于去产能和调结构房产税 城镇土地使用税政策的通知》,该通知自2018年10月1日至2020年12月31日执行。房产税的实施在国内掀起了关于房地产政策研究的高潮。张青政和杜学文(2019)研究了房地产企业的税收策划问题,提出在税收策划中要重点关注营改增制度变迁带来的影响。李长生(2019)发现房地产税开征预期会对住房价格产生抑制作用。陈兵和孙赫泽(2019)认为房地产税可引入信用和法治来解决实践中的困局。史桂芬和楚涵宇(2019)分析了房地产税的经济效应,认为从受益税的角度出发,房地产税具备税负资本化、实现地方公共品的有效供给、促进产业结构升级等功能。杨志勇(2019)提出从稳定社会预期、合理确定税负、采取渐进式改革战略等方面推进房地产税立法工作。李文(2019)认为房地产税的实施面临着房地产产权状况、纳税人经济能力等多方面的约束,因此,在税制设计的过程中,要考虑到免税面积、名义税率、税收限制等要素。刘金东等(2019)通过130个城市的家庭调查发现影响房地产税支付意愿的因素包括住房套数、年龄、家庭与地方治理的关系等。岳树民等(2019)通过中国家庭收入调查数据分析了三种不同的房地产税免税扣除方式所产生的供求效应、财政收入效应和公平效应。张平和侯一麟(2019)通过中国家庭追踪调查数据对城镇居民房地产税纳税意愿进行了分析,发现房地产税的财产效应在不同的减免方案下会表现出差异性。李会平和郑旭(2019)通过上海市的调查数据分析了房地产税对购房意愿的影响,发现全面征收房地产税会对购房意愿产生抑制作用。张平和邓郁松(2018)从地方治理的角度探讨了房地产税改革的定位,认为房地产税改革应该采纳差异税率、地方自主以及渐进改革的改革思路。杨峥(2018)研究了房地产税的价格效应,房地产税对房价的影响要受到城镇化阶段的约束。何杨和林子琨(2018)通过全国县级数据对房地产税率进行了探讨。刘华等(2018)通过情景模拟对住房保有环节的房地产税与住房投资之间的关系进行了研究,发现当住房保有环节的房地产税开征之后,居民进行住房投资的意愿会显著降低。陈庆海等(2018)对房地产税与土地出让金之间的关系进行研究,认为土地出让金与房地产税应该独立存在、分开征收。黄昕等(2018)对当前地方政府实施的限购限贷限售政策进行了评估,发现首付比例提高 10％后,两个月即可使房价增速产生 0.62％的下降。方兴(2018)通过 70 个大中城市的数据实证检验限购政策对房价的影响,发现限购政策对新建住宅价格的调控主要体现在 144 平方米以上的新建住宅上。娄文龙和张娟(2018)从共词和聚类分析的视角对中国房地产宏观调控政策进行了量化研究,发现中国的房地产调控在房地产市场化、住房制度改革、保障性住房建设这几个主题上发生了政策变迁。

在国外的研究现状中,有学者认为在调控房地产市场的过程中,货币政策会更加有效。Coskun(2011)提出设立一个新的机构——房地产监管机构,以应对房地产市场的调控。Yu 和 Lee(2010)对韩国的房地产调控政策进行研究,发现韩国在2003—2008 年稳定房价的政策调控房价的效果并不理想。McDonald 和 Stokes(2013)则发现货币政策是造成房地产泡沫的重要原因。Wang 和 Fan(2015)认为中国的房地产政策发展阶段可以划分为计划经济背景阶段、改革阶段、调控和控制阶段三个阶段。

第二节　挤出效应有关研究的文献综述

一、关于 FDI 的挤出效应研究

杨连星和张梅兰(2019)通过行业层面的数据研究了对外直接投资对国内投资的挤出效应,发现海外投资对战略性资产行业和制造业的国内投资有显著的挤出效应。石大千和杨咏文(2018)研究了 FDI 对企业创新的挤出效应和溢出效应,发现FDI 对企业创新的挤出效应占据主导地位。刘凯和伍亭(2017)研究了人民币汇率波动对中国对外直接投资的挤出效应,发现汇率波动幅度增大无论在长期还是在短期都对中国对外直接投资产生了挤出效应。何钰子和魏华阳(2018)研究了 FDI 对中国本土企业出口参与的挤出效应,发现 FDI 对企业的出口集约边际产生了抑制作用。李美佳和徐志刚(2017)研究了外商直接投资独资化对国内投资的挤出效应,发现外商直接投资的挤出效应不受投资方式的影响。黄送钦等(2017)研究了地方政府之间的 FDI 竞争对债务融资的挤出效应,发现在 FDI 竞争对债务融资产生挤出效应的过程中地方财政赤字将会对这种挤出效应起到强化作用。刘骞文和闫笑(2016)考察了土地引资背景下 FDI 对其他投资的挤出效应,发现在 FDI 对其他投资产生挤出效应的过程中,土地引资会对这种挤出效应起到强化作用。潘雄锋等(2016)研究了外国直接投资对国内投资的挤出效应,发现外国直接投资的挤出效应存在时间差异性,不同时期挤出效应的表现不同。谭之博和赵岳(2014)以 56 个发展中国家的面板数据实证检验了金融发展对 FDI 挤出效应的影响,发现金融发展水平越高,FDI 对投资的拉动作用便越小。张光南和朱宏佳(2013)以珠三角城市面板数据实证检验了 FDI 对国内投资的挤出效应,发现 FDI 对整体的国内投资产生了显著的挤出效应。段文斌和余泳泽(2012)对 FDI 挤出(挤入)效应的内在机制进行了数理推导,提出了外资投资规模、技术势能、潜在市场规模等存在门槛特征的四个命题。魏修建和张丽淑(2012)研究了零售产业 FDI 的挤出效应。刘灿辉等(2012)研究了湖北省 FDI 的挤出效应。张莉(2012)研究了"金砖四国"FDI 的挤出效应。

在国外的研究现状中,Agosin 和 Machado(2005)建立了一个非常经典的挤出效应分析框架,用来分析 FDI 的挤出效应,被后来的许多文献引用。Anward 和 Sun(2015)实证检验了中国的 FDI 对民营企业、国有企业投资的挤出效应,结论为 FDI 对中国的国有企业、民营企业投资都存在挤出效应。Szkorupová(2015)研究发现中欧和东欧国家 FDI 对国内投资存在显著的挤出效应。Kato-Vidal(2013)对墨西哥 FDI 的挤出效应进行了研究,发现公司规模是 FDI 发生挤出效应的重要途径。Li 等(2013)发现中国的外国直接投资存在挤出效应。

二、关于其他投资的挤出效应研究

张敏(2018)通过中国 2003—2016 年的省际面板数据研究了中央投资对私人投资的挤出效应,发现中央投资在中国绝大部分地区并未对私人投资产生挤出效应。杨源源等(2018)通过新凯恩斯 DSGE 模型研究了结构性财政支出对私人投资的影响,发现财政支出并未产生挤出效应。谭语嫣等(2017)研究了僵尸企业投资的挤出效应,发现某一省份的僵尸企业比例越高,非僵尸企业的投资规模就越小,这可以视为僵尸企业对非僵尸企业投资的挤出效应。周晓燕和徐崇波(2016)研究了政府投资对民间投资的挤出效应,发现长时期、大规模的扩张性财政政策对民间投资存在长期的挤出效应和短期的挤入效应。李广泳和武普照(2015)研究了节能环保技术 R&D 投资的挤出效应,发现节能环保研发投资对总研发投资没有挤出效应。肖鹏和张秀群(2014)研究了中国财政投资对私人投资的挤出效应,发现财政投资在短期内对私人投资存在挤出效应,但是在长期内存在挤入效应。张平淡(2013)研究了环保投资对就业的挤出效应,发现当期的技术性环保投资对就业规模存在挤出效应。李强和郑江淮(2012)研究了基础设施投资的挤出效应,发现基础设施投资对人力资本积累存在挤出效应。刘一欧和黄静(2012)从区域差异视角研究了政府投资对民间投资的挤出效应。郑群峰等(2011)对中国政府投资的挤出效应进行了空间计量分析。苟兴朝(2011)研究了公共财政投资对私人投资的挤出效应。

三、关于其他领域的挤出效应研究

熊虎和沈坤荣(2019)结合省级行政区的宏观数据和上市公司的微观数据研究了地方债务对创新的挤出效应,发现地方政府的过度负债挤出了创新活动。龙斧和梁晓青(2019)研究了子女教育对家庭消费的挤出效应,发现教育支出对家庭消费的挤出效应在低收入阶层比较高。张卓等(2019)通过 DID 模型分析了政策性农业保险的挤出效应,发现农险参保对粮食产出产生了挤出效应。万其龙(2019)研究了地方债务的挤出效应,发现地方债务的上升会导致本地私人投资的下降。车树林(2019)研究了政府债务对企业杠杆的挤出效应,发现政府债务对企业杠杆的挤出效应主要由国内政府债务驱动而非国外政府债务驱动。张帆和孙薇(2018)分解和测算了政府创新补贴中的挤出效应与激励效应,得出的结论为企业创新效率与政府创新补贴之间的关系为双拐点倒 U 形关系。王许沁等(2018)研究了农机购置补贴的挤出效应,认为应对农机购置补贴结构进行调整。文春晖等(2018)研究了中国上市公司过度融资行为的挤出效应,发现上市公司过度融资的挤出效应会对二元融资市场的价格歧视产生强化作用。马红等(2018)研究了虚拟经济对实体经济的挤出效应,发现企业的金融投资会对实体投资产生挤出效应,并且这种挤出效应会因企业所在地的金融发展水平的不同而出现差异。曹雪姣等(2018)研究了政府对社会组织的补贴政策所产生的挤出效应,发现政府对社会组织的直接性补贴会对社会组织的捐赠筹资产生挤出效应。王善平和彭莉莎(2018)研究了国企的高杠杆和影子银行活动所产生的挤出效应,发现国企的影子银行活动对企业创新活动存在挤出效应,并且这种挤出效应会被国企的高杠杆放大。胡赛(2018)研究了融资约束对企业家精神的挤出效应,得出的结论为企业家精神在严重的融资约束下会受到贸易中介出口的阻碍。孙维峰和贾玉霞(2018)研究了自然资源依赖对技术创新的挤出效应。乔长涛和赵颖(2017)研究了公共部门对私营部门就业的挤出效应。刘阳等(2017)研究了延迟退休年龄对青年就业的挤出效应。

在国外的研究现状中,Marino 等(2016)以法国的数据研究了公共研发补贴对私人研发支出的挤出效应,发现这种挤出效应在中高水平研发补贴中更为明显。

Preuss(2011)利用南非世界杯期间的数据计算了旅游业中运输能力和住宿价格的挤出效应。Bresson 和 Logossah(2011)以加勒比海地区为研究样本分析了邮轮旅游对过夜旅游产生的挤出效应。Fourie 等(2011)通过对两项大型体育赛事的研究,发现参赛国游客会对非参赛国游客产生挤出效应。Eckel 等(2005)研究了政府对社会组织的配套补贴所产生的挤出效应,发现配套补贴对捐赠不但不存在挤出效应,反而还存在挤入效应。Schiff(1985)、Brooks(1999)都研究了政府对社会组织的捐赠扣除所产生的挤出效应,前者发现捐赠扣除会产生挤入效应,而后者发现捐赠扣除的挤出效应不显著。

第三节　房地产挤出效应有关研究的文献综述

与房地产挤出效应直接相关的文献并不多。肖珂和黄宗远(2019)研究了房地产业对制造业挤出效应的传导机制,发现房地产业对制造业产生挤出效应的根源是房地产属性的嬗变。王凯和庞震(2019)研究了房价上涨对居民消费的挤出效应,得出的结论是不存在挤出效应。余泳泽和李启航(2019)研究了城市房价对全要素生产率的挤出效应,发现城市高房价对城市全要素生产率产生了显著的抑制作用。程博(2018)认为房价对制造业的挤出效应会导致产业空心化。许桂华等(2017)研究了房价对金融支持实体经济效率的挤出效应,发现房价上涨会对金融支持实体经济的效率产生显著的挤出效应。任亚军和徐小云(2017)研究了房价对创业意愿的挤出效应,发现高房价对创业意愿产生了显著的挤出效应。黎绍凯等(2017)实证检验了我国房地产投资对非房地产投资的挤出效应,发现房地产投资的挤出效应存在区域差异性,东部地区比中西部地区强。彭俊华等(2017)利用 2001—2015 年的省际面板数据实证检验了房价对实体经济的挤出效应,发现当房价高于某一个临界值时,其才会对实体经济增长产生挤出效应。陈杰和农汇福(2016)研究发现保障房对商品房供应会产生挤出效应,并且挤出效应有非线性特征。张延群(2016)通过 I(2) VECM 模型对房地产投资的挤出效应进行了实证检验,发现房地产投资在长期会对非房地产投资产生显著的挤出效应。祝梓翔等(2016)研究发现房地产投资、房价对消费和非房地产投资存在挤出效应,但是这种挤出效应是微弱的。李春风等(2014)研究了房价上涨对城镇居民消费的挤出效应,发现房价上涨对消费产生了显著的挤出效应,并且这种挤出效应具有区域差异性。程永文等(2014)利用 2001 年第一季度到 2011 年第四季度的样本数据实证检验了住房投资的挤出效应,发现住房投资对非住房投资产生了显著的挤出效应。姚玲珍和丁彦皓(2013)研究发现房价会对平均消费和中低、中高收入阶层消费产生挤出效应。李畅等(2013)研究了中国房地产投资对制造业的挤出效应,发现房地产投资与制造业的关系表现为倒 U 形,并且即将到达倒 U 形的拐点,拐点过后房地产投资就会产生挤出效应。林嵩(2012)研究了中国房地产业对创业的挤出效应,得出的结论为:房地产业对创业的挤出效应集中表现为房价对创业的挤出效应。王重润和崔寅生(2012)研究了房地产投资的挤出效应,认为房地产投资的挤出效应存在区域差异性,东部地区的挤出效应是显著的,而在中西部地区,挤出效应则不显著。

在国外研究现状中,Sheiner(1995)、Aoki 等(2002)、Haurin 和 Rosenthal(2006)都研究了房价与消费的关系,认为房价上涨对消费的影响在一定程度上表现为挤出效应。Attanasio 和 Weber(1995)、André 等(2011)对房价上涨的影响因素进行了研究,发现在剔除影响房价和消费的共同因素之后,房价上涨对消费的影响更多地表现为挤出效应。Malpezzi 和 Vandell(2002)研究了住房供给价格弹性对挤出效应的影响,发现市场化住房供给的价格弹性越大,公共住房对市场化住房的挤出效应也就越大。Sinai 和 Waldfogel(2005)、Eriksen 和 Rosenthal(2010)同样研究了公共住房的挤出效应,前者认为公共住房的挤出效应受多种因素影响,例如人口规模、住房负担压力等,后者认为公共住房对租赁房的挤出效应小,对自有房的挤出效应大。

第四节 对相关研究的总体评价

从以上房地产投资挤出效应相关研究的国内外文献来看,文献主要集中于两头:房地产研究和挤出效应研究,而研究房地产挤出效应的文献并不多,研究房地产投资挤出效应的文献则更少,于是形成一个哑铃状。而且在研究房地产投资挤出效应的文献中,"单一性"的特征非常明显。"单一性"既体现为研究视角的单一,现有的文献多是关注房地产投资挤出效应的某一个方面,鲜有对房地产投资挤出效应的全视角观察;还体现为研究方法的单一,相关文献多是以线性方法对房地产投资挤出效应进行分析,至于非线性方法则应用得比较少。此外,现有的文献对去库存的背景关注不多,鲜有文献研究去库存以来房地产投资的挤出效应。鉴于以上情况,本书将从以下几个方面对现有文献进行拓展:第一,对房地产投资的挤出效应进行全视角观察,覆盖房地产投资对其他投资的挤出效应、房地产投资对制造业的挤出效应、房地产投资对居民消费的挤出效应,从而形成房地产投资挤出效应的多视角分析;第二,用非线性方法对房地产投资挤出效应进行分析,拓展研究方法的视野;第三,将去库存以来中国房地产投资的挤出效应纳入研究范畴,拓展房地产投资挤出效应在时间上的研究视野。

第三章

房地产投资挤出效应的理论
基础与分析框架

第一节　房地产投资挤出效应的相关理论基础

一、挤出效应的一般性逻辑和扩展

(一)挤出效应的初始概念

挤出效应(crowding out effect)指公共经济活动对私人经济活动的替代(Buiter,1977)。在 IS-LM 框架里可以具体化为"政府为了平衡财政预算赤字,采取发行政府债券的方式,向私人借贷资金市场筹措资金,从而导致市场利率上升,私人投资和支出因而相应地下降"[1],这就是公共支出造成的财政赤字对私人投资和支出(消费)的挤出效应。图 3-1 就是在 IS-LM 分析框架里公共支出的挤出效应。在初始概念里,挤出效应跟政府财政支出、政府债务、财政政策、私人投资、私人消费是紧密联系在一起的,这也是本书选择从其他投资、制造业、居民消费三个视角来观察房地产投资挤出效应的依据所在。

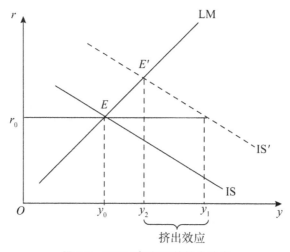

图 3-1　IS-LM 框架里的挤出效应

---

① 李伟民.金融大辞典[M].哈尔滨:黑龙江人民出版社,2002.

(二)挤出效应的一般性逻辑

在挤出效应初始概念的基础上,进一步对挤出效应进行分析。Cukierman 和 Meltzer (1989)将产出表达为以下函数:

$$F(G_t N, K_t) \tag{3-1}$$

上式中,N 表示人口数量,是一个跨期不变的常量。K_t 表示 t 期的资本总量,G 是在促进技术进步的过程中劳动所占的比例,资本和劳动力市场是完全竞争的。真实利率 r_t 由资本的边际生产率决定,也即

$$r_t = F_K(G_t N, K_t) \tag{3-2}$$

平均工资率$\overline{w_t}$ 等于劳动力的边际产出,有:

$$\overline{w_t} = G_t F_N(G_t N, K_t) \tag{3-3}$$

年轻人个体 i 的工资率跟平均工资率有所不同,有:

$$w_{ti} = (1 + v_i)\overline{w_t}, \quad i = 1, 2, \cdots, N \tag{3-4}$$

$$1 + v_i \geqslant 0, \quad i = 1, 2, \cdots, N \quad \text{and} \quad \sum_{i=1}^{N} v_i = 0 \tag{3-5}$$

年轻人和老年人都会消费。年轻时,他们会节省一部分资源,以便在年老时消费或作为遗产传给下一代。储蓄可以作为资本持有,也可以作为政府债券持有,债券是个人投资组合中资本的完美替代品,因此,这两种资产具有相同的利率 r。老年人可以从已故父母那里获得政府债券或资本形式的遗产。他们用遗产来消费或留下遗产给自己的孩子。所有人都具有相同的跨期不变效用函数:

$$u[c_{1t}, c_{2, t+1}] + \beta V_{t+1}, \quad 0 \leqslant \beta < 1 \tag{3-6}$$

上式中,c_{1t} 和 $c_{2, t+1}$ 分别表示 t 代人中第一期与第二期的消费,V_{t+1} 表示他的直系后代获得的最大效用值。β 表示父母对子女效用打折扣的程度。效用函数是严格的凹函数,并且每一个时期消费的边际效用递减,这意味着:

$$u_i > 0, \quad u_{ii} < 0, \quad i = 1, 2 \tag{3-7}$$

假设每个人变老时都会收到一笔一次性的社会保险转移支付 S_t,于是现在的总支出等于 $S_t + (1 + r_{t-1})b_{t-1}$,总支出由两部分组成:对现在年轻人征收的一次性税收和一期的政府债券(必须在下一期偿还利息)。于是政府在 t 期的预算约束为:

$$P_t \equiv S_t + (1 + r_{t-1})b_{t-1} = T_t + b_t \tag{3-8}$$

上式中,T 是对年轻人征收的一次性税收,b 是每一个年轻人或老年人持有的一期政府债券的平均数量。每个人面临的税收结构和获得的社会保险福利是给定的,并且可以选择是在他年轻的时候消费 c_{1t} 还是在年老的时候消费 $c_{2, t+1}$。他的遗产数量 B_{t+1} 和资源数量 a_t 从生命的第一阶段转入第二阶段。t 这一代人中的典型代表

在第一期和第二期的预算约束有所不同。

$$w_{tN} \equiv w_t - T_t = c_{1t} + a_t \tag{3-9a}$$

$$(1+r_t)(B_t + a_t) + S_{t+1} = c_{2,t+1} + B_{t+1} \tag{3-9b}$$

c_{1t}、$c_{2,t+1}$、a_t 和 B_{t+1} 通过效用最大化来确定：

$$V_t \equiv \max_{c_{1t}, c_{2,t+1}} \{u[c_{1t}, c_{2,t+1}] + \beta V_{t+1}\} \tag{3-10}$$

考虑到(3-9)式中的两个预算约束和以下的额外约束：

$$B_{t+1} \geqslant 0 \tag{3-11}$$

最后一个约束条件是基于这样一个事实：目前没有任何法律机制可以让父母从子女未来的劳动收入中借款。他们可以不给孩子留下任何东西，但不能强迫孩子借给他们劳动收入。

通过(3-9a)式和(3-9b)式去消除 a_t 与 $c_{2,t+1}$，将得到的表达式代入(3-10)式中，然后形成拉格朗日方程：

$$\max_{c_{1t}, B_{t+1}} \{u[c_{1t}, (1+r_t)w_{tN} + S_{t+1} + (1+r_t)(B_t - c_{1t}) - B_{t+1}] + \beta V_{t+1} + \lambda_t B_{t+1}\}$$

$$\tag{3-12}$$

上式中，$\lambda_t \geqslant 0$ 是对应于约束条件 B_{t+1} 的拉格朗日乘子。需要提到的是，t 这一代人的决策变量仅仅针对 t 和 $t+1$ 这两代人的效用。利用包络定理，并结合之前的(3-10)式和(3-12)式，可以得到 t 这一代人的一阶条件：

$$u_{1t}[\cdot] - (1+r_t)u_{2t}[\cdot] = 0 \tag{3-13a}$$

$$-u_{2t}[\cdot] + \beta(1+r_{t+1})u_{2,t+1}[\cdot] + \lambda^t = 0 \tag{3-13b}$$

$$\lambda_t B_{t+1} = 0, \quad B_{t+1} \geqslant 0 \tag{3-13c}$$

假定现在或未来没有遗产限制，并且效用函数是严格凹的，则有：

$$\frac{dB_{t+1}}{dB_t} = \frac{dB_{t+1}}{dw_{tN}} > 0, \quad \frac{dB_{t+1}}{dS_{t+1}} > 0 \tag{3-13d}$$

$$\frac{dB_{t+1}}{dw_{t+j,N}} < 0, \quad \frac{dB_{t+1}}{dS_{t+j+1}} < 0, \quad j \geqslant 1 \tag{3-13e}$$

再假定个人财富 $w_{tN} + B_t$ 在所有时期 t 为正，即

$$\frac{dB_{t+1}}{dr_t} > 0$$

$$\frac{dB_{t+1}}{dr_{t+j}} < 0, \quad j \geqslant 1 \tag{3-13f}$$

于是有：

$$\frac{dB_{t+1}}{d\beta} > 0 \tag{3-13g}$$

以上四个假定条件表明,对于既定的税收和再分配结构,一个无约束的个人对遗产的选择取决于 $w_{tN}+B_t$ 和他期望他的家庭后代能挣到的净工资率 $w_{t+j,N}(j\geqslant 1)$。使得:

$$w_{tN}+B_t=A[w_{t+1,N},w_{t+2,N},\cdots]\qquad(3-14)$$

$w_{tN}+B_t$ 的价值会导致现在的一代人在未来真实工资率既定的情况下选择 $B_{t+1}=0$,结合(3-13d)式和(3-13e)式,会发现:$w_{tN}+B_t$ 对 $w_{t+j,N}(j\geqslant1)$ 的偏导数 A 为正,如图 3-2 所示。图 3-2 中向上倾斜的曲线代表了在 $w_{t+j,N}(j\geqslant2)$ 既定的情况下 $w_{tN}+B_t$ 的变化轨迹。曲线上方的部分表示以 $\{w_{tN}+B_t,w_{t+1,N}\}$ 组合为特征的个体选择正的遗产,曲线下方的部分表示以 $\{w_{tN}+B_t,w_{t+1,N}\}$ 组合为特征的个体会有负的遗产。

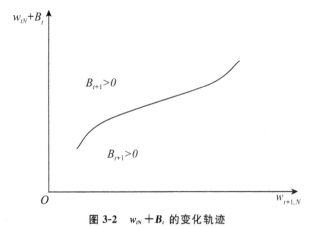

图 3-2 $w_{tN}+B_t$ 的变化轨迹

在分析社会保险福利的时候,一个无法回避的因素是政治决策。公共支出的规模、结构等要素直接由政治决策决定。假定政治决策服从于多数裁定原则(即少数服从多数),年轻的一代 t 和年老的一代 $t-1$ 投票决定当 t 这一代变老时每一个成员应被支付的社会保险福利数额。这个数额用 S_{t+1} 表示(因为它是在 $t+1$ 期间支付的),它由社会契约预先决定,社会契约规定选民在 t 这一代关于 S_{t+1} 的决定不能被生活在 $t+1$ 时期的选民的决定替代。t 这一代的选民还会投票决定当前政府支出的融资在税收 T_t 和债券 b_t 之间的分配。当税收和社会保险组成两种不同的组合摆在大家面前时,每个人都会投票选出一种可以使自己效用最大化的组合。由于 S_t 和 b_{t-1} 被 $t-1$ 时期的政治决策预先决定,政府预算约束(3-8)式左边是从生活在 t 这一代人的角度预先确定的。他们可以自由决定 P_t 的融资来源在当前税收和债券组合中的结构,但是不能决定必须融资的总额。他们关于 S_{t+1} 和 b_t 的决定预先设定了生活在 $t+1$ 期人所面临的政府总预算规模 P_{t+1}。所有在 t 期投票的人,只要都具

有相同的未来价值 P_{t+1}，就将会在 S_{t+1} 和 b_t 之间选择不同的组合。因此，可以将 S_t 任意设定为某个固定值，例如 S，并将 P_{t+1} 的选择减少为在任意给定的 S 的条件下对 b_t 的选择。于是有：

$$P_{t+1} = S + (1+r_t)b_t \qquad (3\text{-}15)$$

由于 S 固定，b_t 的选择将单独决定 P_{t+1}，同样，b_{t-1} 单独决定 P_t。补充一点，在政府预算约束（3-8）式中，b_t 的选择将单独决定税收 T_t，因为 P_t 是由生活在 $t-1$ 期的选民的政治决策提前决定的。于是，在给定 S 的情况下，个体对 S_{t+1}、T_t 和 b_t 的态度可以等价地由其对一元变量 b_t 的态度来决定。

考虑到减税的影响，可以证明的是，通过增加 t 这一代人的税收来降低 $t+j$ 代人的税收，会对 t 一代人的福利产生如下变化：

$$\frac{dV_t}{dT_t} = -(1+r_t) \times \left[\lambda_t + \sum_{s=1}^{j-1} \beta_s \prod_{i=1}^{s} (1+r_{t+i})\lambda_{t+s} \right] \qquad (3\text{-}16)$$

以上方程表明，如果 t 代和 $t+j-1$ 代之间至少有一个人受到遗产限制，那么税收的向后转移会降低当前活着的人的福利，因为（3-16）式中至少有一个 λ 值为正。t 代和 $t+j-1$ 代之间受遗产限制的个人数量越多，以 λ 值衡量的限制程度就会越紧，由向当前一代转移税收造成的福利损失就越大。

通过前面的分析发现，经济活动中的个人可以分为两个大类。一类是不受遗产限制（或约束）的人，他们对代际之间税收的再分配不关心；另一类是受到遗产限制（或约束）的人，他们通常更愿意把税收转移给他们的后代。一旦限制松绑，人们就会加入不受遗产限制的群体中，于是就对通过发行债券来进一步减税变得漠不关心。如果政治进程造成遗产限制所要求的当前税收部分或全部减少，那么当前所有活着的年轻人的可支配收入都会增加。税收的减少正好与未偿还债券的增加相匹配。没有遗产限制（或约束）的人们在可支配收入增加后会增加他们遗产，这一点在Barro（1974）的研究中也有所论述。受遗产限制（或约束）的人们在可支配收入增加后会增加消费。用以增加消费的资源通过经济中的一部分现有资本来获得。由于资本和债券在投资组合中是完美替代品，多余的债券被吸收到不受遗产限制的人的投资组合中，这些人会释放用以维系遗产受限情况下增加消费所需的物质资源。债券的人均增加额等于税收的人均减少额。由于受遗产限制（或约束）的个人要交税但不买任何债券，一个不受遗产限制（或约束）的人会增加持有债券的数量，从而导致他的投资组合中债券所占份额增加。进一步，一个不受遗产限制的个人在投资组合中增加了债券的占比，并且这种增加幅度平均来看会超过其个人可支配收入的增加幅度。他对债券的超额购买将会释放资本，这些资本在遗产限制（或约束）的条件下被用来增加终生消费。现有资本规模减少的幅度取决于经济中受遗产限制的人的占比以及每个人受遗产限制的程度。如果没有人受到遗产限制，那么资本就不会因为债券融资的增加（以给定的单位）而减少；如果有一部分人面临遗产限制（或约束），那么资本将与债券融资增加幅度成一定比例地减少。因此，发行的债券与替换的资本之间的比值将处于－1到0之间。这个比值越接近－1，受遗产限制（或约束）的人在经济中的占比就越高。于是政府债券对个人资本（用来维系个人消费）的挤出比例（可以用来衡量挤出效应的程度）为：

$$-1 < \frac{\mathrm{d}k_t}{\mathrm{d}b_t} \leqslant 0 \tag{3-17}$$

上式中，k 为资本劳动比，由于人口数量是固定的，上式等同于债券总额对资本总额的挤出比例。此即为挤出效应的最终结果，政府债券是政府公共经济活动，个人资本是个人经济活动，上式的绝对值越大则挤出效应的程度越大。资本的挤出会改变真实利率和雇员个人的工资率。这对于债务融资增加影响个人福利而言，会形成两个额外的渠道。债务融资将对遗产限制和非遗产限制的个人福利都产生影响，因为每个人的福利都要受到真实利率和自身工资率变动的影响。债务融资对福利的综合效应是债务融资通过三个渠道产生的效应之和。第一个渠道，债券融资的扩张允许家庭内部的资源在代际之间进行重新分配。第二个渠道，资本的边际生产率，也即利率发生变化。第三个渠道，个人工资率发生变化。

以上是从政府预算约束推导出挤出效应（公共经济活动对私人经济活动的挤出）的一般性逻辑（政府债务对个人资本的挤出），推导过程中引入了政治决策作为观察视角。如果把政治决策从挤出效应的分析过程中剥离，可以从另一个角度用一个相对简化的模型来分析挤出效应。在 Eckel 等（2005）的基础上，假定 x_i 表示私人消费，$G = C + T$ 表示公共产品总供给，C 是自愿捐赠，T 是税收收入。$g_i = c_i + at_i$ 表示消费者自我感知到的贡献，c_i 是自愿捐赠，t_i 是自我感知到的税收支持，a 是消费者自我感知到的税收支持前面的参数，$0 \leqslant a \leqslant 1$，反映了财政幻觉的程度（Bergstrom et al.，1986；Andreoni，1989）。如果 $a = 0$，将会出现完全的财政幻觉，消费者没意识到他们的税收给公共产品提供了支持；如果 $a = 1$，将不存在财政幻觉，消费者将意识到他们的税收正在支持公共产品。在没有财政幻觉的情况下，消费者将会意识到他们的税收支持了公共事业，于是将会从自己的支持中收获温情效应。消费者的效用最大化问题表达如下：

$$\max U = U_i(x_i, G, g_i) \tag{3-18}$$

在预算约束的条件下有：

$$x_i + c_i = e_i - t_i \tag{3-19}$$

上式中，e_i 表示消费者税前捐赠，t_i 是定额税。公共产品的总供给由如下三部分构成：

$$G = c_i + C_{-i} + T \tag{3-20}$$

上式中，C_{-i} 表示 i 之外的其他消费者的自愿捐赠，$T = \sum_{i=1}^{N} t_i$，表示总税收。如果用 Z_i 表示消费者社会收入，那么(3-19)式可以被改写为：

$$x_i + G = Z_i , \quad Z_i \equiv e_i - t_i + C_{-i} + T \tag{3-21}$$

结合(3-20)式和(3-21)式，消费者效用最大化问题可以被改写为：

$$\max U = U_i(Z_i - G, G, G - C_{-i} - T - \alpha t_i, \varepsilon) \tag{3-22}$$

在通常凸性的假设下，公共产品总量隐形需求函数求解一阶条件：

$$G^* = q_i(Z_i, C_{-i} + T - \alpha t_i) \tag{3-23}$$

上式两边同时减去 $C_{-i} + T$，有：

$$c_i^* = q_i(Z_i, C_{-i} + T - \alpha t_i) - C_{-i} - T \tag{3-24}$$

其中，$c_i^* = G^* - G_{-i} - T$。Andreoni(1989)研究的结论表明，q_i 的一阶和二阶偏导数 q_{i1} 与 q_{i2} 包含了捐赠的无私(利他)和温情效应两种动机。纯粹的利他主义在第一步就可以反映出来，它来自公共产品效用函数的推导过程。于是纯粹的利他主义暗含的条件是 $q_{i1} > 0$，并且 $q_{i2} = 0$。第二步是发现捐赠的利己或者温情效应动机。在私人产品和公共产品正常的情况下，$0 < q_{i1} < 1$。如果温情效应是捐赠的唯一动机，那么会有 $q_{i1} + q_{i2} = 1$。

挤出效应可以表达为 dG/dT，$dG = dT$ 表示零挤出，$dG = 0$ 表示完全挤出。如果用上标表示捐赠动机和财政幻觉的组合，则最终可得：

$$0 = dG_A = dG_{WG,NFI} = dG_{IA,NFI} \leqslant dG_{IA,FI} \leqslant dG_{WG,FI} \leqslant dT \tag{3-25}$$

上式中，下标的含义是：A 表示利他动机；IA 表示不纯粹的利他动机；WG 表示温情效应动机；FI 表示财政幻觉；(NFI) 表示不存在财政幻觉。根据 Eckel 等(2005)的研究，若捐赠者只被利他主义驱动，则 $q_{i2} = 0$，再附加假设没有消费者的纳税额超过其最初的税前捐赠额，于是 t 的任何增加都会被 C 的减少所抵消，这会导致完全挤出，无论财政幻觉的程度如何(Andreoni，1989；Bergstrom et al.，1986)。Ribar 和 Wilhelm(2002)进一步发现，当捐赠者的总数很大时，利他主义动机对挤出效应的影响会收敛到 0，因此，补贴对公共产品的任何净影响都必须归因于捐赠的温情效应动机。于是，如果只有利他主义动机的捐赠，那么任何第三方对公共产品的支付预计将被完全挤出。我们接下来考虑捐赠的纯温情效应动机，即 $q_{i1} + q_{i2} = 1$。

Andreoni(1989)研究发现,在这种情况下,如果消费者只关心自己的自愿捐助($a=0$),那么在以上假设下,挤出效应为 0。然而如果允许财政幻觉存在,那么结果将会不同。如果财政幻觉不存在($a=1$),那么完全挤出会再一次发生。不完全的财政幻觉则会导致部分挤出。第三个因素也可能影响捐赠:第三方的捐赠可能会增加捐赠者捐赠的感知价值。这种"背书效应"可能归因于第三方给予者的优越感,正如Vesterlund(2003)分析的那样。在任何情况下,背书效应的影响在于增加捐赠。根据影响的程度,第三方捐赠会导致"挤入效应"(负的挤出效应)。挤出效应预计结果的汇总表见表 3-1。

表 3-1　理论预期:税收支持的捐赠对挤出效应的影响

捐赠的动机	财政幻觉	没有财政幻觉
利他主义	完全挤出	完全挤出
温情效应	部分到零挤出	完全挤出
不纯粹的利他主义	部分挤出	完全挤出
背书效应	更高的捐赠和认同	更高的捐赠和认同

以上是从两个角度对挤出效应的一般性逻辑所进行的分析。在一般性逻辑的基础上,挤出效应已经扩展到很多其他领域。

二、挤出效应的扩展

(一)社会规范(social norms)的挤出效应

Janssen 和 Mendys(2001)通过献血这一行为来探讨社会规范的挤出效应。献血的效用函数如下:

$$u_{at}=a+s_t-c$$
$$u_{et}=p+s_t-c \tag{3-26}$$

等式左边下标 a 表示利他主义者,下标 e 表示利己主义者。s 表示献血带来的社会奖励,c 表示献血的成本,等式右边 a 表示内心本能的动机,p 表示赚钱带来的愉悦。社会奖励函数如下:

$$s_t=\frac{\beta N_{at}}{N_{at}+N_{et}}N_{at}, \quad s_t=0, \quad \text{if} \quad N_{et}=0, \quad N_{at}=0 \tag{3-27}$$

上式中,β 是一些正的参数,N 表示人数(利他主义者或利己主义者)。将货币奖励引入模型,假设 $p>0$,献血的效用函数将变为:

$$u_{at} = a + \frac{\beta(N_{at})^2}{N_{at} + N_{et}} - c$$

$$u_{et} = p + \frac{\beta(N_{at})^2}{N_{at} + N_{et}} - c$$

（3-28）

假设 $a < c < a + \frac{\beta \overline{N}_{a2}}{\overline{N}_a + \overline{N}_e}$，当一个 $p > 0$ 引入模型后，新的中期均衡如下：

$$N_a = \overline{N}_a$$

（1）$N_e = \overline{N}_e$，if $p > c - \frac{\beta \overline{N}_{a2}}{\overline{N}_a + \overline{N}_e}$

（2）$N_e = \frac{\overline{N}_{e2}}{c - p} - \overline{N}_a$，if $c - \beta \overline{N}_a < p < c - \frac{\beta \overline{N}_{a2}}{\overline{N}_a + \overline{N}_e}$

（3）$N_e = 0$，if $p < c - \beta \overline{N}_a$

（3-29）

上式的证明过程略。当 $c < a + \frac{\beta \overline{N}_{a2}}{\overline{N}_a + \overline{N}_e}$，即便所有的利己主义者都去献血，他们强加的负外部性也不足以阻止利他主义者去献血。这个时候，就没有挤出效应，所有的利己主义者将继续献血。Janssen 和 Mendys(2001)将中期均衡的动态调整过程画成了图 3-3。

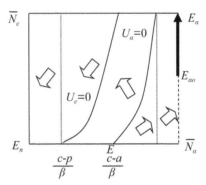

图 3-3 $a < c < a + \frac{\beta \overline{N}_{a2}}{\overline{N}_a + \overline{N}_e}$ 的中期动态变化

图中 E_{ao} 表示所有利他主义动机献血的旧均衡，E_a、E、E_n 是新均衡。参数的选择：E_{ao}，$0 < N_e < \overline{N}_e$；E_a，$N_e = \overline{N}_e$。虚线标出了均衡引力洼地的边界，黑色箭头显示了从 E_{ao} 到 E_a 的变化路径。当 $p > a$，图中有两条不同曲线。引入 $p > c - \beta \overline{N}_a$，$u_e$ 曲线将向上移动，这表明利己主义动机的献血者数量将会增加（除非已经等于 $\overline{N}_e$）。由于在这个变化后，系统将仍然处于献血者均衡引力洼地，利他主义动机的献血者数量仍会是 $\overline{N}_a$。在这种情况下，E_a 是新的均衡。

（二）公共补贴的挤出效应

Brooks(2000)研究了政府对非营利组织的公共补贴对私人捐赠的挤出效应。

想象一家典型的非营利公司,它能够获得政府部门 G 和私人部门 P 的无偿收入。X 表示私人捐赠者面临的其他变量。假设,如果非营利组织没有获得政府的任何资助,那么它的无偿收入将来源于私人捐赠,用 P_0 表示,此时 $P_0 > 0$。当政府部门对非营利组织的资助(补贴)超过一个临界值 G^* $(G^* > 0)$ 时,挤出效应(政府的公共补贴对私人捐赠的挤出)看起来比较明显。图 3-4 是政府的公共补贴 G、私人捐赠 P 和无偿收入总量 TR 之间的关系。

图 3-4 可以表达为如下数学方程式:

$$P = P(G, X) \tag{3-30}$$

上式中,$P \in \mathbf{R}_+$,$X \in \mathbf{R}_+^n$,$G \in [0, G_{\max}]$,$G_{\max} \in [G^*, \infty)$。$G_{\max}$ 是一个临界值,此时非营利组织完全由政府公共补贴来提供资助,所有的私人捐赠都被挤出,于是公共补贴的挤出效应达到最大值。此外,由于图 3-4 中的曲线是严格凹的,于是对于所有的 $G(G > 0)$ 而言,$P'(G^*, X) = 0$,$P''(G, X) < 0$。图 3-4 的顶部显示了 G 和 P 之间关系的扩展,从 G 和 P 之间关系扩展到 G 与 TR(无偿收入总量)之间的关系。TR 可以表述为(3-31)式。

$$TR = P(G, X) + G \tag{3-31}$$

TR 是公共补贴的凹函数,因为 $TR'' = P'' < 0$。对 G 求 TR 最大化,即 $TR'' = P'' < 0$,于是有:

$$P'(G^{**}) = -1 \tag{3-32}$$

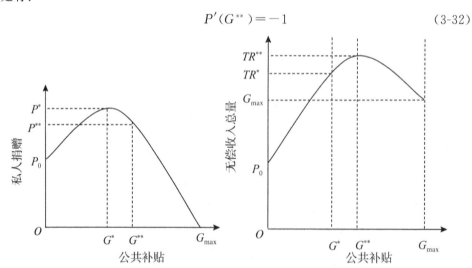

图 3-4　非营利组织获得的政府公共补贴、私人捐赠和无偿收入总量的关系

由于 P 是凹函数,于是可知 $G^{**} > G^*$。需要注意的是,当公共补贴为 0 的时候,$TR = P_0$,因为所有的无偿收入都来自私人捐赠(此时挤出效应为 0)。当公共补贴达到最大值时(非盈利组织将完全公共化),$TR = G_{\max}$,挤出效应也达到最大值。

当公共补贴不断增加并超过某一个点时,无偿收入总量 TR 将会趋于下降。图 3-4 表明,从 TR 最大化的角度来看,有一系列公共补贴的值过高,具体而言,任何高于 G^{**} 的 G 值都会驱使 TR 低于 TR^{**}。当 TR 到达最高点 TR^{**} 时,将会在政府公共补贴和私人捐赠之间产生挤出效应。这种挤出效应可以从 G^{**} 位于 G^{*} 右边这一事实反映出来,$P(G)$ 曲线向下倾斜的部分表明:公共补贴增加,私人捐赠减少。

(三)信贷市场(credit markets)的挤出效应

在 Jain(1999)的基础上分析正式的信贷部门(formal credit sector)对非正式信贷部门(informal credit sector)的挤出效应。考虑一个三方模型:借款人(主要是企业家)、非正式的信贷部门(放款人)。借款人是异质性的,这种异质性可以在模型中用很多方式表示。将借款人分成两类:$i=a,b$(划分标准是他们被资助的项目)。每个借款人被资助一个固定投资额为 K 的项目。资助的项目被标记为 (X_i,p_i),X_i 是项目成功的回报,p_i 是项目成功的概率,项目失败的回报为 0。进一步假定项目 a 更安全,它的成功概率更高($p_a > p_b$),回报也更高($p_aX_a > p_bX_b$)。假定借款人中拥有"好"项目(也即 a)的借款人占比为 γ。所有借款人都没有资本,也不能提供抵押品。他们的融资渠道只有两个:非正式信贷市场和银行,银行扮演了垄断者的角色。银行的资本成本(或者说存款利率)是 c。但是,除了提供自选合同外,即 (q_a,r_a) 和 (q_b,r_b),银行无法确定向其贷款的借款人的"类型"。r_i 是贷款规模 $(K-q_i)$ 的总利率。如果借款人能够在非正式信贷部门筹集到 q_i 规模的资金(这被银行家视为"保证金"),项目就能顺利完成融资(意味着银行会发放贷款),否则银行不会发放 $(K-q_i)$ 规模的贷款。假定银行不能在贷款合同中详细规定正常还款是项目良好运转的结果。否则,银行可以通过一个指定还款函数 X_i 来筛选借款人。换而言之,银行仅限于提供借款合同。除了违约状态外,还款是预先固定的。简单起见,假定非正式信贷市场完全了解所有借款人的类型,它是一个完全竞争的市场。非正式贷款人的资金成本用 m 来标记,$m \geqslant c$,这意味着非正式贷款人的资金成本比银行高。进一步假定"好"项目是有社会价值的,即 $p_aX_a \geqslant Kc$。

银行的问题在于选择合同 (q_a,r_a) 和 (q_b,r_b) 以实现预期收益最大化。用 R_i 表示成功项目的还款额。于是银行的预期收益最大化问题可以表示为:

$$\max_{q_a,r_a,q_b,r_b} \pi = \gamma[p_aR_a-(K-q_a)c]+(1-\gamma)[p_bR_b-(K-q_b)c] \tag{3-33}$$

$$q_a \geqslant 0, \quad q_b \geqslant 0, \quad 0 \leqslant R_a \leqslant X_a, \quad 0 \leqslant R_b \leqslant X_b$$

借款人满足自愿参与(voluntary participation)和激励相容(incentive compatibility)约束。自愿参与约束要求每一个借款人至少能从履行合同中获得预期效用(或者回报),否则他就不会参与。如果借款人选择不参与,那么会有两种结果:要么他将完全通过非正式信贷部门进行融资,要么他的项目无法实施。

自愿参与约束(VP):

$$a: p_a(X_a - R_a) - mq_a \geqslant \max\{0, p_a X_a - mK\}$$
$$b: p_b(X_b - R_b) - mq_b \geqslant \max\{0, p_b X_b - mK\}$$

(3-34)

激励相容约束要求:每一个借款人相比于贷款人提供给其他借款人的合同而言更喜欢自己的合同。

激励相容约束(IC):

$$a: p_a(X_a - R_a) - mq_a \geqslant p_a(X_a - R_a) - mq_b$$
$$b: p_b(X_b - R_b) - mq_b \geqslant p_b(X_b - R_b) - mq_a$$

(3-35)

可行的合同被定义为一个集合$\{(q_a, R_a), (q_b, R_b)\}$,它满足上述四个约束条件。一个集中的解决方案是:$(q_a, R_a) = (q_b, R_b)$,即所有借款人被提供同一个合同。

用u_i表示效用,S_i表示借款人i的保留效用。S_i的集合为$\max\{0, p_i X_i - mK\}$,$i = a, b$。图3-5反映了不同类型借款人保留效用的无差异曲线。"差"项目被认为是没有社会价值的,也即$p_b X_b \geqslant Kc$。"好"项目可以获得非正式部门的融资,并且$p_a X_a \geqslant mK$。当a类借款人的保留效用大于0时,它的保留效用无差异曲线为$u_a = S_a$,位于$u_a = 0$的左下方。当保留效用无差异曲线向左下方移动时,两种类型的借款人都将面临更低的还款额R和更低的联合融资门槛q,故而效用提升。反之,向右上方移动则银行的利润增加,借款人的效用下降。

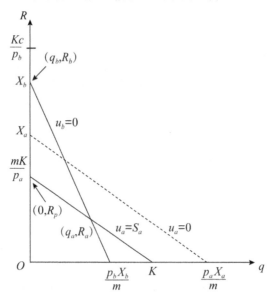

图 3-5　不同类型借款人的保留效用无差异曲线

由于借款人仅关心预期收入,每一种类型的借款人都有一条直线型无差异曲线,尽管"差"的借款人无差异曲线的斜率更高。直觉上,"好"的借款人不太愿意接受用更高的还款义务来换取更低的联合融资门槛的要求,因为他们并不认为自己的联合融资的门槛要求像"差"的借款人那样繁重。为了简化银行的最大化问题,我们做三个观察,这三个观察都具有代理模型无差异曲线满足单交叉性质筛选模型的特征。

第一种情况:在任何情况下,$q_b = 0$。

在图 3-5 中,这意味着 b 的合同必须位于纵轴上。如果银行打算给"差"的借款人提供资金,那么借款人应尽可能减少外部融资的需求,因为银行能够以更便宜的价格提供资金,"差"的借款人则愿意支付更高的 R 作为补偿。

第二种情况:在任何情况下,b 的激励相容约束都是有约束力的。

在联立方程求解过程中,这是很常见的。在独立求解中,如果 b 的激励相容约束失去约束力,银行将通过给"好"的借款人提供新合同来增加利润。除非"差"的借款人面临着有约束力的激励相容约束,不然他们也愿意签订新合同,因为他们愿意支付更高的还款额和接受更低(但是高于"好"的借款人)的联合融资门槛要求。但是只要"差"的借款人满足于旧合同,银行就能够从"好"的借款人那里获得更高的利润。图 3-5 表明,一个独立的解 (q_a, R_a) 位于斜线 m/p_b(非正式信贷部门给"差"的借款人提供贷款的资金成本)上,这条斜线在纵轴上经过 (q_b, R_b)。如果 (q_a, R_a) 位于 $u_b = 0$ 这条线的外面,那么它将沿着 a 的无差异曲线向左上方移动,直到到达 $u_b = 0$ 这条线,这种移动将会增加银行的利润,因为 a 的无差异曲线比银行从 a 类借款人获得的等利润线要陡峭。

第三种情况:在任何情况下,a 的自愿参与约束都是有约束力的。

如果"好"的借款人手里有一些剩余,银行总是可以通过上述方式拿走借款人手里的部分剩余以增加自己的利润,并确保"差"的借款人不受影响。这意味着 a 类借款人的合同必须位于 $u_a = S_a$ 这条线上。如果这个"好"的借款人的合同位于这条线左下方的某个地方,它将沿着"差"的借款人的无差异曲线向左上方移动(以保持它的保留效用不变),这种移动会增加银行的利润,因为银行从"好"的借款人处获得的等利润曲线没有"好"的借款人的保留效用无差异曲线($u_a = S_a$)陡峭。

利用以上三个条件,可以将银行的最大化问题简化为(中间的推导过程略):

$$\max_{q_a} \pi = \gamma \{ p_a X_a - m q_a - S_a - (K - q_a) c \}$$

$$+ (1 - \gamma) \{ (p_a X_a - m q_a - S_a)(p_b / p_a) + m q_a - K c \} \tag{3-36}$$

q_a 满足：

$$0 \leqslant q_a \leqslant \frac{p_a p_b (X_b - X_a) p_b S_a - p_a S_b}{(p_a - p_b)m} \tag{3-37}$$

银行最大化表达式是 q_a 的函数，并且 q_a 有一个取值区间。因此，银行效用的最大值肯定位于 q_a 取值区间的极限值。这会产生下面的命题。

利润最大化的合同集合包含了两种类别：一是（联立求解）两类借款人被提供了相同的合同——完全从银行获得融资（$q_i = 0, i = a, b$），如果项目成功了，a 支付的还款额等于"好"的借款人的保留效用，即 $R_i = X_a - S_a / p_a (i = a, b)$。二是（独立求解）$b$ 的合同完全由银行提供融资，a 的还款额足够让他获得自己的保留效用，即 $q_b = 0$，$R_b = X_b - S_b / p_b$。a 的合同只给他提供了部分融资，并且 a 支付的还款额少于项目成功之后的全额回报，即 $q_a > 0, R_a < X_a$。两种类型的借款人都能拿到自己的保留效用（S_a, S_b）。联立求解和独立求解情况下的合同都有可能产生负的利润（亏损），即便遇到有盈利潜力的项目。这种情况（亏损）下，银行和非正式信贷部门都选择不放贷。

上述命题的潜在含义是：银行仅仅需要考虑合同（求解之后的合同）的两个因素。第一个因素是，银行对所有的借款人联立求解并给两种类型的借款人提供相同的合同。在任何解中，"好"的借款人的自愿参与约束肯定是有约束力的，于是它的还款额足够驱使 a 类借款人获得他的保留效用 S_a。从上述命题还可以得出，如果"差"的借款人获得了完全融资，那么这种融资必须是充分的（足以满足项目需要）。于是，银行在联立求解的过程中将会对它面前的所有项目提供充足的资金，并且选择一个计算出来的还款水平用来推动"好"的借款人获得保留效用。这个还款水平就是图 3-5 中的点（$0, R_p$），它代表了正式信贷部门对非正式信贷部门的"挤出"。

（四）挤出效应在其他领域的扩展

除了在社会规范、公共补贴、信贷市场，挤出效应还扩展到了很多其他领域，比如 FDI 的挤出效应（Agosin and Machado, 2005）、旅游业的挤出效应（Preuss, 2011）、上市公司过度融资行为的挤出效应（文春晖等, 2018）、农机购置补贴的挤出效应（王许沁等, 2018）、政府创新补贴中的挤出效应（张帆和孙薇, 2018）等。挤出效应在房地产业的扩展也得到了部分学者的关注，如 Sinai 和 Waldfogel（2005）、Eriksen 和 Rosenthal（2010）等。综合挤出效应在其他领域扩展的研究，挤出效应的概念可以扩展为"经济活动中一变量的增加导致另一变量减少的现象"。

第二节　房地产投资挤出效应的分析框架

以挤出效应的一般性逻辑及扩展为理论基础,并联系中国房地产投资的实际,本书选择从其他投资、制造业、居民消费三个视角来观察房地产投资的挤出效应。在演进过程中,房地产投资对其他投资的挤出效应最早产生,对制造业的挤出效应其次,对居民消费的挤出效应最后。对既有的文献和数据进行挖掘发现,中国房地产投资产生挤出效应的主要对象也是其他投资、制造业、居民消费。需要说明的是,本书观察房地产投资挤出效应的三个视角并不在一个统一的分析框架里,而是各自有独立的分析框架,通过不同的分析框架研究房地产投资的挤出效应更符合"多视角"的初衷,也更能拓展研究视野(见图 3-6)。

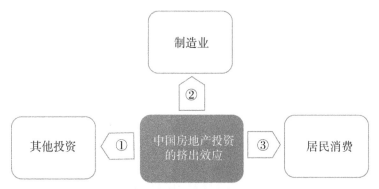

图 3-6　房地产投资挤出效应的研究视角

一、房地产投资对其他投资挤出效应的研究

房地产投资对其他投资的挤出效应指房地产业对投资的过度吸附能力导致其他产业投资的流失。

在 IS-LM 分析框架的基础上,假设整个国民经济仅有两大类产业:房地产业和非房地产业。在图 3-7 和图 3-8 中,AB 是一条预算线,表示在给定全社会固定资产投资总额情况下房地产业投资和非房地产业投资的组合,图中凸向原点的曲线是等产量线(衡量的是社会总产出)。当等产量线与 AB 相切时,社会总产出最大,切点 C 则为经济达到均衡时固定资产总额在房地产业和非房地产业之间的分配组合。当房地产业的平均利润高于非房地产业的平均利润时,至少会对国民经济产生两种影响。一是房地产业的高利润会带动产业链上下游产业的发展,于是形成范围经济。此时若某地方的主导产业是房地产业,则流入房地产业的资本会不断增加,房地产业上下游产业的规模也会不断扩大,随着规模的扩大,范围经济带来的优势体现为产品成本的下降。二是房地产业的高利润会吸引非房地产业的生产要素流向房地产业,于是进一步推动房地产业规模的扩大,规模的扩大会产生更大的投资需求。在以上两种影响的作用下,社会固定资产投资总额的预算线将从 AB 演变为 A_1B_1（如图 3-7 所示）,变化之后的预算线 A_1B_1 与等产量线相切于 C_1 点,C_1 点是一个新的均衡,C_1 点固定资产投资在房地产业与非房地产业之间的分配中,房地产业获得的投资超过了 C 点的水平,于是房地产业在两个均衡点（C 和 C_1）之间的固定资产投资差额（为正）就是房地产投资对其他投资的正挤出效应,如图 3-7 所示。

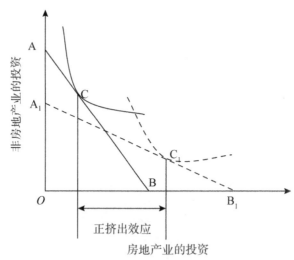

图 3-7　房地产投资对其他投资的正挤出效应

　　然而,当房地产业的平均利润低于非房地产业时,生产要素会从房地产业流向非房地产业,从而推动非房地产业规模的不断扩张,房地产业的规模则会不断萎缩。在范围经济的作用下,非房地产业的成本将因规模的扩大而下降,房地产业的成本则会因规模的缩小而上升,于是非房地产业会产生更大的投资需求,而房地产业的投资需求将变小。此时,社会固定资产投资总额的预算线将从 AB 演变为 A_1B_1（如图 3-8 所示）。图 3-8 中,A_1B_1 与等产量线相切于 C_1 点,C_1 点房地产业的投资比 C 点少,房地产业在两个均衡点（C 和 C_1）之间的固定资产投资差额（为负）就是房地产投资对其他投资的负挤出效应,负挤出效应也被称为挤入效应。

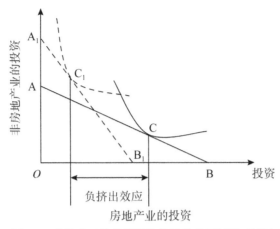

图 3-8　房地产对其他投资的负挤出效应(挤入效应)

在此基础上,本书提出以下两个假设。

假设一:当房地产投资对其他投资的挤出效应为正时,房地产业对投资更具吸引力。

假设二:当房地产投资对其他投资的挤出效应为负(挤入效应)时,房地产业对投资的吸引力在减弱。

在以上分析的基础上,进一步参考 Agosin 等(2005)的回归方程,构建如下滞后两期的差分方程,滞后期数的选择依据为赤池信息量准则。

$$\Delta\ln I_{it} = \beta_1 \Delta\ln H_{it} + \beta_2 \Delta\ln H_{i,t-1} + \gamma\Delta\ln I_{i,t-1} + \delta_1 \Delta\ln Y_{it} \\ + \delta_2 \Delta\ln Y_{i,t-1} + \varepsilon \tag{3-38}$$

上式中,I、H、Y 各自表示全社会固定资产投资总额、房地产业固定资产投资、房地产业总收入。[①] 以上模型旨在分析房地产投资对其他投资的挤出效应。参照王志鹏和李子奈(2004)、徐颖君(2006)、冼国明和欧志斌(2008)文献中被解释变量的选取依据和推理逻辑,将上式的左右两边同时对房地产业固定资产投资的增量求导,得到:

$$\frac{d(\Delta\ln I)}{d(\Delta\ln H)} = \frac{\beta_1 + \beta_2}{1-\gamma} + \left(\frac{\delta_1 + \delta_2}{1-\gamma}\right)\frac{d(\Delta\ln Y)}{d(\Delta\ln H)} \tag{3-39}$$

(3-39)式即为房地产投资对其他投资挤出效应的计算公式,它由两部分组成:

$$\lambda_1 = \frac{\beta_1 + \beta_2}{1-\gamma}$$

---

① 根据数据的可得性,本书从固定资产投资的口径来研究房地产投资对其他投资的挤出效应。

$$\lambda_2 = \frac{\delta_1 + \delta_2}{1 - \gamma}$$

λ_1 是挤出效应系数，λ_1 是房地产投资对其他投资的"固有"挤出倾向，本书称之为房地产投资对其他投资的直接挤出效应。λ_2 为房地产业投入产出弹性系数，λ_2 的大小表示房地产业投入产出弹性系数大小及正负。如果 λ_2 大于 0，房地产业对投资的吸引力增强，其他产业投资（其他投资）会相对减少，于是形成房地产投资对其他投资的正向挤出；如果 λ_2 小于 0，房地产业对投资的吸引力减弱，其他产业投资（其他投资）会相对增加，于是形成房地产投资对其他投资的负向挤出（也即挤入）。λ_2 也是房地产投资对其他投资挤出效应的一部分，较之 λ_1 而言，λ_2 并不具备"固有"的属性，会随着房地产业的发展而变化，因此，本书称之为房地产投资对其他投资的间接挤出效应。直接挤出效应和间接挤出效应的提出，是本书对房地产投资挤出效应研究的小小创新。

二、房地产投资对制造业挤出效应的研究

房地产投资对制造业的挤出效应指房地产投资的增加导致房地产业对生产要素的过度吸附，阻碍生产要素向制造业流动，从而制约制造业发展的现象。房地产投资对制造业的挤出效应主要通过影响房地产市场预期促使房价上涨来实现。[①] 以房价涨幅为中介变量，分两种情况进行分析。

第一种情况，房价涨幅平稳，此时房地产业的利润处于正常水平，跟其他行业相比并未占优势。在房价涨幅平稳的趋势下，住房投资的预期收益对居民而言并不具备吸引力，于是居民购房的需求也是平稳增长，不会出现大的波动。同时，在房价涨幅平稳的趋势下，房地产开发平稳，不会出现大幅增长，因此，政府的财政收入也不会出现大的波动。购房需求、房地产开发、政府财政收入的平稳增长，会导致金融系统的融资信贷维持原状、保持稳定，并不会发生明显的偏向性。融资信贷的平稳会对供给和需求起到稳定器的作用，在供给和需求都平稳的情况下，制造业并不会出现大的波动，于是在房价涨幅平稳的情形下，房地产业与制造业实现了协调发展，房地产投资并未对制造业产生挤出效应。

第二种情况，房价大涨，房地产业利润大增，超过了其他行业，导致三种情况出

---

① 仅限于宏观范畴的房地产投资分析。中国房地产投资的增加往往是地方政府"规划"的结果，尤其是用地指标的规划和审批对房地产投资有着极为重要的影响。因此，当房地产投资增加时，企业和居民更愿意相信这是地方政府刺激房地产市场的一种信号，房价上涨的预期也随之而来，下同。

现,分别是居民购房需求大增、房地产开发需求大增、政府财政收支发生波动。对于金融系统而言,房地产业的利润大增,会导致融资信贷转向(更多的信贷资金从制造业转向房地产业),于是经济结构失衡(房地产业得到迅速扩张,制造业的增长受阻),制造业因为信贷资金不足而缺乏发展动力。因而在房价大幅上涨的情况下,房地产投资的增加对制造业的增长产生了挤出效应。

在以上分析的基础上,以房地产投资增长率为解释变量,制造业发展为被解释变量,实证研究房地产投资对制造业的挤出效应。鉴于制造业增加值并未明确统计,本书用工业增加值作为制造业发展的衡量指标。为了突出"去库存"这一阶段性特征,选择中国 2015 年 12 月—2019 年 12 月的月度时间序列数据作为样本数据,以此观察房地产投资对制造业挤出效应的最新变化。

在参考 Mendicino 和 Punzi(2014)、Chakraborty 等(2018)等研究的基础上,本书实证检验房地产投资对制造业挤出效应的基本模型如(3-40)式所示。

$$(STJ)_t = \alpha_t + \beta_1(HOU)_t + \beta_2(CPI)_t + \beta_3(GDZ)_t + \beta_4(GOV)_t +$$
$$\beta_5(MON)_t + \beta_6(OPEN)_t + \beta_7(QYJ)_t + \beta_8(SHX)_t + \varepsilon_t \quad (3-40)$$

上式中,被解释变量(STJ)为制造业发展,衡量指标为工业增加值增长率。解释变量为房地产投资增长率(HOU),衡量指标为房地产开发投资增长率。解释变量的估计系数为正,则表明房地产投资的增加促进制造业的发展,于是房地产投资对制造业产生负的挤出效应(也即挤入效应);解释变量的估计系数为负,则表明房地产投资的增加"挤出"了制造业的发展。

三、房地产投资对居民消费挤出效应的研究

房地产投资对居民消费的挤出效应是指房地产投资的增加通过影响房地产市场预期促使房价上涨,进而削弱居民消费能力的现象。房地产投资对居民消费产生挤出效应的作用机制分为两条路径:对自有住房居民消费的挤出效应和对租房者消费的挤出效应。房地产投资对居民消费的挤出效应也主要通过影响房地产市场预期促使房价上涨来实现。[①] 若是自有住房居民,房价上涨会使房产增值,这便是房价上涨的财富效应。在消费者偏好不变的情况下,财富效应会导致自有住房居民的非住房消费支出增加,同时住房消费支出也会增加,此时房地产投资通过房价上涨对自有住房居民的消费并未产生挤出效应,甚至会产生负的挤出效应(也即挤入效应)。然而,在消费者偏好发生改变的情况下,住房投资的收益大于其他投资的收

---

① 本书的房地产投资是宏观范畴的投资,不包括微观范畴的个人住房投资。

益,于是房价上涨带来的财富效应会促使自有住房居民将更多的财富用于住房消费支出,甚至将原本用于非住房消费的财富转向住房消费支出,于是自有住房居民的非住房消费支出将减少。此时,房地产投资通过房价上涨对自有住房居民的消费产生了挤出效应。以上是房地产投资对自有住房居民消费的挤出效应分析。若是租房者,由于并未持有房产,房价上涨不会带来财富效应。同时,由于房价上涨,租房者为了买房需要将收入中更高的比例用于储蓄,在总收入不变的前提下,租房者用于非住房消费的支出将会因此减少,于是房地产投资通过影响房地产市场预期促使房价上涨对租房者的消费产生了挤出效应。

基于以上分析,本书提出以下两个假设。

假设三:当房地产投资对居民消费产生挤出效应时,消费者的偏好发生了改变。

假设四:当房地产投资对居民消费不产生挤出效应时,消费者的偏好没有改变。

在以上分析的基础上,以房地产投资为解释变量,居民消费为被解释变量,实证分析房地产投资对居民消费的挤出效应。同时,鉴于通货膨胀对居民消费和房地产业的影响均比较大(杨继生,2009;王维安等,2005;段忠东,2007),不同的通胀水平下房地产投资对居民消费的挤出效应可能会出现较大差异性。于是本书选择门限效应模型进行回归,门限变量即为通货膨胀率,以此观察不同的通胀水平下房地产投资对居民消费挤出效应的差异性。

在 Hansen(1996,1999,2000)的研究中,门限面板回归模型的表达式如(3-41)式和(3-42)式所示。

$$y_{it} = \begin{cases} \alpha_i + \theta'_1 x_{it} + \mu_{it}, & q_i \leqslant \gamma \\ \alpha_i + \theta'_2 x_{it} + \mu_{it}, & q_i > \gamma \end{cases} \tag{3-41}$$

上述表达式中:y_{it} 代表被解释变量,在本书中是居民消费;x_{it} 代表解释变量,x_{it} 是一个多元的列向量;q_i 是门限变量,它既可以是被解释变量,也可以是外生变量,在本书中门限变量即为通货膨胀率;γ 是通货膨胀率的门限值,以 γ 为门限,y_{it} 划分成两个组别(单一门限的情况下);a_i 是特征值,u_{it} 是随机误差项。为了进一步简化模型,Hansen(1996,1999,2000)设置了一个虚拟变量 $D_i(\gamma) = \{q_i \leqslant \gamma\}$,$D_i(\gamma)$ 可以视为一个指示函数,在 $q_i \leqslant \gamma$ 的情况下,$D_i(\gamma) = 1$,$q_i > \gamma$ 时,则 $D_i(\gamma) = 0$。引入 $x_i(\gamma) = x_i D_i(\gamma)$,则(3-41)式可以转换成以下形式。

$$y_{it} = \alpha_i + \theta'_1 x_{it} D_i(q_i \leqslant \gamma) + \theta'_2 x_{it} D_i(q_i > \gamma) + \mu_{it} \tag{3-42}$$

对上式进行 OLS 估计,得到的残差平方和如(3-43)式所示。

$$S_1(\gamma) = \hat{u}_{it}(\gamma)' \hat{u}_{it}(\gamma) \tag{3-43}$$

于是可得其门限估计值:

$$\hat{\gamma} = \arg[\min S_1(\gamma)] \qquad (3\text{-}44)$$

(3-42)式对应的残差方差为：

$$\hat{\sigma}^2 = T^{-1} \hat{u}_{it}(\hat{\gamma})' \hat{u}_{it}(\hat{\gamma}) = T^{-1} S_1(\hat{\gamma}) \qquad (3\text{-}45)$$

在 Hansen(2000)的研究中，通过(3-42)式对门限变量的所有观察值进行"识别"，于是就可以得到门限估计值。门限估计值确定之后，下一个步骤就是检验门限效应，检验门限效应的原假设、备选假设如(3-46)式所示。

$$H_0 : \theta'_1 = \theta'_2, \quad H_1 : \theta'_1 \neq \theta'_2 \qquad (3\text{-}46)$$

如果原假设成立，(3-42)式演变成线性模型，此时门限效应不存在，如果原假设成立，则门限效应存在。设 S_0 表示无门限效应下残差平方和的总和，S_1 表示存在门限效应下残差平方和的总和。于是检验门限效应的似然比计算公式如下：

$$F = \frac{S_0(\gamma) - S_1(\gamma)}{\sigma^2} \qquad (3\text{-}47)$$

检验门限效应置信区间的似然比计算公式如(3-48)式所示。

$$LR(\gamma_0) = \frac{S_0(\gamma) - S_1(\hat{\gamma})}{\hat{\sigma}^2} \qquad (3\text{-}48)$$

若显著性水平是 δ，在 $LR(\gamma_0) \leqslant f(\delta) = -2\ln(1 - \sqrt{1-\delta})$ 的情况下，接受原假设，即存在门限效应。

在门限面板回归模型的基础上，初步设定如下几个回归方程以检验通货膨胀门限下房地产投资对居民消费的挤出效应。其中，房地产投资的估计系数用于衡量挤出效应的方向和大小。系数为正，则房地产投资对居民消费产生负的挤出效应，也即挤入效应或财富效应，意味着房地产投资的增加导致居民消费增长；系数为负，则房地产投资对居民消费产生正的挤出效应，意味着房地产投资的增加导致居民消费下降；系数的绝对值越大，表明挤出的程度越大。(3-49)式至(3-51)式中的变量会在第五章第二节进行说明。

$$(EXP)_{it} = \alpha_i + \beta_1(CPI)_{it} + \beta_2(IND)_{it} + \beta_3(OPEN)_{it}$$
$$+ \theta_1(HOU)_{it} D[(CPI)_{it} \leqslant \gamma] + \theta_2(HOU)_{it} D[(CPI)_{it} > \gamma] + \varepsilon_{it} \qquad (3\text{-}49)$$

$$(EXP)'_{it} = \alpha_i + \beta_1(CPI)_{it} + \beta_2(IND)_{it} + \beta_3(OPEN)_{it}$$
$$+ \theta_1(HOU)_{it} D[(CPI)_{it} \leqslant \gamma] + \theta_2(HOU)_{it} D[(CPI)_{it} > \gamma] + \varepsilon_{it} \qquad (3\text{-}50)$$

$$(EXP)''_{it} = \alpha_i + \beta_1(CPI)_{it} + \beta_2(IND)_{it} + \beta_3(OPEN)_{it}$$
$$+ \theta_1(HOU)_{it} D[(CPI)_{it} \leqslant \gamma] + \theta_2(HOU)_{it} D[(CPI)_{it} > \gamma] + \varepsilon_{it} \qquad (3\text{-}51)$$

第四章

中国房地产业发展现状

　　房地产业是一个非常复杂的问题,若想全面系统地分析其发展现状需要极大的篇幅,因此,本书仅从中国房地产业的主要指标对其发展现状进行概述。

第一节　中国房地产价格的变化轨迹

　　房地产价格(以下简称房价)是房地产市场中最重要的一个变量,鉴于此,本书把房价从房地产市场中独立出来进行分析,以突出其重要性。房地产市场其他指标放在第二节进行分析。

一、全国总体状况

　　以年度数据对全国房价总体情况进行观察,表 4-1 是 2000—2018 年按用途分的中国商品房平均销售价格。其中:商品房平均销售价格从 2000 年的 2112 元/米² 增长到 2018 年的 8737 元/米²,涨幅达313.7%;住宅商品房平均销售价格从 2000 年的 1948 元/米² 增长到 2018 年的 8544 元/米²,涨幅为 338.6%;别墅、高档公寓平均销售价格从 2000 年的 4288 元/米² 增长到 2018 年的 16242 元/米²,涨幅为 278.8%;办公楼商品房平均销售价格从 2000 年的 4751 元/米² 增长到 2018 年的 14385 元/米²,涨幅为 202.8%;商业营业用房平均销售价格从 2000 年的 3260 元/米² 增长到 2018 年的 11150 元/米²,涨幅为 242%;其他商品房平均销售价格从 2000 年的 1864 元/米² 增长到 2018 年的 5351 元/米²,涨幅为 187%。图 4-1 显示了这六种商品房平均销售价格的变化趋势,样本区间增长幅度最大的是住宅商品房平均销售价格,最小的是其他商品房平均销售价格。

表 4-1　按用途分中国商品房平均销售价格(2000—2018 年)

单位:元/米²

年份	商品房平均销售价格	住宅商品房平均销售价格	别墅、高档公寓平均销售价格	办公楼商品房平均销售价格	商业营业用房平均销售价格	其他商品房平均销售价格
2000	2112	1948	4288	4751	3260	1864
2001	2170	2017	4348	4588	3274	2033
2002	2250	2092	4154	4336	3489	1919
2003	2359	2197	4145	4196	3675	2241
2004	2778	2608	5576	5744	3884	2235
2005	3168	2937	5834	6923	5022	2829
2006	3367	3119	6585	8053	5247	3131
2007	3864	3645	7471	8667	5774	3351
2008	3800	3576	7801	8378	5886	3219
2009	4681	4459	9662	10608	6871	3671
2010	5032	4725	10934	11406	7747	4099
2011	5357	4993	10994	12327	8488	4182
2012	5791	5430	11460	12306	9021	4306
2013	6237	5850	12591	12997	9777	4907
2014	6324	5933	12965	11826	9817	5177
2015	6793	6473	15157	12914	9566	4845
2016	7476	7203	15911	14332	9786	4832
2017	7892	7614	14965	13543	10323	5364
2018	8737	8544	16242	14385	11150	5351

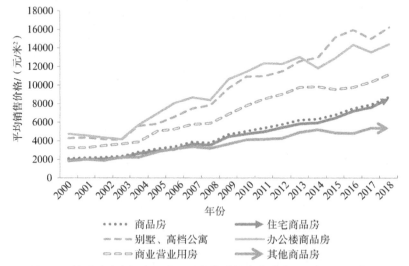

图 4-1　按用途分中国商品房平均销售价格变化趋势(2000—2018 年)

进一步分析以上六种商品房平均销售价格增长率的变化趋势(见表 4-2)。商品房平均销售价格增长率在样本区间出现了三个周期:第一个周期是 2001—2008 年,年均增长 7.81%;第二个周期是 2009—2014 年,年均增长 9.06%;第三个周期是 2015—2018 年,年均增长 8.44%,不过第三个周期还未结束,仍在延续,直到周期波谷来临。住宅商品房平均销售价格增长率在样本区间同样呈现出三个周期:第一个周期是 2001—2008 年,年均增长 8.10%;第二个周期是 2009—2014 年,年均增长 9.04%;第三个周期是 2015—2018 年,年均增长 9.58%,并且第三个周期还没有结束,波谷还没有到来。住宅商品房平均销售价格增长率与商品房平均销售价格增长率保持了高度共振,三个周期的时间节点是重合的,这说明住宅商品房价格是我国商品房价格变化的"缩影"。别墅、高档公寓平均销售价格增长率表现出比较大的波动,增长轨迹大致可以分为三个周期:第一个周期是 2003—2011 年,年均增长 11.92%;第二个周期是 2012—2017 年,年均增长 5.50%;第三个周期从 2018 年开始,2018 年的增长率为 8.54%,第三个周期才刚刚开始,这意味着别墅、高档公寓平均销售价格仍将处于高速上升期。办公楼商品房平均销售价格增长率变化大致呈现出四个周期:第一个周期是 2001—2008 年,年均增长 8.23%;第二个周期是 2009—2014 年,年均增长 6.44%;第三个周期 2015—2017 年,年均增长 4.89%;第四个周期从 2018 年开始,2018 年增长率为 6.22%,处于上升阶段。商业营业用房平均销售价格增长率变化大致呈现出三个周期:第一个周期是 2001—2008 年,年均增长 7.97%;第二个周期是 2009—2015 年,年均增长 7.37%;第三个周期是 2016—2018 年,年均增长 5.27%,且第三个周期还没有结束。其他商品房平均销售价格增长率在样本区间大致呈现出三个周期,第一个周期是 2003—2008 年,年均增长 9.48%;第二个周期是 2009—2015 年,年均增长 6.25%,第三个周期是 2016—2018 年,年均增长 3.50%。从以上六种商品房平均销售价格增长率的变化来看,我国的商品房价格正在步入一个新的周期,并且这个新的周期还没有结束,这个新周期所呈现出来的阶段性特征正是本书研究房地产投资挤出效应的重要背景。

表 4-2　按用途分中国商品房平均销售价格增长率(2001—2018 年)

单位:%

年份	商品房平均销售价格增长率	住宅商品房平均销售价格增长率	别墅、高档公寓平均销售价格增长率	办公楼商品房平均销售价格增长率	商业营业用房平均销售价格增长率	其他商品房平均销售价格增长率
2001	2.75	3.54	1.40	−3.43	0.40	9.05
2002	3.69	3.72	−4.46	−5.49	6.57	−5.62
2003	4.84	5.02	−0.22	−3.23	5.35	16.78
2004	17.76	18.71	34.52	36.89	5.68	−0.26
2005	14.03	12.61	4.63	20.52	29.29	26.59
2006	6.29	6.21	12.87	16.33	4.48	10.67
2007	14.77	16.86	13.46	7.63	10.05	7.03
2008	−1.65	−1.90	4.41	−3.33	1.94	−3.95
2009	23.18	24.69	23.86	26.62	16.73	14.04
2010	7.50	5.97	13.16	7.52	12.75	11.66
2011	6.46	5.68	0.55	8.08	9.57	2.03
2012	8.10	8.75	4.24	−0.17	6.28	2.96
2013	7.70	7.74	9.87	5.61	8.38	13.96
2014	1.39	1.42	2.97	−9.01	0.41	5.50
2015	7.42	9.10	16.91	9.20	−2.56	−6.41
2016	10.05	11.28	4.97	10.98	2.30	−0.27
2017	5.56	5.71	−5.95	−5.51	5.49	11.01
2018	10.71	12.22	8.54	6.22	8.02	−0.24

二、分区域状况

分省(区、市)[①]对中国商品房平均销售价格进行观察。表 4-3 是 2003—2018 年中国各省(区、市)商品房的平均销售价格。在 2018 年各省(区、市)商品房平均销售价格排名中:北京市高居第一(34143 元/米²),上海市(26890 元/米²)、天津市(16055 元/米²)、海南省(14546 元/米²)、浙江省(14443 元/米²)排在前五位;商品房

---

① 省(区、市)指省、自治区、直辖市,下同。由于港澳台数据获取渠道有限,无法获得完整数据,故本研究仅围绕可获取完整数据的省级行政区展开。

平均销售价格排在最后五位的分别是宁夏回族自治区（5044 元/米²）、内蒙古自治区（5548 元/米²）、贵州省（5637 元/米²）、河南省（5758 元/米²）、湖南省（5795 元/米²）。从东、中、西部地区各选择两个代表性的省级行政区进行观察和比较。东部地区选择的是江苏省和浙江省：江苏省的商品房平均销售价格从 2000 年的 1643 元/米² 上涨到 2018 年的 10774 元/米²，涨幅为 555.75%；浙江省的商品房平均销售价格从 2000 年的 1947 元/米² 上涨到 2018 年的 14443 元/米²，涨幅达 641.8%，浙江省的涨幅高于江苏省。中部地区选择的是江西省和湖北省：江西省的商品房平均销售价格从 2000 年的 949 元/米² 涨到 2018 年的 6805 元/米²，涨幅为 617.07%；湖北省的商品房平均销售价格从 2000 年的 1368 元/米² 涨到 2018 年的 8495 元/米²，涨幅为 520.98%，江西省的涨幅高于湖北省。西部地区选择的是甘肃省和新疆维吾尔自治区：甘肃省的商品房平均销售价格从 2000 年的 1302 元/米² 涨到 2018 年的 5780 元/米²，涨幅达 343.93%；新疆维吾尔自治区的商品房平均销售价格从 2000 年的 1424 元/米² 涨到 2018 年的 5944 元/米²，涨幅达 317.42%，甘肃省的涨幅略高于新疆维吾尔自治区。跨区域比较而言，东部地区两个省级行政区在样本区间内的涨幅高于中部地区两个省级行政区，并且中部地区两个省级行政区高于西部地区两个省级行政区。

　　进一步分析中国各省（区、市）商品房平均销售价格增长率变化（见表4-4）。从东、中、西部地区各选择一个代表性的省级行政区进行观察和比较。东部地区选择的是浙江省，浙江省的商品房平均销售价格增长率在 2001—2018 年大致呈现出三个周期：第一个周期是 2001—2005 年，年均增长 17.53%；第二个周期是 2006—2014 年，年均增长 10.86%；第三个周期是 2015—2018 年，年均增长 11.57%，并且第三个周期还没有结束。中部地区选择江西省作为观察对象，江西省的商品房平均销售价格增长率在 2001—2018 年大致呈现出三个周期：第一个周期是 2001—2008 年，年均增长 10.83%；第二个周期是 2009—2015 年，年均增长 14.52%，其中，2012—2014 年江西省的商品房平均销售价格增长率出现了断崖式下跌；第三个周期是 2016—2018 年，年均增长 8.31%，并且第三个周期还没有结束，处于上升阶段。西部地区选择新疆维吾尔自治区作为观察对象，新疆维吾尔自治区的商品房平均销售价格增长率在 2001—2018 年大致呈现出三个周期：第一个周期是 2001—2004 年，年均增长 3.20%；第二个周期是 2005—2016 年，年均增长 9.50%；第三个周期是 2017—2018 年，年均增长 13.46%，并且第三个周期还没有结束。将浙江省、江西省、新疆维吾尔自治区的商品房平均销售价格增长率变化轨迹放在一起进行比较，发现三地的商品房平均销售价格增长率呈现了各自不同的变化轨迹，振动的步调不

表4-3　中国各省（区、市）商品房平均销售价格（2003—2018年）①

单位：元/米²

省（区、市）	2003年	2004年	2005年	2006年	2007年	2008年	2009年	2010年	2011年	2012年	2013年	2014年	2015年	2016年	2017年	2018年
北京	4737	5053	6788	8280	11553	12418	13799	17782	16852	17022	18553	18833	22633	27497	32140	34143
天津	2518	3115	4055	4774	5811	6015	6886	8230	8745	8218	8746	9219	10107	12830	15331	16055
河北	1463	1605	1862	2111	2586	2779	3263	3539	3983	4478	4897	5131	5759	6438	7203	7683
山西	1611	1803	2210	1988	2250	2355	2707	3487	3433	3871	4433	4734	4870	4984	5619	6822
内蒙古	1270	1401	1653	1811	2247	2483	2972	3521	3783	4053	4301	4333	4441	4546	4628	5548
辽宁	2291	2412	2798	3073	3490	3758	4034	4505	4733	4942	5122	5373	5758	6080	6681	7542
吉林	1574	1880	1888	2010	2302	2507	2917	3647	4364	4147	4483	5112	5476	5364	6021	7001
黑龙江	1799	1939	2099	2196	2471	2832	3241	3719	3966	4067	4738	4882	5144	5295	6471	6901
上海	5118	5855	6842	7196	8361	8195	12840	14464	14603	14061	16420	16787	20949	24747	23804	26890
江苏	2197	2651	3359	3592	4024	4049	4983	5841	6554	6727	6909	7006	7356	8805	9195	10774
浙江	2737	3108	4280	4774	5786	6262	7826	9258	9838	10643	11042	10526	10525	11121	12855	14443
安徽	1513	1782	2220	2322	2664	2949	3420	4205	4776	4825	5080	5394	5457	5924	6375	7050
福建	2297	2560	3162	3994	4684	4384	5427	6256	7764	8646	9050	9136	8881	9218	9746	10589
江西	1210	1325	1529	1708	2072	2136	2643	3144	4148	4745	5203	5288	5358	5709	6150	6805
山东	1698	2045	2425	2541	2904	2970	3505	3944	4448	4763	5049	5315	5560	5855	6319	7481

① 由于表格篇幅，有些数据放不下，于是2000—2002年各省（区、市）的商品房平均销售价格数据没有放在表格中。

续表

省（区，市）	2003年	2004年	2005年	2006年	2007年	2008年	2009年	2010年	2011年	2012年	2013年	2014年	2015年	2016年	2017年	2018年
河南	1388	1573	1867	2012	2253	2339	2666	3042	3501	3831	4205	4366	4611	4964	5355	5758
湖北	1506	1672	2263	2556	3053	3001	3532	3743	4486	5043	5266	5513	5863	6724	7675	8495
湖南	1413	1511	1625	1928	2233	2302	2680	3146	3790	4049	4243	4227	4304	4640	5228	5795
广东	3195	3482	4443	4853	5914	5953	6513	7486	7879	8112	9090	9083	9796	11097	11776	13073
广西	1883	2083	2014	2195	2539	2826	3260	3562	3772	4203	4593	4854	4960	5237	5834	6159
海南	2105	2405	2924	3787	4162	5443	6261	8735	8943	7894	8669	9315	9339	9878	11837	14546
重庆	1596	1766	2135	2269	2723	2785	3442	4281	4734	5080	5569	5519	5486	5485	6792	8067
四川	1421	1572	1945	2271	2840	3157	3509	4138	4918	5449	5498	5597	5475	5762	6217	6988
贵州	1313	1385	1607	1780	2137	2339	2874	3357	3889	4116	4295	4312	4415	4307	4771	5637
云南	1882	1978	2165	2380	2455	2680	2931	3158	3635	4209	4494	4998	5300	5269	5919	7517
西藏	1753	2748	1700	1976	2704	3202	2452	2896	3475	3269	4174	5774	4111	5112	6626	7202
陕西	1534	1731	2060	2461	2622	2952	3223	3759	4949	5156	5280	5166	5362	5471	6840	8273
甘肃	1275	1754	1936	1780	2191	1958	2483	3042	3318	3570	3886	4544	4913	5201	5709	5780
青海	1465	1583	1832	1921	2311	2460	2517	3005	3248	4049	4163	5081	5242	5400	6001	6472
宁夏	1868	1880	2235	2063	2136	2435	3090	3304	3732	3948	4232	4117	4413	4241	4544	5044
新疆	1817	1585	1798	1858	2081	2240	2604	3087	3549	3918	4268	4628	4653	4632	4965	5944

表 4-4　中国各省(市)商品房平均销售价格增长率(2006—2018 年)[①]

单位：%

省 (区、市)	2006 年	2007 年	2008 年	2009 年	2010 年	2011 年	2012 年	2013 年	2014 年	2015 年	2016 年	2017 年	2018 年
北京	21.97	39.54	7.48	11.12	28.86	−5.23	1.01	9.00	1.51	20.18	21.49	16.89	6.23
天津	17.73	21.74	3.51	14.48	19.52	6.25	−6.03	6.43	5.41	9.63	26.94	19.49	4.72
河北	13.39	22.47	7.47	17.42	8.46	12.54	12.43	9.36	4.78	12.24	11.79	11.88	6.66
山西	−10.03	13.15	4.68	14.95	28.81	−1.56	12.78	14.51	6.79	2.87	2.34	12.74	21.41
内蒙古	9.57	24.02	10.53	19.69	18.47	7.44	7.14	6.12	0.74	2.49	2.36	1.80	19.89
辽宁	9.86	13.56	7.67	7.34	11.68	5.05	4.42	3.64	4.90	7.17	5.59	9.88	12.88
吉林	6.43	14.57	8.88	16.35	25.03	19.66	−4.98	8.11	14.03	7.12	−2.05	12.25	16.28
黑龙江	4.59	12.56	14.59	14.44	14.75	6.65	2.54	16.49	3.04	5.37	2.94	22.21	6.64
上海	5.17	16.19	−1.99	56.68	12.65	0.96	−3.71	16.77	2.24	24.79	18.13	−3.81	12.96
江苏	6.95	12.03	0.61	23.07	17.22	12.21	2.63	2.71	1.40	5.00	19.70	4.43	17.17
浙江	11.55	21.19	8.23	24.98	18.30	6.27	8.18	3.75	−4.67	−0.01	5.66	15.59	12.35
安徽	4.58	14.75	10.68	15.97	22.95	13.58	1.02	5.29	6.18	1.17	8.56	7.61	10.59
福建	26.32	17.29	−6.41	23.79	15.28	24.11	11.36	4.67	0.95	−2.79	3.79	5.73	8.65
江西	11.73	21.31	3.09	23.74	18.96	31.92	14.39	9.66	1.63	1.32	6.55	7.72	10.66
山东	4.75	14.31	2.27	18.01	12.52	12.77	7.09	6.00	5.27	4.61	5.31	7.92	18.39

[①] 囿于表格篇幅,有些数据放不下,于是 2001—2005 年各省(区、市)的商品房平均销售价格增长率数据没有放在表格中。

续表

省（区，市）	2006年	2007年	2008年	2009年	2010年	2011年	2012年	2013年	2014年	2015年	2016年	2017年	2018年
河南	7.76	12.01	3.80	13.98	14.10	15.08	9.44	9.76	3.83	5.61	7.66	7.88	7.52
湖北	12.92	19.47	-1.71	17.69	5.97	19.86	12.40	4.43	4.69	6.35	14.69	14.14	10.69
湖南	18.69	15.80	3.08	16.42	17.39	20.48	6.82	4.80	-0.38	1.82	7.81	12.67	10.84
广东	9.23	21.88	0.65	9.41	14.94	5.25	2.96	12.05	-0.08	7.85	13.28	6.12	11.02
广西	9.03	15.63	11.32	15.36	9.26	5.91	11.42	9.27	5.68	2.18	5.58	11.40	5.57
海南	29.51	9.88	30.79	15.03	39.51	2.39	-11.74	9.82	7.45	0.26	5.77	19.83	22.88
重庆	6.29	19.98	2.29	23.59	24.38	10.58	7.31	9.63	-0.90	-0.60	-0.02	23.83	18.77
四川	16.73	25.08	11.14	11.15	17.93	18.85	10.80	0.90	1.80	-2.18	5.24	7.90	12.39
贵州	10.78	20.05	9.47	22.87	16.81	15.84	5.83	4.36	0.40	2.39	-2.45	10.77	18.15
云南	9.94	3.14	9.17	9.37	7.74	15.12	15.78	6.77	11.21	6.04	-0.58	12.34	27.01
西藏	16.25	36.82	18.41	-23.42	18.11	19.98	-5.93	27.70	38.33	-28.80	24.35	29.62	8.69
陕西	19.50	6.53	12.59	9.18	16.63	31.66	4.18	2.41	-2.16	3.79	2.03	25.02	20.96
甘肃	-8.08	23.08	-10.62	26.81	22.51	9.08	7.59	8.85	16.93	8.12	5.86	9.77	1.25
青海	4.82	20.33	6.45	2.32	19.39	8.09	24.64	2.83	22.05	3.17	3.01	11.13	7.84
宁夏	-7.71	3.54	13.99	26.90	6.93	12.96	5.78	7.20	-2.72	7.19	-3.90	7.14	10.99
新疆	3.36	12.00	7.63	16.25	18.55	14.96	10.42	8.92	8.43	0.54	-0.45	7.19	19.73

完全一致,例如,2011 年,江西省的商品房平均销售价格增长率出现波峰,但是浙江省出现了波谷,而新疆维吾尔自治区则处于下跌的通道。这意味着东、中、西部地区的商品房平均销售价格有着差异化的增长趋势,相应地,房地产市场的调控也应制定差异化的对策。

第二节 中国房地产市场的强周期性

除房价之外,本书选择房地产市场另外几个主要指标进行分析,以反映中国房地产市场的现状。① 在分析中,重点关注这些指标的强周期性。

一、房地产开发投资状况

根据 2002—2018 年全国 35 个大中城市的房地产开发投资额数据来观察中国房地产开发投资的现状(见表 4-5)。② 将这 35 个大中城市划分为一线、二线和三线城市。一线城市中,我们可以观察到以下数据:北京市的房地产开发投资额从 2002 年的 989 亿元增长到 2018 年的 3873 亿元,增幅达 291.61%;上海市的房地产开发投资额从 2002 年的 749 亿元增长到 2018 年的 4033 亿元,增幅达 438.45%;广州市的房地产开发投资额从 2002 年的 426 亿元增长到 2018 年的 2702 亿元,增幅达 534.27%;深圳市的房地产开发投资额从 2002 年的 355 亿元增长到 2018 年的 2641 亿元,增幅为 643.94%。深圳市的房地产开发投资涨幅在一线城市中是最高的(见图 4-2)。二线城市中,我们可以观察到以下数据:杭州市的房地产开发投资额从 2002 年的 198 亿元增长到 2018 年的 3069 亿元,增幅为 1450.00%;南京市的房地产开发投资额从 2002 年的 138 亿元增长到 2018 年的 2354 亿元,增幅为 1605.80%;武汉市的房地产开发投资额从 2002 年的 133 亿元增长到 2018 年的 2780 亿元,增幅达 1990.23%,二线城市的三个代表性城市房地产开发投资额的增长幅度都超过了 1000%,这表明它们在 2002—2018 年经历了房地产投资的野蛮增

---

① 反映房地产市场现状的指标有很多,本书从房地产开发投资、房地产开发企业、房地产交易三个主要方向进行观察。

② 35 个大中城市的选择参照了国家统计局的遴选口径,包括直辖市、省会城市、副省级城市,下同。

长。三线城市中,我们可以观察到以下数据:兰州市的房地产开发投资额从 2002 年的 25 亿元增长到 2018 年的 575 亿元,增幅为 2200.00%;西宁市的房地产开发投资额从 2002 年的 15 亿元增长到 2018 年的 292 亿元,增幅达 1846.67%;银川市的房地产开发投资额从 2002 年的 24 亿元增长到 2018 年的 295 亿元,增幅为 1129.17%。三线城市中的三个代表性城市房地产开发投资额的增长幅度都超过了 1000%,兰州市甚至超过了 2000%,这意味着三线城市房地产投资的野蛮生长态势比二线城市更明显。

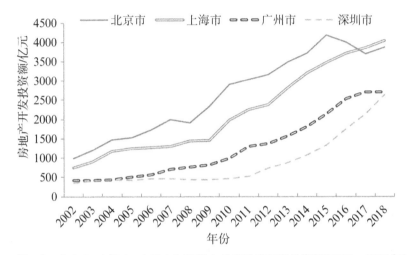

图 4-2 北京市、上海市、广州市和深圳市的房地产开发投资额(2002—2018 年)

进一步观察 35 个大中城市房地产开发投资额增长率(见表 4-6)。从一线、二线、三线城市中各选一座代表性城市进行分析。一线城市选择深圳市作为观察对象,深圳市的房地产开发投资增长率在 2003—2018 年大致经历了四个周期:第一个周期是 2003—2008 年,年均增长 3.87%;第二个周期是 2009—2013 年,年均增长 15.71%;第三个周期是 2014—2017 年,年均增长 24.92%;第四个周期从 2018 年开始,2018 年增长率为 23.93%,并且第四个周期刚刚开始,处于上升通道。二线城市选择武汉市作为观察对象,武汉市的房地产开发投资增长率在 2003—2018 年大致经历了三个周期:第一个周期是 2003—2008 年,年均增长 27.27%;第二个周期是 2009—2016 年,年均增长 21.27%;第三个周期是 2017—2018 年,年均增长 5.10%,并且第三个周期还没结束,处于下跌通道。三线城市选择银川市作为观察对象,银川市的房地产开发投资增长率在 2003—2018 年大致经历了三个周期:第一个周期是 2003—2006 年,年均增长 27.11%;第二个周期是 2007—2015 年,年均增长 25.48%;第三个周期是 2016—2018 年,年均增长 -8.61%,第三个周期出现了负增长,意味着银川市的房地产业进入低潮期。

表4-5 35个大中城市房地产开发投资额(2002—2018年)①

单位:亿元

城市	2002年	2003年	2004年	2005年	2006年	2007年	2008年	2009年	2010年	2011年	2012年	2013年	2014年	2015年	2016年	2017年	2018年
北京市	989	1202	1473	1525	1720	1996	1909	2338	2901	3036	3153	3483	3715	4177	4001	3693	3873
天津市	176	211	264	328	402	505	654	735	867	1080	1260	1481	1700	1872	2300	2233	2424
石家庄市	33	62	88	122	132	198	280	378	538	789	833	928	1025	965	1016	1212	1011
太原市	29	43	63	79	80	95	121	165	241	311	359	416	470	598	680	471	529
呼和浩特市	24	27	30	36	95	130	177	179	254	330	448	582	563	509	521	238	174
沈阳市	116	177	343	414	538	730	1011	1189	1450	1685	1943	2184	1976	1338	710	814	997
大连市	125	151	209	265	337	408	496	579	768	1107	1397	1710	1429	897	535	567	689
长春市	53	70	90	108	172	260	353	444	543	666	650	612	533	501	597	574	779
哈尔滨市	90	106	120	140	158	187	216	279	361	570	789	858	687	594	526	499	585
上海市	749	901	1175	1247	1276	1308	1436	1462	1981	2254	2381	2820	3206	3469	3709	3857	4033
南京市	138	184	293	296	351	446	508	596	748	872	972	1038	1125	1429	1846	2170	2354
杭州市	198	259	329	411	443	519	615	705	956	1202	1597	1853	2302	2473	2607	2734	3069
宁波市	126	184	234	260	314	333	308	375	557	711	884	1123	1328	1229	1270	1374	1587
合肥市	40	90	138	191	282	388	567	670	819	890	914	1106	1127	1259	1353	1557	1527
福州市	99	167	224	222	297	376	314	362	671	963	972	1265	1455	1381	1679	1694	1440
厦门市	62	79	91	114	214	346	327	267	396	438	519	532	704	774	766	880	885

① 拉萨的数据缺失。

续表

城市	2002年	2003年	2004年	2005年	2006年	2007年	2008年	2009年	2010年	2011年	2012年	2013年	2014年	2015年	2016年	2017年	2018年
南昌市	35	60	85	110	111	126	163	198	230	280	344	406	414	485	675	791	890
济南市	76	90	110	121	160	193	274	333	485	529	664	722	918	1014	1164	1233	1370
青岛市	104	128	163	224	268	322	381	459	602	786	932	1049	1118	1122	1369	1331	1485
郑州市	60	74	122	168	230	299	435	512	775	926	1095	1445	1744	2000	2779	3359	3258
武汉市	133	170	233	298	366	460	560	779	1017	1282	1575	1906	2354	2582	2517	2686	2780
长沙市	82	111	176	256	304	407	493	497	684	926	1034	1158	1314	1007	1267	1493	1509
广州市	426	419	441	508	557	704	764	817	984	1306	1370	1572	1816	2138	2541	2703	2702
深圳市	355	413	432	424	462	461	440	437	458	515	737	877	1069	1331	1757	2131	2641
南宁市	25	39	66	106	139	187	202	227	323	392	363	416	552	657	854	958	1106
海口市	15	28	40	46	50	60	76	78	104	145	176	256	300	456	551	603	609
重庆市	246	328	393	518	630	850	991	1239	1620	2015	2508	3013	3630	3751	3726	3980	4249
成都市	203	245	291	451	614	905	924	945	1278	1588	1889	2111	2216	2435	2641	2493	2273
贵阳市	50	60	72	91	108	135	170	210	310	460	901	978	1010	1001	923	1024	985
昆明市	68	70	87	149	189	228	274	382	437	633	919	1292	1493	1451	1531	1683	1840
西安市	79	125	163	212	286	387	546	694	842	996	1270	1573	1742	1821	1950	2235	2214
兰州市	25	30	45	53	54	74	92	99	118	155	210	257	317	321	370	418	575
西宁市	15	19	23	27	29	32	45	64	95	119	160	196	247	280	317	351	292
银川市	24	39	45	57	58	63	79	100	172	215	276	331	389	409	475	403	295
乌鲁木齐市	51	48	36	38	53	82	100	113	143	194	221	271	330	367	345	423	659

表4-6 35个大中城市房地产开发投资增长率(2006—2018年)①

单位:%

城市	2006年	2007年	2008年	2009年	2010年	2011年	2012年	2013年	2014年	2015年	2016年	2017年	2018年
北京市	12.78	16.04	-4.36	22.47	24.10	4.66	3.86	10.46	6.66	12.43	-4.22	-7.70	4.90
天津市	22.83	25.60	29.37	12.46	17.88	24.65	16.64	17.53	14.78	10.11	22.89	-2.90	8.56
石家庄市	8.23	49.48	41.95	34.89	42.25	46.68	5.58	11.39	10.47	-5.87	5.25	19.34	-16.63
太原市	1.11	18.05	27.79	36.18	46.11	28.81	15.68	15.86	12.84	27.28	13.77	-30.80	12.49
呼和浩特市	164.89	36.68	36.39	1.08	42.10	29.75	35.74	29.84	-3.19	-9.60	2.25	-54.20	-26.91
沈阳市	30.16	35.68	38.41	17.59	21.99	16.18	15.33	12.41	-9.53	-32.30	-46.95	14.74	22.41
大连市	27.09	20.94	21.58	16.76	32.66	44.20	26.10	22.47	-16.43	-37.21	-40.37	5.88	21.51
长春市	59.29	51.01	35.99	25.80	22.26	22.78	-2.52	-5.83	-12.95	-5.87	19.02	-3.83	35.70
哈尔滨市	12.60	18.75	15.12	29.42	29.19	58.14	38.32	8.73	-19.96	-13.50	-11.42	-5.23	17.33
上海市	2.30	2.50	9.80	1.83	35.47	13.79	5.66	18.40	13.72	8.19	6.92	3.98	4.58
南京市	18.58	27.00	13.95	17.22	25.63	16.49	11.49	6.76	8.46	26.97	29.15	17.59	8.48
杭州市	7.81	17.20	18.62	14.51	35.69	25.65	32.95	16.02	24.21	7.41	5.42	4.89	12.24
宁波市	20.84	6.16	-7.55	21.69	48.80	27.67	24.30	27.00	18.25	-7.48	3.38	8.20	15.50
合肥市	47.31	37.51	46.35	18.20	22.18	8.62	2.72	21.01	1.95	11.69	7.42	15.14	-1.94
福州市	33.67	26.85	-16.70	15.37	85.38	43.64	0.92	30.09	15.04	-5.08	21.60	0.88	-15.02
厦门市	87.54	61.61	-5.41	-18.23	48.13	10.60	18.43	2.49	32.39	9.94	-1.07	14.89	0.54

① 囿于表格篇幅,有些数据放不下,于是2003—2005年35个大中城市的房地产开发投资额增长率数据没有放在表格中。同时,拉萨市的数据缺失。

续表

城市	2006 年	2007 年	2008 年	2009 年	2010 年	2011 年	2012 年	2013 年	2014 年	2015 年	2016 年	2017 年	2018 年
南昌市	0.48	13.41	30.02	21.40	16.09	21.61	23.03	17.94	1.95	17.22	38.99	17.21	12.61
济南市	32.17	20.72	41.88	21.32	45.69	9.17	25.54	8.70	27.12	10.56	14.76	5.88	11.18
青岛市	19.89	20.12	18.06	20.73	31.11	30.44	18.61	12.49	6.60	0.41	21.99	-2.82	11.62
郑州市	36.76	29.96	45.59	17.79	51.30	19.50	18.23	31.98	20.63	14.72	38.93	20.87	-2.99
武汉市	22.87	25.56	21.88	38.94	30.67	26.03	22.82	21.00	23.51	9.69	-2.49	6.71	3.49
长沙市	18.88	33.96	21.18	0.83	37.55	35.36	11.70	11.92	13.47	-23.35	25.80	17.91	1.02
广州市	9.59	26.40	8.49	7.05	20.35	32.72	4.97	14.74	15.50	17.70	18.87	6.38	-0.04
深圳市	9.06	-0.23	-4.46	-0.69	4.80	12.27	43.15	19.01	21.96	24.45	31.97	21.31	23.93
南宁市	31.82	34.80	8.00	11.99	42.38	21.56	-7.57	14.79	32.53	19.09	29.95	12.19	15.48
海口市	8.82	18.82	27.01	2.98	32.32	39.36	21.45	45.96	17.19	51.89	20.79	9.43	1.02
重庆市	21.62	34.98	16.60	25.02	30.78	24.37	24.48	20.11	20.49	3.33	-0.68	6.82	6.75
成都市	36.06	47.53	2.01	2.34	35.25	24.24	18.95	11.75	4.94	9.92	8.45	-5.62	-8.81
贵阳市	18.18	25.77	25.60	23.64	47.62	48.32	95.67	8.54	3.31	-0.93	-7.77	10.92	-3.79
昆明市	26.50	20.69	20.25	39.37	14.39	44.81	45.19	40.55	15.55	-2.77	5.46	9.99	9.29
西安市	34.61	35.54	40.89	27.22	21.33	18.26	27.49	23.84	10.79	4.51	7.07	14.64	-0.95
兰州市	1.39	38.28	24.15	7.19	19.38	30.91	35.46	22.74	23.17	1.10	15.54	12.92	37.53
西宁市	8.53	7.56	43.64	40.65	49.44	24.27	35.08	22.13	26.22	13.60	12.86	11.00	-16.82
银川市	1.89	8.74	25.35	27.14	72.20	24.78	28.36	19.99	17.56	5.21	16.07	-15.19	-26.70
乌鲁木齐市	38.24	54.02	22.20	13.35	26.24	35.84	13.59	22.61	21.95	11.18	-6.04	22.64	55.92

二、房地产交易状况

房地产交易的核心指标是商品房销售面积,因此,接下来将从商品房销售面积来分析中国房地产交易现状。

表 4-7 是按用途分中国商品房销售面积,其中,住宅商品房销售面积占商品房销售面积的比例一直维持在 85% 以上,这表明在房地产交易中,住宅商品房是绝对的主力。按用途分类观察中国商品房销售面积的变化轨迹:商品房销售面积从 2000 年的 18637.1 万平方米增长到 2018 年的 171654.4 万平方米,增长幅度达 821.04%;住宅商品房销售面积从 2000 年的 16570.3 万平方米增长到 2018 年的 147929.4 万平方米,增长幅度为 792.74%;别墅、高档公寓销售面积从 2000 年的 640.7 万平方米增长到 2018 年的 4410.7 万平方米,增长幅度为 588.42%;办公楼商品房销售面积从 2000 年的 437.0 万平方米增长到 2018 年的 4363.3 万平方米,增长幅度为 898.47%;商业营业用房销售面积从 2000 年的 1399.3 万平方米增长到 2018 年的 11971.3 万平方米,增长幅度为 755.52%;其他商品房销售面积从 2000 年的 230.6 万平方米增长到 2018 年的 7390.3 万平方米,增长幅度为 3104.81%。其他商品房销售面积的增长幅度远远超过了其他用途商品房销售面积的增长幅度。

表 4-7　按用途分中国商品房销售面积(2000—2018 年)

单位:万平方米

年份	商品房销售面积	住宅商品房销售面积	别墅、高档公寓销售面积	办公楼商品房销售面积	商业营业用房销售面积	其他商品房销售面积
2000	18637.1	16570.3	640.7	437.0	1399.3	230.6
2001	22411.9	19938.8	878.2	502.6	1696.2	274.4
2002	26808.3	23702.3	1241.3	538.9	2218.6	348.5
2003	33717.6	29778.9	1449.9	630.5	2833.1	475.2
2004	38231.6	33819.9	2323.1	692.8	3100.3	618.6
2005	55486.2	49587.8	2818.4	1096.2	4081.4	720.8
2006	61857.1	55423.0	3672.4	1231.0	4337.8	865.3
2007	77354.7	70135.9	4581.3	1465.2	4644.6	1109.0
2008	65969.8	59280.4	2865.3	1157.1	4206.1	1326.4
2009	94755.0	86184.9	4626.1	1544.4	5328.0	1697.7
2010	104764.7	93376.6	4219.1	1890.0	6994.8	2503.2

续表

年份	商品房销售面积	住宅商品房销售面积	别墅、高档公寓销售面积	办公楼商品房销售面积	商业营业用房销售面积	其他商品房销售面积
2011	109366.8	96528.4	3729.9	2005.0	7868.7	2964.7
2012	111303.7	98467.5	3476.0	2253.7	7759.3	2823.2
2013	130550.6	115722.7	3632.0	2883.4	8469.2	3475.3
2014	120648.5	105187.8	3047.4	2505.5	9076.9	3878.4
2015	128495.0	112412.3	3487.4	2912.6	9254.8	3915.3
2016	157348.5	137539.9	4470.0	3826.2	10812.0	5170.4
2017	169407.8	144788.8	4743.4	4756.2	12838.1	7024.7
2018	171654.4	147929.4	4410.7	4363.3	11971.3	7390.3

三、房地产开发企业状况

(一)房地产开发企业土地开发及购置

表4-8中,中国房地产开发企业待开发土地面积和房地产开发企业购置土地面积在2000—2018年经历了大致相同的变化轨迹。房地产开发企业待开发土地面积在2000年为14754.77万平方米,2008年达到最高点(48161.07万平方米),2018年为45617.86万平方米。房地产开发企业购置土地面积在2000年为16905.24万平方米,在2011年达到最高点(44327.44万平方米),2018年为29141.57万平方米。房地产开发企业土地成交价款在2003—2018年总体上呈现出上升的趋势,从2003年的4888.95亿元增长到2018年的16102.16亿元,增长幅度为229.36%。房地产开发企业土地购置费用在2000—2018年呈现出持续上升的趋势,从2000年的733.99亿元增长到2018年的36387.01亿元,增长幅度为4857.43%。

表 4-8 中国房地产开发企业土地开发及购置情况

年份	房地产开发企业待开发土地面积（万平方米）	房地产开发企业购置土地面积（万平方米）	房地产开发企业土地成交价款（亿元）	房地产开发企业土地购置费用（亿元）
2000	14754.77	16905.24	—	733.99
2001	14582.13	23408.99	—	1038.77
2002	19178.65	31356.78	—	1445.81
2003	21782.58	35696.48	4888.95	2055.17
2004	39635.30	39784.66	2888.57	2574.47
2005	27522.00	38253.73	3269.32	2904.37
2006	37523.65	36573.57	3318.04	3814.49
2007	41483.97	40245.85	4573.18	4873.25
2008	48161.07	39353.43	4831.68	5995.62
2009	32816.54	31909.45	5150.14	6023.71
2010	31457.95	39953.10	8206.71	9999.92
2011	40220.76	44327.44	8894.03	11527.25
2012	40195.99	35666.80	7409.64	12100.15
2013	42280.47	38814.38	9918.29	13501.73
2014	42136.28	33383.03	10019.88	17458.53
2015	36638.48	22810.79	7621.61	17675.44
2016	35121.01	22025.25	9129.31	18778.68
2017	35747.29	25508.29	13643.39	23169.47
2018	45617.86	29141.57	16102.16	36387.01

（二）房地产开发企业经营情况

房地产开发企业的经营现状中，房地产开发企业主营业务收入从 2000 年的 4515.71 亿元增长到 2018 年的 112924.70 亿元（见表 4-9），增长幅度为 2400.69%，并且在样本区间内保持了持续增长的趋势。房地产开发企业土地转让收入从 2000 年的 129.61 亿元增长到 2018 年的 1207.38 亿元，增长幅度为 831.55%，房地产开发企业土地转让收入在样本区间内大致保持了上升的趋势。房地产开发企业商品房销售收入从 2000 年的 3896.82 亿元增长到 2018 年的 106688.40 亿元，增长幅度为 2637.83%，并且在样本区间内保持了持续上升的趋势。房地产开发企业房屋出租收入从 2000 年的 95.32 亿元增长到 2018 年的 1484.30 亿元，增长幅度为

1457.18%,在样本区间内呈现了先上升后下降的变化轨迹,于 2016 年到达顶点
(1786.97 亿元),之后开始下降。房地产开发企业其他收入从 2000 年的 393.96 亿
元增长到 2018 年的 3544.62 亿元,增长幅度为799.74%,在样本区间内保持了持续
上升的趋势。房地产开发企业主营业务税金及附加从 2000 年的 214.57 亿元增长
到 2018 年的 6785.53 亿元,增长幅度为 3062.39%,在样本区间内保持了持续上升
的趋势。房地产开发企业营业利润从 2000 年的 73.28 亿元增长到 2018 年的
18543.71 亿元,增长幅度高达25205.28%。房地产开发企业营业利润在样本区间
内保持了持续增长的趋势。

表 4-9　房地产开发企业经营情况

单位:亿元

年份	房地产开发企业主营业务收入	房地产开发企业土地转让收入	房地产开发企业商品房销售收入	房地产开发企业房屋出租收入	房地产开发企业其他收入	房地产开发企业主营业务税金及附加	房地产开发企业营业利润
2000	4515.71	129.61	3896.82	95.32	393.96	214.57	73.28
2001	5471.66	188.99	4729.42	117.35	435.90	273.45	125.47
2002	7077.85	225.13	6145.80	144.57	562.34	370.15	252.91
2003	9137.27	279.72	8153.69	164.33	539.53	493.72	430.37
2004	13314.46	410.09	11752.20	305.58	846.59	413.04	857.97
2005	14769.35	341.43	13316.77	290.29	820.86	845.25	1109.19
2006	18046.76	300.65	16621.36	316.79	807.96	1127.12	1669.89
2007	23397.13	427.92	21604.21	386.81	978.19	1660.30	2436.61
2008	26696.84	466.85	24394.12	521.47	1314.40	1829.20	3432.23
2009	34606.23	498.05	32507.83	544.27	1056.08	2585.49	4728.58
2010	42996.48	519.19	40585.33	742.92	1149.04	3464.66	6111.48
2011	44491.28	664.66	41697.91	904.28	1224.43	3832.98	5798.58
2012	51028.41	819.39	47463.49	1151.55	1593.98	4610.87	6001.33
2013	70706.67	671.42	66697.99	1364.01	1973.25	6204.18	9562.67
2014	66463.80	571.95	62535.06	1464.10	1892.69	5968.43	6143.13
2015	70174.34	600.54	65861.30	1600.42	2112.08	6202.38	6165.54
2016	90091.51	666.32	85163.32	1786.97	2474.89	6651.62	8673.23
2017	95896.90	838.42	90609.15	1568.32	2881.01	5751.77	11728.11
2018	112924.70	1207.38	106688.40	1484.30	3544.62	6785.53	18543.71

(三)房地产开发企业资产负债情况

表 4-10 反映了中国房地产开发企业 2000—2018 年的资产负债情况。房地产开发企业实收资本从 2000 年的 5302.9 亿元增长到 2018 年的 95325.0 亿元,增长幅度为 1697.60%。房地产开发企业资产总计从 2000 年的 25186.0 亿元增长到 2018 年的 852720.5 亿元,增长幅度为 3285.69%。房地产开发企业累计折旧从 2000 年的 299.3 亿元增长到 2018 年的 4358.9 亿元,增长幅度为 1356.45%。房地产开发企业本年折旧从 2000 年的 57.7 亿元增长到 2018 年的 904.6 亿元,增长幅度为 1467.76%。房地产开发企业负债合计从 2000 年的 19032.1 亿元增长到 2018 年的 674333.4 亿元,增长幅度为 3443.14%。房地产开发企业所有者权益从 2000 年的 6153.9 亿元增长到 2018 年的 178383.0 亿元,增长幅度为 2798.71%。房地产开发企业资产负债率 2000 年为 75.6%,2018 年为 79.1%,房地产开发企业资产负债率在 2000—2018 年呈现出 U 形变化轨迹,2008 年到达波谷(72.3%),2017—2018 年达到样本区间内的最高点(79.1%)。在整个样本区间内,房地产开发企业资产负债率都保持在 70%(警戒线)以上,这意味着中国房地产开发企业普遍存在"高危"风险。

表 4-10 中国房地产开发企业资产负债情况

年份	房地产开发企业实收资本(亿元)	房地产开发企业资产总计(亿元)	房地产开发企业累计折旧(亿元)	房地产开发企业本年折旧(亿元)	房地产开发企业负债合计(亿元)	房地产开发企业所有者权益(亿元)	房地产开发企业资产负债率(%)
2000	5302.9	25186.0	299.3	57.7	19032.1	6153.9	75.6
2001	6019.9	28566.8	354.5	67.5	21435.7	7131.1	75.0
2002	6750.9	33043.1	390.5	81.7	24764.6	8278.6	74.9
2003	8471.0	40486.5	450.8	96.8	30698.6	9787.9	75.8
2004	12545.8	61789.2	598.0	139.2	45783.6	16005.6	74.1
2005	13927.0	72193.6	737.0	157.4	52520.7	19672.9	72.7
2006	16172.4	88398.0	875.7	191.6	65476.7	22921.3	74.1
2007	19438.0	111078.2	1025.7	231.6	82680.2	28398.0	74.4
2008	27561.9	144833.6	1414.1	340.2	104782.3	40051.2	72.3
2009	28966.0	170184.2	1470.0	320.4	125042.7	45141.5	73.5
2010	36767.4	224467.1	1758.3	379.8	167297.4	57170.1	74.5
2011	46430.6	284359.4	2113.6	427.3	214470.0	69889.7	75.4

年份	房地产开发企业实收资本（亿元）	房地产开发企业资产总计（亿元）	房地产开发企业累计折旧（亿元）	房地产开发企业本年折旧（亿元）	房地产开发企业负债合计（亿元）	房地产开发企业所有者权益（亿元）	房地产开发企业资产负债率（％）
2012	54735.4	351858.7	2360.9	525.4	264597.6	87261.1	75.2
2013	59987.6	425243.9	2871.5	626.7	323228.2	102015.7	76.0
2014	76566.0	498749.9	3099.9	616.7	384095.5	114654.4	77.0
2015	78329.4	551968.1	3265.2	596.6	428729.9	123238.2	77.7
2016	79278.3	625733.7	3658.3	640.5	489750.3	135983.4	78.3
2017	85649.8	722236.0	3909.4	657.2	571274.9	150961.2	79.1
2018	95325.0	852720.5	4358.9	904.6	674333.4	178383.0	79.1

第三节　中国房地产业在国民经济中的地位

一、房地产业增加值的变化趋势

中国房地产业的增加值在 1952 年仅为 14.0 亿元，2018 年增长到 59846.4 亿元（见表 4-11），增长幅度为 427474.29%。将房地产业增加值跟其他产业增加值进行比较，发现房地产业增加值超过了住宿和餐饮业增加值以及交通运输、仓储和邮政业增加值（见图 4-3）。2005—2017 年中国各省（区、市）房地产业增加值见表 4-12。由图 4-4 可以明显看出，2017 年房地产业增加值排在前五位的省级行政区分别是广东省（7635.96 亿元）、江苏省（5016.54 亿元）、浙江省（3222.54 亿元）、山东省（3091.37 亿元）、河南省（2222.21 亿元），房地产业增加值排在最后五位的省级行政区分别是西藏自治区（33.49 亿元）、青海省（60.89 亿元）、宁夏回族自治区（120.84 亿元）、甘肃省（274.30 亿元）、贵州省（283.05 亿元）。各省（区、市）内部差异比较大，广东省的房地产业增加值是西藏自治区的 228 倍。

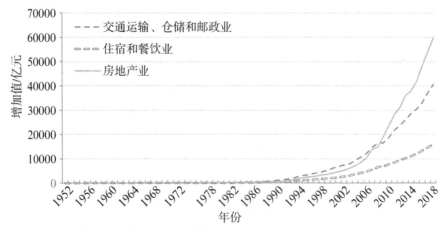

图 4-3　房地产业增加值与其他行业的比较（1952—2018 年）

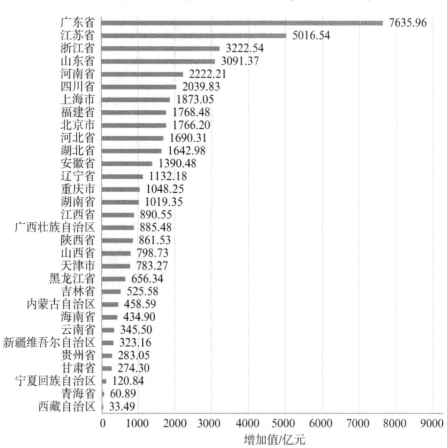

图 4-4　2017 年中国各省（区、市）房地产业增加值排名

单位：亿元

表 4-11 中国分行业增加值（1952—2018 年）

年份	国内生产总值	农林牧渔业增加值	工业增加值	建筑业增加值	批发和零售业增加值	交通运输、仓储和邮政业增加值	住宿和餐饮业增加值	金融业增加值	房地产业增加值	其他行业增加值
1952	679.1	345.9	119.6	22.0	70.1	29.0	14.7	11.7	14.0	52.0
1953	824.4	381.4	163.2	29.0	102.4	35.0	18.0	11.9	13.2	70.3
1954	859.8	395.5	184.5	27.0	106.6	38.0	18.6	11.8	13.5	64.4
1955	911.6	424.7	191.2	31.0	104.9	39.0	20.1	13.8	18.0	68.8
1956	1030.7	447.8	225.2	56.0	115.3	46.0	21.9	14.1	17.2	87.1
1957	1071.4	433.8	271.6	46.0	116.1	49.0	23.3	16.1	18.7	96.7
1958	1312.3	449.9	415.9	69.1	120.9	71.0	27.0	24.2	17.9	116.4
1959	1447.5	387.2	541.3	77.2	129.3	94.0	30.0	38.1	21.7	128.7
1960	1470.1	343.8	574.2	80.3	120.3	104.0	27.7	61.6	20.9	137.3
1961	1232.3	445.0	367.7	27.0	96.4	69.2	23.1	61.2	23.7	118.9
1962	1162.2	457.1	330.9	34.1	67.6	57.4	21.4	48.4	25.3	119.9
1963	1248.3	501.9	371.7	42.3	64.5	55.0	20.7	36.8	27.0	128.3
1964	1469.9	564.0	468.1	52.7	81.7	58.4	21.7	59.1	25.0	139.1
1965	1734.0	656.9	554.2	56.0	104.6	77.4	23.7	85.2	30.6	145.3
1966	1888.7	708.5	656.3	61.2	132.1	85.1	26.4	35.8	32.5	150.8
1967	1794.2	720.6	551.6	58.2	138.6	72.3	25.6	41.5	38.4	147.5

续表

年份	国内生产总值	农林牧渔业增加值	工业增加值	建筑业增加值	批发和零售业增加值	交通运输、仓储和邮政业增加值	住宿和餐饮业增加值	金融业增加值	房地产业增加值	其他行业增加值
1968	1744.1	732.8	496.9	47.3	126.1	70.5	23.8	48.3	41.8	156.7
1969	1962.2	742.8	633.7	63.3	149.0	84.9	26.3	54.0	45.4	162.9
1970	2279.7	800.4	836.3	84.5	162.8	100.2	26.9	56.7	47.6	164.2
1971	2456.9	833.7	936.3	96.6	162.5	108.4	28.2	65.3	49.9	176.0
1972	2552.4	834.8	1000.1	94.8	176.6	123.0	30.7	52.8	55.2	184.4
1973	2756.2	915.6	1082.9	101.0	192.0	131.0	32.6	52.7	54.8	193.6
1974	2827.7	953.6	1094.4	108.9	188.2	132.2	33.4	56.5	58.9	201.7
1975	3039.5	979.8	1256.6	126.1	160.2	148.4	31.2	61.2	64.7	211.3
1976	2988.6	975.6	1216.8	133.1	134.4	147.1	30.0	62.2	69.1	220.3
1977	3250.0	950.5	1385.0	137.3	195.1	165.2	37.5	68.8	73.6	237.0
1978	3678.7	1027.5	1621.5	138.9	242.3	182.0	44.6	76.5	79.9	265.5
1979	4100.5	1270.2	1786.5	144.6	200.9	193.7	44.0	75.9	86.3	298.4
1980	4587.6	1371.6	2014.9	196.3	193.8	213.4	47.4	85.8	96.4	368.1
1981	4935.8	1559.4	2067.7	208.0	231.1	220.8	54.1	91.6	99.9	403.2
1982	5373.4	1777.3	2183.0	221.6	171.4	246.9	62.3	130.6	110.8	469.3
1983	6020.9	1978.3	2399.1	271.7	198.7	275.0	72.5	168.9	121.8	535.0
1984	7278.5	2316.0	2815.9	317.9	363.5	338.6	96.8	230.5	162.3	637.0

续表

年份	国内生产总值	农林牧渔业增加值	工业增加值	建筑业增加值	批发和零售业增加值	交通运输、仓储和邮政业增加值	住宿和餐饮业增加值	金融业增加值	房地产业增加值	其他行业增加值
1985	9098.9	2564.3	3478.3	419.3	802.4	421.8	138.3	293.8	215.2	765.5
1986	10376.2	2788.6	4000.8	527.3	852.6	499.0	163.2	401.0	298.1	845.6
1987	12174.6	3232.9	4621.3	667.5	1059.6	568.5	187.1	506.0	382.6	949.2
1988	15180.4	3865.2	5814.1	811.8	1483.4	685.9	241.4	658.6	473.8	1146.1
1989	17179.7	4265.8	6525.7	796.1	1536.2	812.9	277.4	1079.6	566.2	1319.9
1990	18872.9	5061.8	6904.7	861.7	1268.9	1167.2	301.9	1143.7	662.2	1500.7
1991	22005.6	5341.9	8138.2	1017.7	1834.6	1420.5	442.3	1194.7	763.7	1852.1
1992	27194.5	5866.2	10340.5	1417.9	2405.0	1689.2	584.6	1481.5	1101.3	2308.3
1993	35673.2	6963.3	14248.8	2269.9	2816.6	2174.3	712.1	1902.6	1379.6	3206.0
1994	48637.5	9572.1	19546.9	2968.8	3773.4	2788.2	1008.5	2556.5	1909.3	4513.7
1995	61339.9	12135.1	25023.9	3733.7	4778.6	3244.7	1200.1	3209.7	2354.0	5660.0
1996	71813.6	14014.7	29529.8	4393.0	5599.7	3782.6	1336.8	3698.3	2617.6	6841.3
1997	79715.0	14440.8	33023.5	4628.3	6327.4	4149.1	1561.3	4176.1	2921.1	8487.4
1998	85195.5	14816.4	34134.9	4993.0	6913.2	4661.5	1786.9	4314.3	3434.5	10140.9
1999	90564.4	14768.7	36015.4	5180.9	7491.1	5175.9	1941.2	4484.9	3681.8	11824.5
2000	100280.1	14943.6	40259.7	5534.0	8158.6	6161.9	2146.3	4836.2	4149.1	14090.8
2001	110863.1	15780.0	43855.6	5945.5	9119.4	6871.3	2400.1	5195.3	4715.1	16980.9

续表

年份	国内生产总值	农林牧渔业增加值	工业增加值	建筑业增加值	批发和零售业增加值	交通运输、仓储和邮政业增加值	住宿和餐饮业增加值	金融业增加值	房地产业增加值	其他行业增加值
2002	121717.4	16535.7	47776.3	6482.1	9995.4	7494.3	2724.8	5546.6	5346.4	19816.0
2003	137422.0	17380.6	55363.8	7510.8	11169.5	7914.8	3126.1	6034.7	6172.7	22749.2
2004	161840.2	21410.7	65776.8	8720.5	12453.8	9306.5	3664.8	6586.8	7174.1	26746.1
2005	187318.9	22416.2	77960.5	10400.5	13966.2	10668.8	4195.7	7469.5	8516.4	31725.0
2006	219438.5	24036.4	92238.4	12450.1	16530.7	12186.3	4792.6	9951.7	10370.5	36881.9
2007	270092.3	28483.7	111693.9	15348.0	20937.8	14605.1	5548.1	15173.7	13809.7	44492.1
2008	319244.6	33428.1	131727.6	18807.6	26182.3	16367.6	6616.1	18313.4	14738.7	53063.2
2009	348517.7	34659.7	138095.5	22681.5	29001.5	16522.4	6957.0	21798.1	18966.9	59835.2
2010	412119.3	39619.0	165126.4	27259.3	35904.4	18783.6	7712.0	25680.4	23569.9	68464.3
2011	487940.2	46122.6	195142.8	32926.5	43730.5	21842.0	8565.4	30678.9	28167.6	80763.9
2012	538580.0	50581.2	208905.6	36896.1	49831.0	23763.2	9536.9	35188.4	31248.3	92629.2
2013	592963.2	54692.4	222337.6	40896.8	56284.1	26042.7	10228.3	41191.0	35987.6	105302.8
2014	641280.6	57472.2	233856.4	44880.5	62423.5	28500.9	11158.5	46665.2	38000.8	118322.7
2015	685992.9	59852.6	236506.3	46626.7	66186.7	30487.8	12153.7	57872.6	41701.0	134605.5
2016	740060.8	62451.0	247877.7	49702.9	71290.7	33058.8	13358.1	61121.7	48190.9	153008.9
2017	820754.3	64660.0	278328.2	55313.8	77658.2	37172.6	14690.0	65395.0	53965.2	173571.2
2018	900309.5	67538.0	305160.2	61808.0	84200.8	40550.2	16023.3	69099.9	59846.4	196082.6

单位：亿元

表 4-12 中国各省（区、市）房地产业增加值（2005—2017 年）①

省（区、市）	2005 年	2006 年	2007 年	2008 年	2009 年	2010 年	2011 年	2012 年	2013 年	2014 年	2015 年	2016 年	2017 年
北京	493.73	658.30	821.50	844.59	1062.47	1006.52	1074.93	1244.17	1339.52	1329.20	1438.43	1672.68	1766.20
天津	122.67	156.64	183.44	227.88	308.73	377.59	411.46	449.65	533.33	550.86	618.25	805.92	783.27
河北	330.87	397.14	467.97	513.81	612.40	697.79	918.02	982.05	1063.09	1119.78	1313.62	1488.42	1690.31
山西	106.00	117.01	134.12	166.04	173.31	192.00	224.91	301.88	563.01	598.07	639.07	698.53	798.73
内蒙古	98.75	136.50	191.01	273.30	286.65	309.25	384.76	385.22	414.59	442.95	441.37	453.80	458.59
辽宁	256.77	318.54	410.43	500.81	605.27	733.37	876.12	1050.03	1191.23	1145.70	1169.67	1037.33	1132.18
吉林	112.29	131.01	153.03	182.70	200.14	212.32	238.61	240.86	431.88	432.85	436.06	476.58	525.58
黑龙江	163.34	194.70	225.81	244.47	301.18	391.89	492.10	522.27	552.00	581.28	597.22	616.90	656.34
上海	715.97	773.61	958.06	939.34	1237.56	1002.50	1019.68	1147.04	1427.05	1530.96	1699.78	2125.62	1873.05
江苏	799.73	1017.91	1365.71	1626.13	2025.39	2600.95	2747.89	2992.82	3308.40	3564.44	3755.45	4292.79	5016.54
浙江	688.86	794.41	981.42	1052.03	1316.84	1618.17	1677.13	1927.93	2229.69	2166.86	2351.42	2607.00	3222.54
安徽	231.66	281.98	366.57	431.27	497.94	532.17	634.92	665.76	711.71	807.33	870.07	1124.07	1390.48
福建	331.80	435.22	511.50	506.98	656.61	679.03	911.16	1039.71	1095.08	1090.22	1077.88	1269.67	1768.48
江西	171.88	184.67	225.96	281.96	305.90	340.56	402.51	421.83	500.57	522.81	548.26	745.89	890.55
山东	664.90	786.51	953.69	1104.95	1329.59	1622.15	1838.14	1984.49	2363.27	2526.16	2592.67	2773.29	3091.37
河南	298.19	348.70	447.44	512.42	622.98	773.23	987.00	1040.70	1489.03	1541.76	1657.04	1890.01	2222.21

① 因篇幅限制，1993—2004 年的数据没有放在表格中。

续表

省（区、市）	2005年	2006年	2007年	2008年	2009年	2010年	2011年	2012年	2013年	2014年	2015年	2016年	2017年
湖北	217.17	294.73	409.65	526.88	546.11	564.41	634.67	692.82	972.40	1062.71	1136.72	1291.35	1642.98
湖南	215.63	254.81	301.80	340.07	400.11	464.21	518.04	568.52	642.19	673.38	751.81	879.62	1019.35
广东	1430.37	1722.07	2029.77	2057.45	2470.63	2813.95	3321.31	3643.87	4207.46	4486.92	5117.95	6229.50	7635.96
广西	165.05	192.20	239.45	282.96	348.98	405.79	465.68	489.43	551.18	593.01	657.30	749.04	885.48
海南	38.20	44.45	67.19	95.60	121.76	188.33	208.71	238.11	301.69	295.56	299.69	349.95	434.90
重庆	143.88	158.20	196.06	191.21	229.09	266.38	396.28	620.17	743.59	817.04	847.72	926.19	1048.25
四川	286.23	336.20	376.84	453.63	548.14	558.56	620.62	703.51	762.77	1064.74	1252.20	1516.61	2039.83
贵州	76.38	80.24	93.19	104.81	136.15	139.64	160.30	176.75	202.94	220.48	232.07	249.20	283.05
云南	148.69	165.92	193.59	195.48	205.14	223.45	222.31	243.03	262.84	275.97	282.51	303.96	345.50
西藏	10.02	11.92	13.24	15.08	13.28	14.54	17.44	20.77	22.54	28.80	29.33	33.47	33.49
陕西	108.62	125.20	153.98	193.27	239.92	315.95	398.03	450.12	518.60	579.44	695.53	747.17	861.53
甘肃	63.78	73.21	83.52	93.80	101.37	110.02	134.25	146.32	218.39	234.14	244.82	259.89	274.30
青海	14.10	15.17	16.98	19.96	23.05	25.41	29.05	31.41	46.21	48.96	53.59	56.13	60.89
宁夏	22.97	25.53	29.49	38.85	47.56	60.53	79.01	87.51	104.05	114.28	97.05	102.57	120.84
新疆	55.79	68.90	91.28	89.79	115.23	143.44	176.22	194.38	286.29	281.56	285.38	298.62	323.16

　　进一步观察中国房地产业增加值的实际增长率(通过房地产业增加值指数计算出实际增长率,计算结果见表 4-13)。中国房地产业增加值的实际增长率在 1953—2018 年大致呈现出五个大周期:第一个大周期是 1953—1964 年,年均增长 3.77%;第二个大周期是 1965—1981 年,年均增长 6.06%;第三个大周期是 1982—1996 年,年均增长 15.65%;第四个大周期是 1997—2008 年,年均增长 9.54%;第五个大周期是 2009—2018 年,年均增长 6.28%(见图 4-5)。五个大周期中的第三个大周期的年均增长速度最快,并且第五个大周期目前还没有结束。

表 4-13　中国分行业增加值实际增长率(1953—2018 年)

单位:%

年份	国内生产总值增长率	农林牧渔业增加值增长率	工业增加值增长率	建筑业增加值增长率	批发和零售业增加值增长率	交通运输、仓储和邮政业增加值增长率	住宿和餐饮业增加值增长率	金融业增加值增长率	房地产业增加值增长率	其他行业增加值增长率
1953	15.6	1.9	35.7	36.4	40.0	24.1	17.6	−1.0	−5.0	22.1
1954	4.3	1.7	18.2	−3.3	1.7	10.8	1.2	−2.0	0	−10.0
1955	6.9	7.9	6.7	13.8	−1.2	2.5	7.9	16.7	33.8	6.5
1956	15.0	4.7	28.8	70.0	8.7	21.8	8.4	1.6	−2.2	20.7
1957	5.1	3.1	11.4	−7.1	−1.6	7.2	4.5	15.1	10.3	7.7
1958	21.3	0.4	53.6	50.0	5.0	46.7	16.1	47.9	−7.6	19.9
1959	9.0	−15.9	29.4	5.7	6.1	31.0	10.1	57.1	12.7	9.6
1960	0.0	−16.4	6.7	1.5	−7.1	10.4	−9.2	58.0	−9.0	3.8
1961	−27.3	1.4	−38.9	−65.2	−29.7	−35.0	−26.8	−13.8	9.9	−24.8
1962	−5.6	4.5	−13.1	23.6	−7.5	−18.9	9.5	−23.4	3.4	−2.7
1963	10.3	11.3	13.4	25.8	9.3	−1.6	5.9	−20.0	7.1	13.4
1964	18.2	12.9	25.4	25.5	16.1	5.4	0.5	68.7	−8.2	12.3
1965	17.0	9.7	25.6	10.6	1.2	34.5	−4.1	49.5	21.1	7.6
1966	10.7	7.2	23.5	9.4	21.5	10.3	9.0	−57.7	4.6	4.4
1967	−5.7	1.9	−15.1	−5.0	5.4	−14.0	−2.5	16.7	16.7	−1.5
1968	−4.1	−1.6	−8.2	−18.9	−8.8	−2.3	−7.0	16.5	8.6	6.3
1969	16.9	0.8	32.9	34.4	19.5	22.7	12.0	14.4	8.0	5.4

续表

年份	国内生产总值增长率	农林牧渔业增加值增长率	工业增加值增长率	建筑业增加值增长率	批发和零售业增加值增长率	交通运输、仓储和邮政业增加值增长率	住宿和餐饮业增加值增长率	金融业增加值增长率	房地产业增加值增长率	其他行业增加值增长率
1970	19.3	7.7	35.0	30.3	9.8	16.8	2.7	6.1	3.5	1.3
1971	7.1	1.9	12.4	12.0	−0.4	8.3	4.7	17.0	2.1	7.9
1972	3.8	−0.9	7.6	−2.1	8.5	15.1	8.7	−18.2	7.2	4.1
1973	7.8	9.0	8.7	3.4	9.2	6.3	6.6	−2.0	−2.4	5.1
1974	2.3	4.1	1.0	6.2	−2.0	0.7	1.9	7.5	5.5	3.2
1975	8.7	2.0	15.9	13.8	−0.1	11.2	1.6	9.1	6.8	4.8
1976	−1.6	−1.8	−3.0	4.2	−3.5	−1.2	1.4	2.2	3.4	3.8
1977	7.6	−2.2	14.3	1.7	13.4	12.4	10.5	9.7	3.8	5.5
1978	11.7	4.1	16.4	−0.5	23.1	8.9	18.1	10.1	5.7	11.2
1979	7.6	6.1	8.7	2.0	8.7	8.3	11.1	−2.0	4.1	10.1
1980	7.8	−1.5	12.6	26.6	−1.9	4.3	3.9	7.3	7.9	14.8
1981	5.1	7.0	1.7	3.2	29.5	1.9	17.5	4.7	−3.5	7.4
1982	9.0	11.5	5.8	3.4	−0.7	11.4	31.6	43.1	9.1	13.3
1983	10.8	8.3	9.7	17.0	21.2	9.5	19.4	26.5	5.2	12.0
1984	15.2	12.9	14.8	10.8	24.7	14.9	8.1	30.7	27.7	15.3
1985	13.4	1.8	18.0	22.1	33.5	13.8	6.3	17.1	25.0	11.5
1986	8.9	3.3	9.6	15.8	9.4	13.9	15.6	30.2	25.9	3.0
1987	11.7	4.7	13.1	17.8	14.7	9.6	9.7	22.6	29.3	10.3
1988	11.2	2.5	15.1	8.0	11.8	12.5	25.1	20.2	12.7	9.1
1989	4.2	3.1	5.0	−8.4	−10.7	4.2	9.9	25.8	15.9	4.8
1990	3.9	7.3	3.4	1.2	−5.3	8.3	3.5	2.2	6.2	3.7
1991	9.3	2.4	14.3	9.6	5.2	10.6	8.2	2.8	12.0	15.4
1992	14.2	4.7	21.0	21.0	10.5	10.1	27.0	6.5	26.6	11.5
1993	13.9	4.7	20.0	18.0	8.6	12.5	8.2	11.3	10.8	16.7
1994	13.0	4.0	18.8	13.6	8.2	8.5	27.1	9.7	12.0	12.6
1995	11.0	5.0	14.0	12.4	8.2	11.0	10.2	8.8	12.4	10.3

续表

年份	国内生产总值增长率	农林牧渔业增加值增长率	工业增加值增长率	建筑业增加值增长率	批发和零售业增加值增长率	交通运输、仓储和邮政业增加值增长率	住宿和餐饮业增加值增长率	金融业增加值增长率	房地产业增加值增长率	其他行业增加值增长率
1996	9.9	5.1	12.5	8.5	7.6	11.0	6.8	7.9	4.0	12.7
1997	9.2	3.5	11.3	2.6	8.8	9.2	10.9	9.0	4.1	15.8
1998	7.8	3.5	8.9	9.0	6.5	10.6	11.1	5.1	7.7	9.6
1999	7.7	2.8	8.6	4.3	8.7	12.2	7.7	5.4	5.9	11.4
2000	8.5	2.4	9.9	5.7	9.4	8.6	9.3	7.0	7.1	13.1
2001	8.3	2.8	8.7	6.8	9.1	8.8	7.6	7.0	11.0	12.9
2002	9.1	2.9	10.0	8.8	8.8	7.1	12.1	7.5	9.9	13.7
2003	10.0	2.5	12.8	12.1	9.9	6.1	12.4	7.4	9.8	10.8
2004	10.1	6.3	11.6	8.2	6.6	14.5	12.3	4.7	5.9	12.7
2005	11.4	5.2	11.6	16.0	13.0	11.2	12.3	14.1	12.2	12.0
2006	12.7	5.0	12.9	17.2	19.5	10.0	12.6	23.7	15.5	10.8
2007	14.2	3.7	14.9	16.2	20.2	11.8	9.6	25.8	24.4	11.5
2008	9.7	5.4	10.0	9.5	15.9	7.3	9.6	12.1	1.0	11.1
2009	9.4	4.2	9.1	18.9	11.9	3.4	3.8	16.4	11.8	8.5
2010	10.6	4.3	12.6	13.8	14.6	9.5	8.2	8.9	7.5	8.0
2011	9.6	4.3	10.9	9.7	12.5	9.7	5.1	7.7	7.4	9.6
2012	7.9	4.5	8.1	9.8	10.3	6.1	6.5	9.4	4.7	8.1
2013	7.8	4.0	7.7	9.7	10.5	6.6	3.9	10.6	7.2	7.5
2014	7.3	4.2	7.0	9.1	9.7	6.5	5.8	9.9	2.0	8.5
2015	6.9	4.0	6.0	6.8	6.1	4.1	6.2	16.0	3.2	9.3
2016	6.7	3.5	6.0	7.2	7.1	6.6	7.4	4.5	8.6	9.4
2017	6.8	4.1	6.3	3.5	7.4	9.4	7.8	4.4	6.6	9.8
2018	6.6	3.6	6.1	4.5	6.2	8.1	6.5	4.4	3.8	10.7

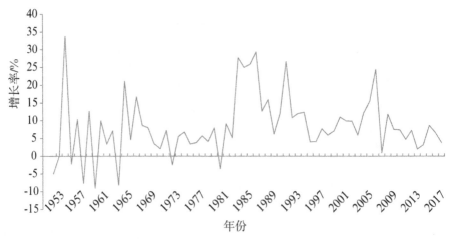

图 4-5　中国房地产业增加值实际增长率变化（1953—2018 年）

二、房地产业对国民经济的贡献度

我们通过以下指标来衡量各产业对国民经济的贡献度，如（4-1）式所示。

$$(GXD)_{tj} = \frac{(ZJH)_{tj}}{(GDP)_t} \times 100\%$$ (4-1)

上式中，$(GXD)_{tj}$ 表示 t 年 j 产业对国民经济的贡献度，$(ZJH)_{tj}$ 表示 t 年 j 产业的增加值，$(GDP)_t$ 表示 t 年的地区生产总值。表 4-14 是中国各行业（产业）1952—2018 年的 (GXD) 指数。房地产业的 (GXD) 指数从 1952 年的 2.1% 增长到 2018 年的 6.6%，增长幅度为 214.29%，这意味着中国房地产业对国民经济的贡献度在不断提升。将房地产业的 (GXD) 指数与住宿和餐饮业及交通运输、仓储和邮政业进行比较，发现房地产业的 (GXD) 指数从 1962 年开始超过了住宿和餐饮业，从 2009 年开始超过交通运输、仓储和邮政业（见图 4-6）。因此，目前中国房地产业对国民经济的贡献度已经超过了住宿和餐饮业以及交通运输、仓储和邮政业。进一步观察房地产业 (GXD) 指数的增长率（见表 4-15），中国房地产业 (GXD) 指数的增长率在 1953—2018 年波动得非常剧烈（见图 4-7），并且根据走势大致可以划分为四个周期：第一个周期是 1953—1973 年，年均增长 0.92%，这个周期阶段波动最为激烈，最高点达到 35.71%，最低点为 −23.81%；第二个周期是 1974—1996 年，年均增长 2.80%；第三个周期是 1997—2008 年，年均增长 2.17%；第四个周期是 2009—2018 年，年均增长 3.81%。将房地产业 (GXD) 指数的增长率和其他产业进行对比会发现一个比较有趣的现象，房地产业和工业的 (GXD) 指数增长率大致呈现出负相关关系，图 4-8 是中国房地产业 (GXD) 指数增长率与工业 (GXD) 指数增长率的散点图,可以看出,图中的散点大致可以拟合成一条向右下方倾斜的直线,这意味着两者呈现出负相关关系。

表 4-14　中国各行业的(GXD)指数(1952—2018 年)[①]

单位:%

年份	农林牧渔业	工业	建筑业	批发和零售业	交通运输、仓储和邮政业	住宿和餐饮业	金融业	房地产业	其他行业
1952	50.9	17.6	3.2	10.3	4.3	2.2	1.7	2.1	7.7
1953	46.3	19.8	3.5	12.4	4.2	2.2	1.4	1.6	8.5
1954	46.0	21.5	3.1	12.4	4.4	2.2	1.4	1.6	7.5
1955	46.6	21.0	3.4	11.5	4.3	2.2	1.5	2.0	7.6
1956	43.4	21.8	5.4	11.2	4.5	2.1	1.4	1.7	8.5
1957	40.5	25.3	4.3	10.8	4.6	2.2	1.5	1.7	9.0
1958	34.3	31.7	5.3	9.2	5.4	2.1	1.8	1.4	8.9
1959	26.8	37.4	5.3	8.9	6.5	2.1	2.6	1.5	8.9
1960	23.4	39.1	5.5	8.2	7.1	1.9	4.2	1.4	9.3
1961	36.1	29.8	2.2	7.8	5.6	1.9	5.0	1.9	9.6
1962	39.3	28.5	2.9	5.8	4.9	1.8	4.2	2.2	10.3
1963	40.2	29.8	3.4	5.2	4.4	1.7	2.9	2.2	10.3
1964	38.4	31.8	3.6	5.6	4.0	1.5	4.0	1.7	9.5
1965	37.9	32.0	3.2	6.0	4.5	1.4	4.9	1.8	8.4
1966	37.5	34.7	3.2	7.0	4.5	1.4	1.9	1.7	8.0
1967	40.2	30.7	3.2	7.7	4.0	1.4	2.3	2.1	8.2
1968	42.0	28.5	2.7	7.2	4.0	1.4	2.8	2.4	9.0
1969	37.9	32.3	3.2	7.6	4.3	1.3	2.8	2.3	8.3
1970	35.1	36.7	3.7	7.1	4.4	1.2	2.5	2.1	7.2
1971	33.9	38.1	3.9	6.6	4.4	1.1	2.7	2.0	7.2
1972	32.7	39.2	3.7	6.9	4.8	1.2	2.1	2.2	7.2
1973	33.2	39.3	3.7	7.0	4.8	1.2	1.9	2.0	7.0

[①]　"行业"是国家统计局在统计中使用的名称,而"产业"则更多地出现在研究中,两者本身并无本质区别。这里的行业划分法沿用了国家统计局的划分标准,下同。

续表

年份	农林牧渔业	工业	建筑业	批发和零售业	交通运输、仓储和邮政业	住宿和餐饮业	金融业	房地产业	其他行业
1974	33.7	38.7	3.9	6.7	4.7	1.2	2.0	2.1	7.1
1975	32.2	41.3	4.1	5.3	4.9	1.0	2.0	2.1	7.0
1976	32.6	40.7	4.5	4.5	4.9	1.0	2.1	2.3	7.4
1977	29.2	42.6	4.2	6.0	5.1	1.2	2.1	2.3	7.3
1978	27.9	44.1	3.8	6.6	4.9	1.2	2.1	2.2	7.2
1979	31.0	43.6	3.5	4.9	4.7	1.1	1.9	2.1	7.3
1980	29.9	43.9	4.3	4.2	4.7	1.0	1.9	2.1	8.0
1981	31.6	41.9	4.2	4.7	4.5	1.1	1.9	2.0	8.2
1982	33.1	40.6	4.1	3.2	4.6	1.2	2.4	2.1	8.7
1983	32.9	39.8	4.5	3.3	4.6	1.2	2.8	2.0	8.9
1984	31.8	38.7	4.4	5.0	4.7	1.3	3.2	2.2	8.8
1985	28.2	38.2	4.6	8.8	4.6	1.5	3.2	2.4	8.4
1986	26.9	38.6	5.1	8.2	4.8	1.6	3.9	2.9	8.1
1987	26.6	38.0	5.5	8.7	4.7	1.5	4.2	3.1	7.8
1988	25.5	38.3	5.3	9.8	4.5	1.6	4.3	3.1	7.5
1989	24.8	38.0	4.6	8.9	4.7	1.6	6.3	3.3	7.7
1990	26.8	36.6	4.6	6.7	6.2	1.6	6.1	3.5	8.0
1991	24.3	37.0	4.6	8.3	6.5	2.0	5.4	3.5	8.4
1992	21.6	38.0	5.2	8.8	6.2	2.1	5.4	4.0	8.5
1993	19.5	39.9	6.4	7.9	6.1	2.0	5.3	3.9	9.0
1994	19.7	40.2	6.1	7.8	5.7	2.1	5.3	3.9	9.3
1995	19.8	40.8	6.1	7.8	5.3	2.0	5.2	3.8	9.2
1996	19.5	41.1	6.1	7.8	5.3	1.9	5.1	3.6	9.5
1997	18.1	41.4	5.8	7.9	5.2	2.0	5.2	3.7	10.6
1998	17.4	40.1	5.9	8.1	5.5	2.1	5.1	4.0	11.9
1999	16.3	39.8	5.7	8.3	5.7	2.1	5.0	4.1	13.1
2000	14.9	40.1	5.5	8.1	6.1	2.1	4.8	4.1	14.1
2001	14.2	39.6	5.4	8.2	6.2	2.2	4.7	4.3	15.3

续表

年份	农林牧渔业	工业	建筑业	批发和零售业	交通运输、仓储和邮政业	住宿和餐饮业	金融业	房地产业	其他行业
2002	13.6	39.3	5.3	8.2	6.2	2.2	4.6	4.4	16.3
2003	12.6	40.3	5.5	8.1	5.8	2.3	4.4	4.5	16.6
2004	13.2	40.6	5.4	7.7	5.8	2.3	4.1	4.4	16.5
2005	12.0	41.6	5.6	7.5	5.7	2.2	4.0	4.5	16.9
2006	11.0	42.0	5.7	7.5	5.6	2.2	4.5	4.7	16.8
2007	10.5	41.4	5.7	7.8	5.4	2.1	5.6	5.1	16.5
2008	10.5	41.3	5.9	8.2	5.1	2.1	5.7	4.6	16.6
2009	9.9	39.6	6.5	8.3	4.7	2.0	6.3	5.4	17.2
2010	9.6	40.1	6.6	8.7	4.6	1.9	6.2	5.7	16.6
2011	9.5	40.0	6.7	9.0	4.5	1.8	6.3	5.8	16.6
2012	9.4	38.8	6.9	9.3	4.4	1.8	6.5	5.8	17.2
2013	9.2	37.5	6.9	9.5	4.4	1.7	6.9	6.1	17.8
2014	9.0	36.5	7.0	9.7	4.4	1.7	7.3	5.9	18.5
2015	8.7	34.5	6.8	9.6	4.4	1.8	8.4	6.1	19.6
2016	8.4	33.5	6.7	9.6	4.5	1.8	8.3	6.5	20.7
2017	7.9	33.9	6.7	9.5	4.5	1.8	8.0	6.6	21.1
2018	7.5	33.9	6.9	9.4	4.5	1.8	7.7	6.6	21.8

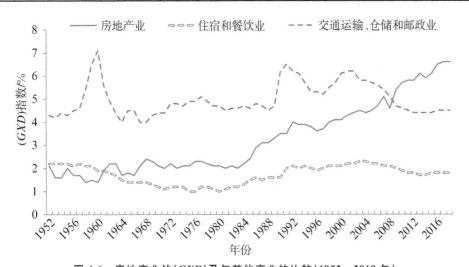

图 4-6 房地产业的(GXD)及与其他产业的比较(1952—2018 年)

表 4-15　中国各行业(GXD)指数的增长率(1952—2018 年)

单位:%

年份	农林牧渔业	工业	建筑业	批发和零售业	交通运输、仓储和邮政业	住宿和餐饮业	金融业	房地产业	其他行业
1953	−9.04	12.50	9.38	20.39	−2.33	0	−17.65	−23.81	10.39
1954	−0.65	8.59	−11.43	0	4.76	0	0	0	−11.76
1955	1.30	−2.33	9.68	−7.26	−2.27	0	7.14	25.00	1.33
1956	−6.87	3.81	58.82	−2.61	4.65	−4.55	−6.67	−15.00	11.84
1957	−6.68	16.06	−20.37	−3.57	2.22	4.76	7.14	0	5.88
1958	−15.31	25.30	23.26	−14.81	17.39	−4.55	20	−17.65	−1.11
1959	−21.87	17.98	0	−3.26	20.37	0	44.44	7.14	0
1960	−12.69	4.55	3.77	−7.87	9.23	−9.52	61.54	−6.67	4.49
1961	54.27	−23.79	−60	−4.88	−21.13	0	19.05	35.71	3.23
1962	8.86	−4.36	31.82	−25.64	−12.50	−5.26	−16.00	15.79	7.29
1963	2.29	4.56	17.24	−10.34	−10.20	−5.56	−30.95	0	0
1964	−4.48	6.71	5.88	7.69	−9.09	−11.76	37.93	−22.73	−7.77
1965	−1.30	0.63	−11.11	7.14	12.50	−6.67	22.50	5.88	−11.58
1966	−1.06	8.44	0	16.67	0	0	−61.22	−5.56	−4.76
1967	7.20	−11.53	0	10	−11.11	0	21.05	23.53	2.50
1968	4.48	−7.17	−15.63	−6.49	0	0	21.74	14.29	9.76
1969	−9.76	13.33	18.52	5.56	7.50	−7.14	0	−4.17	−7.78
1970	−7.39	13.62	15.63	−6.58	2.33	−7.69	−10.71	−8.70	−13.25
1971	−3.42	3.81	5.41	−7.04	0	−8.33	8.00	−4.76	0
1972	−3.54	2.89	−5.13	4.55	9.09	9.09	−22.22	10	0
1973	1.53	0.26	0	1.45	0	0	−9.52	−9.09	−2.78
1974	1.51	−1.53	5.41	−4.29	−2.08	0	5.26	5.00	1.43
1975	−4.45	6.72	5.13	−20.90	4.26	−16.67	0	0	−1.41
1976	1.24	−1.45	9.76	−15.09	0	0	5.00	9.52	5.71
1977	−10.43	4.67	−6.67	33.33	4.08	20	0	0	−1.35
1978	−4.45	3.52	−9.52	10	−3.92	0	0	−4.35	−1.37

年份	农林牧渔业	工业	建筑业	批发和零售业	交通运输、仓储和邮政业	住宿和餐饮业	金融业	房地产业	其他行业
1979	11.11	-1.13	-7.89	-25.76	-4.08	-8.33	-9.52	-4.55	1.39
1980	-3.55	0.69	22.86	-14.29	0	-9.09	0	0	9.59
1981	5.69	-4.56	-2.33	11.90	-4.26	10	0	-4.76	2.50
1982	4.75	-3.10	-2.38	-31.91	2.22	9.09	26.32	5.00	6.10
1983	-0.60	-1.97	9.76	3.12	0	0	16.67	-4.76	2.30
1984	-3.34	-2.76	-2.22	51.52	2.17	8.33	14.29	10	-1.12
1985	-11.32	-1.29	4.55	76.00	-2.13	15.38	0	9.09	-4.55
1986	-4.61	1.05	10.87	-6.82	4.35	6.67	21.88	20.83	-3.57
1987	-1.12	-1.55	7.84	6.10	-2.08	-6.25	7.69	6.90	-3.70
1988	-4.14	0.79	-3.64	12.64	-4.26	6.67	2.38	0	-3.85
1989	-2.75	-0.78	-13.21	-9.18	4.44	0	46.51	6.45	2.67
1990	8.06	-3.68	0	-24.72	31.91	0	-3.17	6.06	3.90
1991	-9.33	1.09	0	23.88	4.84	25.00	-11.48	0	5.00
1992	-11.11	2.70	13.04	6.02	-4.62	5.00	0	14.29	1.19
1993	-9.72	5.00	23.08	-10.23	-1.61	-4.76	-1.85	-2.50	5.88
1994	1.03	0.75	-4.69	-1.27	-6.56	5.00	0	0	3.33
1995	0.51	1.49	0	0	-7.02	-4.76	-1.89	-2.56	-1.08
1996	-1.52	0.74	0	0	0	-5.00	-1.92	-5.26	3.26
1997	-7.18	0.73	-4.92	1.28	-1.89	5.26	1.96	2.78	11.58
1998	-3.87	-3.14	1.72	2.53	5.77	5.00	-1.92	8.11	12.26
1999	-6.32	-0.75	-3.39	2.47	3.64	0	-1.96	2.50	10.08
2000	-8.59	0.75	-3.51	-2.41	7.02	0	-4.00	0	7.63
2001	-4.70	-1.25	-1.82	1.23	1.64	4.76	-2.08	4.88	8.51
2002	-4.23	-0.76	-1.85	0	0	0	-2.13	2.33	6.54
2003	-7.35	2.54	3.77	-1.22	-6.45	4.55	-4.35	2.27	1.84
2004	4.76	0.74	-1.82	-4.94	0	0	-6.82	-2.22	-0.60
2005	-9.09	2.46	3.70	-2.60	-1.72	-4.35	-2.44	2.27	2.42

续表

年份	农林牧渔业	工业	建筑业	批发和零售业	交通运输、仓储和邮政业	住宿和餐饮业	金融业	房地产业	其他行业
2006	−8.33	0.96	1.79	0	−1.75	0	12.50	4.44	−0.59
2007	−4.55	−1.43	0	4.00	−3.57	−4.55	24.44	8.51	−1.79
2008	0	−0.24	3.51	5.13	−5.56	0	1.79	−9.80	0.61
2009	−5.71	−4.12	10.17	1.22	−7.84	−4.76	10.53	17.39	3.61
2010	−3.03	1.26	1.54	4.82	−2.13	−5.00	−1.59	5.56	−3.49
2011	−1.04	−0.25	1.52	3.45	−2.17	−5.26	1.61	1.75	0
2012	−1.05	−3.00	2.99	3.33	−2.22	0	3.17	0	3.61
2013	−2.13	−3.35	0	2.15	0	−5.56	6.15	5.17	3.49
2014	−2.17	−2.67	1.45	2.11	0	0	5.80	−3.28	3.93
2015	−3.33	−5.48	−2.86	−1.03	0	5.88	15.07	3.39	5.95
2016	−3.45	−2.90	−1.47	0	2.27	0	−1.19	6.56	5.61
2017	−5.95	1.19	0	−1.04	0	0	−3.61	1.54	1.93
2018	−5.06	0	2.99	−1.05	0	0	−3.75	0	3.32

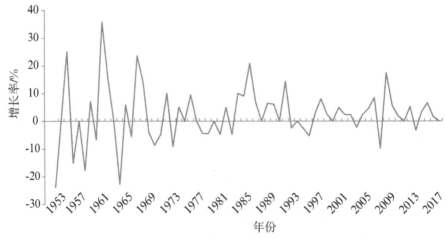

图 4-7　中国房地产业（GXD）指数的增长率（1953—2018 年）

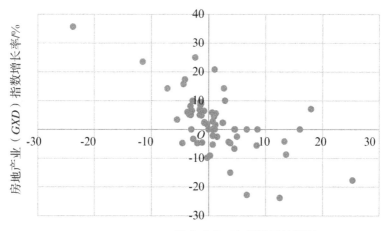

纵轴：房地产业（GXD）指数增长率/%
横轴：工业（GXD）指数增长率/%

图 4-8　中国房地产业（GXD）指数增长率与工业（GXD）指数增长率散点图

进一步观察中国各省（区、市）房地产业的（GXD）指数（见表 4-16、图4-9）。从东、中、西部地区各选一个代表性省级行政区进行比较，东部选择浙江省，中部选择湖南省，西部选择新疆维吾尔自治区。三个代表性省级行政区的房地产业（GXD）指数在 1993—2017 年呈现了各不相同的变化轨迹（见图 4-10）。浙江省的（GXD）指数从 1993 年的 2.55％增长到 2017 年的 6.22％，增长幅度达到143.92％，并且在 1993—2017 年保持大体上升的趋势。湖南省的（GXD）指数在 1993—2017 年表现出一个倒 U 形轨迹，1993 年为 2.12％，2003 年达到顶点 4.00％，2017 年为3.01％。新疆维吾尔自治区的（GXD）指数从 1993 年的 0.67％增长到 2017 年的2.97％，增长幅度为 343.28％，并且在 1993—2017 年保持了大体上升的趋势。1993 年，湖南省的（GXD）指数相当于浙江省的 83.14％，新疆维吾尔自治区的（GXD）指数相当于浙江省的 26.27％；2017 年，湖南省的（GXD）指数占浙江省的比重下降到 48.39％，新疆维吾尔自治区的（GXD）指数占浙江省的比重上升到 47.75％。这意味着以浙江省为"参照物"进行观察，可以看出，湖南省的房地产业对国民经济的相对贡献度在下降，而新疆维吾尔自治区的相对贡献度则在上升。

表 4-16 中国各省(区、市)房地产业的(GXD)指数(2003—2017年)①

单位:%

省(区、市)	2003年	2004年	2005年	2006年	2007年	2008年	2009年	2010年	2011年	2012年	2013年	2014年	2015年	2016年	2017年
北京	6.83	7.23	7.08	8.11	8.34	7.60	8.74	7.13	6.61	6.96	6.76	6.23	6.25	6.52	6.30
天津	3.58	3.41	3.14	3.51	3.49	3.39	4.10	4.09	3.64	3.49	3.69	3.50	3.74	4.51	4.22
河北	2.68	2.73	3.30	3.46	3.44	3.21	3.55	3.42	3.74	3.70	3.74	3.81	4.41	4.64	4.97
山西	2.76	2.66	2.51	2.40	2.23	2.27	2.36	2.09	2.00	2.49	4.45	4.69	5.01	5.35	5.14
内蒙古	2.56	2.43	2.53	2.76	2.97	3.22	2.94	2.65	2.68	2.43	2.45	2.49	2.48	2.50	2.85
辽宁	3.14	3.04	3.19	3.42	3.68	3.66	3.98	3.97	3.94	4.23	4.38	4.00	4.08	4.66	4.84
吉林	3.46	3.14	3.10	3.06	2.90	2.84	2.75	2.45	2.26	2.02	3.31	3.14	3.10	3.23	3.52
黑龙江	3.14	2.90	2.96	3.13	3.18	2.94	3.51	3.78	3.91	3.81	3.82	3.87	3.96	4.01	4.13
上海	7.29	8.25	7.74	7.32	7.67	6.68	8.22	5.84	5.31	5.68	6.54	6.50	6.77	7.54	6.11
江苏	3.60	3.56	4.30	4.68	5.23	5.25	5.88	6.28	5.60	5.54	5.54	5.48	5.36	5.55	5.84
浙江	4.88	5.05	5.13	5.05	4.98	4.90	5.73	5.84	5.19	5.56	5.91	5.39	5.48	5.52	6.22
安徽	4.15	3.96	4.33	4.61	4.98	4.87	4.95	4.31	4.15	3.87	3.70	3.87	3.95	4.61	5.15
福建	4.33	4.31	5.06	5.74	5.53	4.68	5.37	4.61	5.19	5.28	5.01	4.53	4.15	4.41	5.50
江西	4.92	4.84	4.24	3.83	3.90	4.04	4.00	3.60	3.44	3.26	3.47	3.33	3.28	4.03	4.45
山东	3.46	3.15	3.62	3.59	3.70	3.57	3.92	4.14	4.05	3.97	4.28	4.25	4.12	4.08	4.26

① 由于篇幅限制,1993—2002年的数据没有放在表格中。

续表

省(区,市)	2003年	2004年	2005年	2006年	2007年	2008年	2009年	2010年	2011年	2012年	2013年	2014年	2015年	2016年	2017年
河南	3.17	2.76	2.82	2.82	2.98	2.84	3.20	3.35	3.66	3.52	4.63	4.41	4.48	4.67	4.99
湖北	3.72	3.64	3.30	3.87	4.39	4.65	4.21	3.53	3.23	3.11	3.92	3.88	3.85	3.95	4.63
湖南	4.00	3.39	3.27	3.31	3.20	2.94	3.06	2.89	2.63	2.57	2.61	2.49	2.60	2.79	3.01
广东	6.03	5.85	6.34	6.48	6.39	5.59	6.26	6.12	6.24	6.39	6.73	6.62	7.03	7.70	8.51
广西	3.58	3.57	4.14	4.05	4.11	4.03	4.50	4.24	3.97	3.75	3.81	3.78	3.91	4.09	4.78
海南	3.52	3.74	4.16	4.17	5.36	6.36	7.36	9.12	8.27	8.34	9.49	8.44	8.09	8.63	9.75
重庆	4.45	4.25	4.15	4.05	4.19	3.30	3.51	3.36	3.96	5.44	5.82	5.73	5.39	5.22	5.40
四川	4.34	4.14	3.88	3.87	3.57	3.60	3.87	3.25	2.95	2.95	2.89	3.73	4.17	4.60	5.52
贵州	4.20	4.07	3.81	3.43	3.23	2.94	3.48	3.03	2.81	2.58	2.51	2.38	2.21	2.12	2.09
云南	4.06	3.78	4.29	4.16	4.06	3.43	3.32	3.09	2.50	2.36	2.22	2.15	2.07	2.06	2.11
西藏	2.35	2.63	4.03	4.10	3.88	3.82	3.01	2.87	2.88	2.96	2.76	3.13	2.86	2.91	2.55
陕西	3.24	3.02	2.76	2.64	2.67	2.64	2.94	3.12	3.18	3.11	3.20	3.28	3.86	3.85	3.93
甘肃	3.44	3.37	3.30	3.21	3.09	2.96	2.99	2.67	2.67	2.59	3.45	3.42	3.61	3.61	3.68
青海	2.92	2.79	2.60	2.34	2.13	1.96	2.13	1.88	1.74	1.66	2.18	2.13	2.22	2.18	2.32
宁夏	3.78	3.87	3.75	3.52	3.21	3.23	3.51	3.58	3.76	3.74	4.04	4.15	3.33	3.24	3.51
新疆	2.54	2.42	2.14	2.26	2.59	2.15	2.69	2.64	2.67	2.59	3.39	3.04	3.06	3.09	2.97

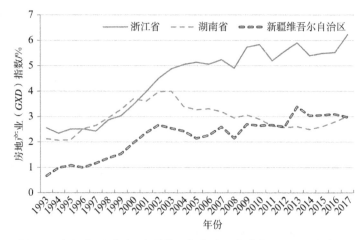

图 4-9　浙江省、湖南省、新疆维吾尔自治区房地产业(GXD)指数的
变化趋势(1993—2017 年)

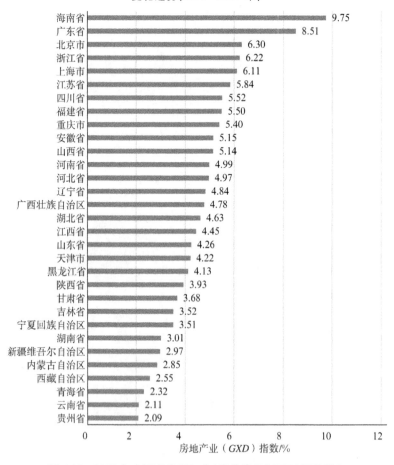

图 4-10　2017 年中国各省(区、市)房地产业(GXD)指数排名

三、房地产投资挤出效应的直观证据

通过房地产开发投资的增长速度与固定资产投资增长速度的对比来观察房地产投资对其他投资的"挤出效应"。表 4-17 是中国房地产住宅开发投资与全社会固定资产投资的比较，通过比较 1996—2018 年中国房地产住宅开发投资增长率与全社会固定资产投资增长率（见图 4-11），发现房地产住宅开发投资在样本内区间的年均增长率为 19.05%，而全社会固定资产投资在样本区间内的年均增长率为 16.59%，房地产住宅开发投资年均增长率比全社会固定资产投资年均增长率高出 2.46 个百分点。如果聚焦到 1998—2008 年，房地产住宅开发投资年均增长率为 27.63%，全社会固定资产投资年均增长率为 19.48%，房地产住宅投资年均增长率比全社会固定资产投资年均增长率高出 8.15 个百分点。房地产住宅开发投资增速高于全社会固定资产投资增速，意味着房地产住宅开发投资对其他固定资产投资会形成"挤出"（表现为房地产住宅开发投资增加，而其他固定资产投资减少）。进一步通过房地产住宅开发投资占全社会固定资产投资的比例来刻画房地产住宅开发投资对其他固定资产投资的"挤出"程度（占比越高，就表明房地产住宅开发投资对其他固定资产投资的"挤出"程度越大）。图 4-12 显示，房地产住宅开发投资占全社会固定资产投资的比例在 1995—2018 年总体呈现出上升的趋势，从 1995 年的 8.76% 上升到 2018 年的 13.19%，增长幅度为 50.57%，这表明 1995—2018 年房地产住宅开发投资对其他固定资产投资存在"挤出"现象。然而这种"挤出"并不是持续存在的（更准确地说，是"挤出"的程度在样本区间内出现了较大的波动，甚至在某个时间段内会出现负的"挤出"），而是呈现出一种螺旋式上升的轨迹，1995—1997 年、2007—2009 年、2011—2016 年这三个时间段是螺旋式上升过程中的"回落"区间，房地产住宅开发投资在这三段区间内的"挤出"为负。

表 4-17　中国房地产住宅开发投资与全社会固定资产投资的比较(1995—2018 年)

年份	房地产住宅开发投资（亿元）	全社会固定资产投资（亿元）	房地产住宅开发投资占全社会固定资产投资比例(%)	房地产住宅开发投资增长率(%)	全社会固定资产投资增长率(%)
1995	1753.10	20019.30	8.76	—	—
1996	1699.20	22913.50	7.42	−3.07	14.46
1997	1539.40	24941.10	6.17	−9.40	8.85
1998	2081.60	28406.20	7.33	35.22	13.89
1999	2638.50	29854.70	8.84	26.75	5.10
2000	3311.98	32917.70	10.06	25.53	10.26
2001	4216.70	37213.50	11.33	27.32	13.05
2002	5227.80	43499.90	12.02	23.98	16.89
2003	6776.70	55566.60	12.20	29.63	27.74
2004	8837.00	70477.40	12.54	30.40	26.83
2005	10860.93	88773.60	12.23	22.90	25.96
2006	13638.41	109998.20	12.40	25.57	23.91
2007	18005.42	137323.90	13.11	32.02	24.84
2008	22440.90	172828.40	12.98	24.63	25.85
2009	25613.69	224598.80	11.40	14.14	29.95
2010	34026.23	251683.80	13.52	32.84	12.06
2011	44319.50	311485.10	14.23	30.25	23.76
2012	49374.21	374694.70	13.18	11.41	20.29
2013	58950.76	446294.10	13.21	19.40	19.11
2014	64352.15	512020.70	12.57	9.16	14.73
2015	64595.24	561999.80	11.49	0.38	9.76
2016	68703.87	606465.70	11.33	6.36	7.91
2017	75147.88	641238.40	11.72	9.38	5.73
2018	85192.25	645675.00	13.19	13.37	0.69

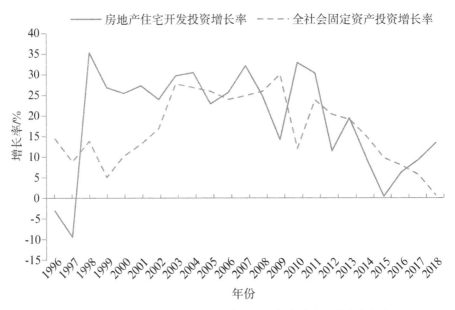

图 4-11　中国房地产住宅开发投资增长率与全社会固定资产投资
增长率的比较（1996—2018 年）

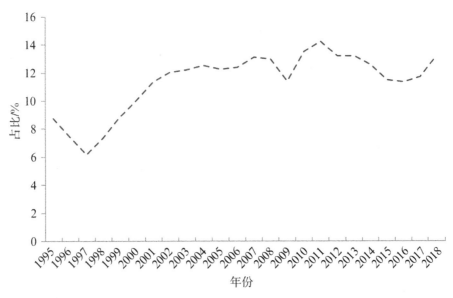

图 4-12　中国房地产住宅开发投资占全社会固定资产投资比例的
变化（1995—2018 年）

第五章

中国房地产投资挤出效应的实证检验

前文"理论基础与分析框架"部分从挤出效应的一般性逻辑出发,并且参考了挤出效应在其他领域的扩展,因此选择其他投资、制造业、居民消费三个视角来观察房地产投资的挤出效应。沿袭以上逻辑,本书亦从这三个视角对中国房地产投资的挤出效应进行实证检验。

第一节　中国房地产投资对其他投资挤出效应的实证检验

一、模型设定

在参考 Agosin 和 Machado.(2005)的基础上,建立差分方程(3-38)式作为回归方程,通过回归得到回归系数 β_1、β_2、δ_1、δ_2,再通过(3-39)式可以计算出 λ_1 和 λ_2(房地产投资对其他投资的直接挤出效应和间接挤出效应)。(3-38)式和(3-39)式的推导过程见第三章第二节中的"房地产投资对其他投资挤出效应的研究"。

二、变量与数据说明

(3-38)式中各变量及数据说明如下:

I_{it} 表示全社会固定资产投资总额,i 是截面(表示中国省级行政区),t 是时间(表示年份)。衡量指标为全社会固定资产投资额,单位为亿元,样本数据为中国 31 个省级行政区 2003—2017 年的面板数据[①],数据来源于国家统计局。

H_{it} 表示房地产业固定资产投资[②],i 是截面(表示中国省级行政区),t 是时间(表示年份)。衡量指标为房地产业全社会固定资产投资,单位为亿元,样本数据为中国 31 个省级行政区 2003—2017 年的面板数据,数据来源于国家统计局。

Y_{it} 表示房地产业总收入,i 是截面(表示中国省级行政区),t 是时间(表示年份)。衡量指标为房地产开发企业商品房销售收入,单位为亿元,样本数据为中国 31 个省级行政区 2003—2017 年的面板数据,数据来源于国家统计局。

---

① 样本中不包括中国香港、中国澳门和中国台湾。

② 刘孝斌,钟坚.工业化后期中国三大湾区金融资本产出效率的审视——中国三大湾区 44 个城市面板数据的实证[J].中国软科学,2018(8):80—104.

$I_{i,t-1}$、$H_{i,t-1}$、$Y_{i,t-1}$分别表示滞后一期的I_{it}、H_{it}、Y_{it}。各变量的情况汇总如表 5-1 所示。

表 5-1　变量说明

变量符号	变量名称	衡量指标	数据来源	参考文献
I_{it}	全社会固定资产投资总额	全社会固定资产投资额	国家统计局	Skuras 等(2008)、钮立新(2012)
H_{it}	房地产业固定资产投资	房地产业全社会固定资产投资	国家统计局	Lynch(2002)、李祥发和冯宗宪(2014)
Y_{it}	房地产业总收入	房地产开发企业商品房销售收入	国家统计局	Dokko 等(1999)
$I_{i,t-1}$	滞后一期的全社会固定资产投资总额	滞后一期的全社会固定资产投资额	国家统计局	Skuras 等(2008)、钮立新(2012)
$H_{i,t-1}$	滞后一期的房地产业固定资产投资	滞后一期的房地产业全社会固定资产投资	国家统计局	Lynch(2002)、李祥发和冯宗宪(2014)
$Y_{i,t-1}$	滞后一期的房地产业总收入	滞后一期的房地产开发企业商品房销售收入	国家统计局	Dokko 等(1999)

根据数据的可得性,中国房地产投资对其他投资挤出效应的实证检验选择的样本数据为中国 31 个省级行政区 2003—2017 年的面板数据,数据来源于国家统计局。样本数据均已做平减处理,剔除了通货膨胀因素的影响,并对个别缺失的数据采用插值法进行补充。

三、数据与基本事实

通过各变量样本数据的描述性统计来挖掘一些直观的基本事实。变量 I_{it} 样本数据以时间为标志的描述性统计见表 5-2。从平均值来看,I_{it} 的省际平均值从 2003 年的 1761.43 亿元持续增长到 2017 年的 20516.71 亿元,增长幅度为 1064.78%。从标准差来看,I_{it} 的省际标准差从1432.84增长到 2017 年的 14655.78,增长幅度为 922.85%,这意味着 I_{it} 样本数据的省际离散程度随着时间的推移在急剧扩大。进一步分析 I_{it} 的省际平均值和标准差的增长率。I_{it} 的省际平均值增长率在 2004—2017 年大致经历了两个阶段:第一个阶段是 2004—2010 年,这一阶段相对平稳,年均增长率为 25.75%;第二个阶段是 2011—2017 年,这个阶段呈现的趋势是年均增长率大幅下滑,年均增长率为 13.06%,约为第一阶段年均增长率的一半。I_{it} 的省际标准差增长率在 2004—2017 年也大致经历了两个阶段:第一个阶段是 2004—2009 年,这一阶段形成了一个完整的周期,年均增长率为 22.68％;第二个阶段是 2010—2017 年,这一阶段也出现了大幅下跌的情况,年均增长率为 14.8％,远远低于第一阶段的年均增长率。

变量 I_{it} 样本数据以截面为标志的描述性统计见表 5-3。31 个省级行政区的 I_{it} 在 2003—2017 年的年度平均值排名中(见图 5-1),排在前五位的省级行政区分别是山东省(26474.77 亿元)、江苏省(25651.55 亿元)、河南省(18735.38 亿元)、广东省(17345.71 亿元)、河北省(15928.86 亿元)。排在倒数五位的省级行政区分别是西藏自治区(675.29 亿元)、青海省(1555.19 亿元)、海南省(1740.01 亿元)、宁夏回族自治区(1745.30 亿元)、甘肃省(3970.25 亿元)。31 个省级行政区的 I_{it} 在 2003—

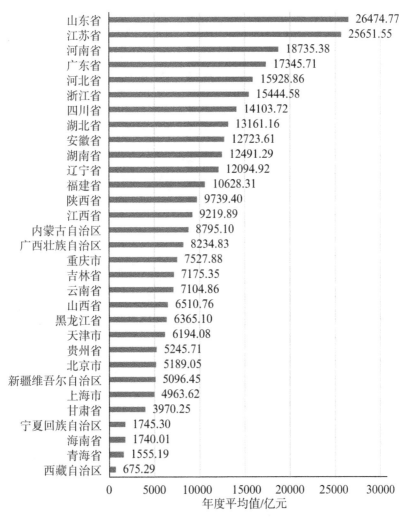

图 5-1　31 个省级行政区的 I_{it} 在 2003—2017 年的年度平均值排名

2017 年的年度标准差排名中(见图 5-2),排在前五位的省级行政区分别是山东省(标准差为 17216.15)、江苏省(标准差为 16560.76)、河南省(标准差为 13961.77)、河北省(标准差为 10880.92)、湖北省(标准差为 10667.37),这意味着这五个省级行政区的全社会固定资产投资总额年度值的离散程度比较大。31 个省级行政区的 I_{it} 在 2003—2017 年的年度标准差排在倒数五位的省级行政区分别是西藏自治区(标准差为 571.50)、青海省(标准差为 1298.26)、宁夏回族自治区(标准差为 1311.36)、上海市(标准差为 1343.67)、海南省(标准差为 1412.08),意味着这五个省级行政区的全社会固定资产投资总额年度值的离散程度比较小。

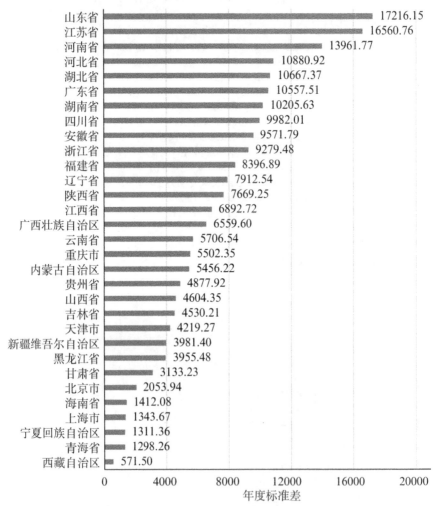

图 5-2　31 个省级行政区的 I_{it} 在 2003—2017 年的年度标准差排名

表 5-2　变量 I_{it} 样本数据的描述性统计（以时间为标志）

指标	2003 年	2004 年	2005 年	2006 年	2007 年	2008 年	2009 年	2010 年
平均值	1761.43	2235.32	2809.54	3485.50	4348.17	5454.63	7058.68	8753.64
标准误差	257.35	324.25	405.24	487.11	571.45	702.77	875.63	1064.55
中位数	1200.7	1713.2	2176.6	2683.6	3651.4	4745.4	6231.2	7870.4
标准差	1432.84	1805.37	2256.29	2712.13	3181.68	3912.83	4875.27	5927.18
方差	2053040	3259346	5090832	7355673	10123107	15310232	23768295	35131498
峰度	1.48295	1.50659	1.86403	1.56160	0.95444	0.91498	0.52361	0.51835
偏度	1.48497	1.44852	1.46709	1.34448	1.11071	1.07179	0.91290	0.88204
区域	5181.2	6808.3	9125.9	10880.3	12267.4	15126.0	18656.3	22817.9
最小值	134.0	162.4	181.4	231.1	270.3	309.9	378.3	462.7
最大值	5315.1	6970.6	9307.3	11111.4	12537.7	15435.9	19034.5	23280.5
求和	54604.4	69294.9	87095.7	108050.6	134793.1	169093.5	218819.1	271362.7
观测数	31	31	31	31	31	31	31	31
最大(1)	5315.1	6970.6	9307.3	11111.4	12537.7	15435.9	19034.5	23280.5
最小(1)	134.0	162.4	181.4	231.1	270.3	309.9	378.3	462.7
置信度(95.0%)	525.571	662.214	827.613	994.819	1167.051	1435.237	1788.265	2174.108

续表

指标	2011 年	2012 年	2013 年	2014 年	2015 年	2016 年	2017 年
平均值	9865.61	11889.95	14214.15	16314.59	17949.92	19389.92	20516.71
标准误差	1192.87	1393.29	1642.34	1893.70	2120.32	2380.51	2632.26
中位数	7990.7	9808.6	11907.7	13843.2	14353.2	16048.1	17537.1
标准差	6641.60	7757.52	9144.13	10543.66	11805.45	13254.11	14655.78
方差	44110887	60179066	83615145	$1.11E+08$	$1.39E+08$	$1.76E+08$	$2.15E+08$
峰度	0.87280	0.59784	0.48650	0.50297	0.68413	0.42644	−0.08484
偏度	0.97620	0.87313	0.82921	0.83014	0.93125	0.90619	0.77978
区域	26233.4	30585.5	35913.1	41426.3	47016.8	51726.9	53227.1
最小值	516.3	670.5	876.0	1069.2	1295.7	1596.1	1975.6
最大值	26749.7	31256.0	36789.1	42495.6	48312.4	53322.9	55202.7
求和	305833.8	365588.3	440638.7	505752.3	556447.5	601087.6	636018.1
观测数	31	31	31	31	31	31	31
最大(1)	26749.7	31256.0	36789.1	42495.6	48312.4	53322.9	55202.7
最小(1)	516.3	670.5	876.0	1069.2	1295.7	1596.1	1975.6
置信度(95.0%)	2436.160	2845.480	3354.095	3867.444	4330.273	4861.648	5375.784

表5-3　变量 I_i 样本数据的描述性统计（以截面为标志）

指标	北京市	天津市	河北省	山西省	内蒙古自治区	辽宁省	吉林省	黑龙江省
平均值	5189.05	6194.08	15928.86	6510.76	8795.10	12094.92	7175.35	6365.10
标准误差	530.33	1089.41	2809.44	1188.84	1408.79	2043.01	1169.70	1021.30
中位数	5402.6	6278.1	15083.4	6040.5	8926.5	10019.1	7441.7	6812.6
标准差	2053.94	4219.27	10880.92	4604.35	5456.22	7912.54	4530.21	3955.48
方差	4218669	17802229	1.18E+08	21200026	29770343	62608264	20522791	15645784
峰度	−1.36521	−1.53568	−1.37696	−1.08791	−1.48481	−1.23717	−1.40377	−1.81098
偏度	0.04567	0.19948	0.32211	0.54440	0.03854	0.43893	0.04020	−0.04130
区域	6201.2	11740.0	30928.8	13097.1	16417.2	23031.3	12954.2	10286.9
最小值	2169.3	1039.4	2478.0	1100.9	1174.7	2076.4	969.0	1166.2
最大值	8370.4	12779.4	33406.8	14198.0	17591.8	25107.7	13923.2	11453.1
求和	77835.8	92911.2	238932.9	97661.5	131926.4	181423.8	107630.3	95476.6
观测数	15	15	15	15	15	15	15	15
最大(1)	8370.4	12779.4	33406.8	14198.0	17591.8	25107.7	13923.2	11453.1
最小(1)	2169.3	1039.4	2478.0	1100.9	1174.7	2076.4	969.0	1166.2
置信度(95.0%)	1137.434	2336.553	6025.651	2549.803	3021.554	4381.818	2508.746	2190.469

续表

指标	上海市	江苏省	浙江省	安徽省	福建省	江西省	山东省	河南省
平均值	4963.62	25651.55	15444.58	12723.61	10628.31	9219.89	26474.77	18735.38
标准误差	346.93	4275.97	2395.95	2471.43	2168.07	1779.69	4445.19	3604.92
中位数	5043.8	23184.3	12376.0	11542.9	8199.1	8772.3	23280.5	16585.9
标准差	1343.67	16560.76	9279.48	9571.79	8396.89	6892.72	17216.15	13961.77
方差	1805438	2.74E+08	86108692	91619102	70507754	47509631	2.96E+08	1.95E+08
峰度	−0.43899	−1.30913	−1.08151	−1.19729	−0.94010	−0.93068	−1.20577	−0.90691
偏度	−0.15569	0.37981	0.62344	0.45040	0.65881	0.55735	0.46384	0.57425
区域	4747.5	48044.0	26955.8	27856.4	24919.9	20782.1	49887.6	42234.0
最小值	2499.1	5233.0	4740.3	1418.7	1496.4	1303.2	5315.1	2263.0
最大值	7246.6	53277.0	31696.0	29275.1	26416.3	22085.3	55202.7	44496.9
求和	74454.3	384773.3	231668.7	190854.2	159424.7	138298.4	397121.6	281030.8
观测数	15	15	15	15	15	15	15	15
最大(1)	7246.6	53277.0	31696.0	29275.1	26416.3	22085.3	55202.7	44496.9
最小(1)	2499.1	5233.0	4740.3	1418.7	1496.4	1303.2	5315.1	2263.0
置信度(95.0%)	744.097	9171.044	5138.803	5300.679	4650.042	3817.063	9533.989	7731.773

续表

指标	湖北省	湖南省	广东省	广西壮族自治区	海南省	重庆市	四川省	贵州省
平均值	13161.16	12491.29	17345.71	8234.83	1740.01	7527.88	14103.72	5245.71
标准误差	2754.30	2635.08	2725.94	1693.68	364.60	1420.70	2577.34	1259.47
中位数	10262.7	9663.6	15623.7	7057.6	1317.0	6688.9	13116.7	3104.9
标准差	10667.37	10205.63	10557.51	6559.60	1412.08	5502.35	9982.01	4877.92
方差	1.14E+08	1.04E+08	1.11E+08	43028378	1993979	30275903	99640522	23794123
峰度	-1.05963	-0.84027	-0.74612	-0.94302	-1.20571	-0.98511	-1.14637	-0.24586
偏度	0.62575	0.69293	0.65195	0.60766	0.58038	0.56795	0.43514	0.98642
区域	30472.9	30368.9	32948.6	19577.8	3964.4	16375.5	29565.8	14755.7
最小值	1809.5	1590.3	4813.2	921.3	280.0	1161.5	2336.3	748.1
最大值	32282.4	31959.2	37761.8	20499.1	4244.4	17537.1	31902.1	15503.9
求和	197417.5	187369.3	260185.7	123522.4	26100.1	112918.2	211555.9	78685.7
观测数	15	15	15	15	15	15	15	15
最大值(1)	32282.4	31959.2	37761.8	20499.1	4244.4	17537.1	31902.1	15503.9
最小值(1)	1809.5	1590.3	4813.2	921.3	280.0	1161.5	2336.3	748.1
置信度(95.0%)	5907.394	5651.688	5846.552	3632.586	781.986	3047.102	5527.853	2701.303

续表

指标	云南省	西藏自治区	陕西省	甘肃省	青海省	宁夏回族自治区	新疆维吾尔自治区
平均值	7104.86	675.29	9739.40	3970.25	1555.19	1745.30	5096.45
标准误差	1473.42	147.56	1980.19	809.00	335.21	338.59	1027.99
中位数	5528.7	462.7	7963.7	3158.3	1016.9	1444.2	3423.2
标准差	5706.54	571.50	7669.26	3133.23	1298.26	1311.36	3981.40
方差	32564638	326607.9	58817469	9817107	1685470	1719677	15851553
峰度	−0.36926	0.41330	−1.12406	−1.08609	−1.16108	−1.42339	−1.27860
偏度	0.84847	1.16147	0.53426	0.58074	0.65199	0.48738	0.60946
区域	17935.9	1841.6	22618.7	9044.2	3627.9	3476.3	11115.7
最小值	1000.1	134.0	1200.7	619.8	255.6	318.0	973.4
最大值	18936.0	1975.6	23819.4	9664.0	3883.6	3794.3	12089.1
求和	106572.9	10129.4	146091.0	59553.8	23327.9	26179.6	76446.8
观测数	15	15	15	15	15	15	15
最大(1)	18936.0	1975.6	23819.4	9664.0	3883.6	3794.3	12089.1
最小(1)	1000.1	134.0	1200.7	619.8	255.6	318.0	973.4
置信度(95.0%)	3160.178	316.484	4247.092	1735.123	718.951	726.210	2204.826

变量 H_{it} 样本数据以时间为标志的描述性统计见表 5-4。从平均值来看，H_{it} 的省际平均值从 2003 年的 423.98 亿元持续增长到 2017 年的 4716.95 亿元，增长幅度为 1012.54%。从标准差来看，H_{it} 的省际标准差从 2003 年的 392.72 增长到 2017 年的 3565.59，增长幅度为 807.92%，这意味着 H_{it} 样本数据的省际离散程度随着时间的推移在急剧扩大。进一步分析 H_{it} 的省际平均值和标准差的增长率。H_{it} 的省际平均值增长率在 2004—2017 年大致经历了两个阶段：第一个阶段是 2004—2010 年，这一阶段经历了两个完整的周期，年均增长率为 25.72%；第二个阶段是 2011—2017 年，这个阶段呈现的趋势是省际平均值增长率大幅下滑，年均增长率为 12.66%，不到第一阶段年均增长率的一半。H_{it} 的省际标准差增长率在 2004—2017 年也大致经历了两个阶段：第一个阶段是 2004—2010 年，这一阶段同样形成了两个完整的周期，年均增长率为 21.09%；第二个阶段是 2011—2017 年，这一阶段省际标准差增长率的主要趋势是大幅下跌，年均增长率为 13.44%，远低于第一阶段的年均增长率。

变量 H_{it} 样本数据以截面为标志的描述性统计见表 5-5。31 个省级行政区的 H_{it} 在 2003—2017 年的年度平均值排名中（见图 5-3），排在前五位的省级行政区分别是广东省（5936.49 亿元）、江苏省（5845.49 亿元）、山东省（5301.35 亿元）、浙江省（5238.03 亿元）、河南省（4374.80 亿元）。排在倒数五位的省级行政区分别是西藏自治区（77.15 亿元）、青海省（260.10 亿元）、宁夏回族自治区（427.39 亿元）、甘肃省（654.79 亿元）、海南省（849.94 亿元）。31 个省级行政区的 H_{it} 在 2003—2017 年的年度标准差排名中（见图 5-4），排在前五位的省级行政区分别是广东省（标准差为 4057.02）、江苏省（标准差为 3649.60）、浙江省（标准差为 3601.58）、山东省（标准差为 3352.29）、河南省（标准差为 3297.64），这意味着这五个省级行政区的房地产业固定资产投资年度值的离散程度比较大。31 个省级行政区的 H_{it} 在 2003—2017 年的年度标准差排在倒数五位的省级行政区分别是西藏自治区（标准差为 63.19）、青海省（标准差为 238.74）、宁夏回族自治区（标准差为 343.93）、吉林省（标准差为 496.35）、甘肃省（标准差为 521.29），这意味着这五个省级行政区的房地产业固定资产投资年度值的离散程度比较小。

表 5-4 变量 H_t 样本数据的描述性统计(以时间为标志)

指标	2003年	2004年	2005年	2006年	2007年	2008年	2009年	2010年
平均值	423.98	538.03	629.21	791.11	1046.42	1304.58	1592.21	2092.82
标准误差	70.53	87.91	99.60	117.37	149.98	183.38	211.23	267.46
中位数	267.1	339.5	391.2	495.0	684.9	923.1	1212.3	1827.7
标准差	392.72	489.45	554.54	653.47	835.04	1021.04	1176.06	1489.17
方差	154226	239561	307518	427019	697294	1042517	1383119	2217625
峰度	0.85782	0.12374	-0.10750	-0.15785	0.10971	0.29044	-0.53153	-0.56818
偏度	1.29700	1.13791	1.03403	0.92537	0.91967	0.96753	0.69949	0.65043
区域	1482.1	1627.1	1798.1	2214.7	2999.1	3739.4	4017.3	5214.5
最小值	4.1	9.1	10.2	37.8	44.8	61.2	60.1	45.8
最大值	1486.2	1636.1	1808.3	2252.5	3043.9	3800.6	4077.4	5260.3
求和	13143.4	16678.9	19505.4	24524.4	32438.9	40441.9	49358.5	64877.3
观测数	31	31	31	31	31	31	31	31
最大(1)	1486.2	1636.1	1808.3	2252.5	3043.9	3800.6	4077.4	5260.3
最小(1)	4.1	9.1	10.2	37.8	44.8	61.2	60.1	45.8
置信度(95.0%)	144.049	179.531	203.408	239.694	306.296	374.520	431.383	546.232

续表

指标	2011 年	2012 年	2013 年	2014 年	2015 年	2016 年	2017 年
平均值	2635.03	3198.69	3832.56	4237.04	4331.75	4592.24	4716.95
标准误差	332.25	387.06	453.97	504.18	525.26	580.25	640.40
中位数	2298.3	2447.4	3530.0	4068.8	3797.3	3720.7	3875.7
标准差	1849.91	2155.05	2527.62	2807.17	2924.51	3230.69	3565.59
方差	3422168	4644235	6388862	7880184	8552759	10437380	12713403
峰度	-0.27146	-0.46063	-0.60391	-0.53360	-0.48001	-0.28688	0.14151
偏度	0.77337	0.68582	0.61089	0.60027	0.64504	0.76544	0.91995
区域	6694.6	7688.9	9086.0	9991.8	10349.9	11910.9	13704.1
最小值	52.1	58.0	79.9	136.9	129.5	176.6	224.2
最大值	6746.6	7746.8	9165.9	10128.6	10479.4	12087.4	13928.2
求和	81686.1	99159.3	118809.4	131348.2	134284.3	142359.4	146225.5
观测数	31	31	31	31	31	31	31
最大(1)	6746.6	7746.8	9165.9	10128.6	10479.4	12087.4	13928.2
最小(1)	52.1	58.0	79.9	136.9	129.5	176.6	224.2
置信度(95.0%)	678.553	790.478	927.138	1029.677	1072.719	1185.028	1307.867

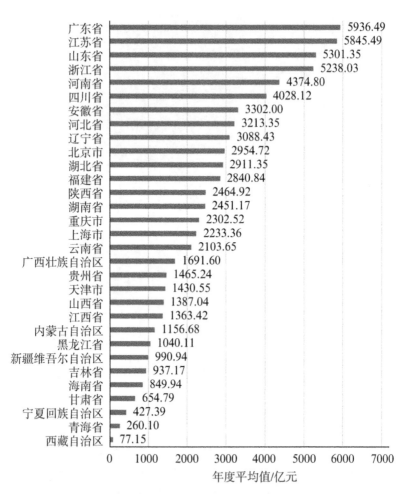

图 5-3　31 个省级行政区的 H_{it} 在 2003—2017 年的年度平均值排名

表5-5　变量 H_t 样本数据的描述性统计（以截面为标志）

指标	北京市	天津市	河北省	山西省	内蒙古自治区	辽宁省	吉林省	黑龙江省
平均值	2954.72	1430.55	3213.35	1387.04	1156.68	3088.43	937.17	1040.11
标准误差	312.62	276.97	556.31	289.03	188.13	523.87	128.16	167.56
中位数	3196.2	1143.2	3549.6	1136.5	1316.8	2421.8	1131.3	1061.0
标准差	1210.75	1072.68	2154.59	1119.39	728.63	2028.95	496.35	648.94
方差	1465923	1150645	4642247	1253040	530900	4116655	246359	421129
峰度	-1.53846	-1.39494	-1.86367	-1.12769	-1.68798	-0.82711	-1.26617	-1.24531
偏度	0.04215	0.49101	-0.08487	0.54676	-0.25796	0.58590	-0.49754	0.29974
区域	3503.1	3024.2	5352.8	3194.1	1909.3	6348.5	1375.6	1932.3
最小值	1223.6	266.4	458.0	137.6	133.9	561.8	169.7	204.3
最大值	4726.7	3290.6	5810.7	3331.7	2043.3	6910.4	1545.3	2136.6
求和	44320.8	21458.2	48200.3	20805.6	17350.3	46326.5	14057.5	15601.6
观测数	15	15	15	15	15	15	15	15
最大(1)	4726.7	3290.6	5810.7	3331.7	2043.3	6910.4	1545.3	2136.6
最小(1)	1223.6	266.4	458.0	137.6	133.9	561.8	169.7	204.3
置信度(95.0%)	670.493	594.031	1193.171	619.899	403.501	1123.597	274.867	359.373

续表

指标	上海市	江苏省	浙江省	安徽省	福建省	江西省	山东省	河南省
平均值	2233.36	5845.49	5238.03	3302.00	2840.84	1363.42	5301.35	4374.80
标准误差	252.46	942.32	929.92	601.20	550.23	241.50	865.56	851.45
中位数	2080.3	5182.9	4005.6	3199.9	2246.2	1094.7	5260.3	3775.0
标准差	977.77	3649.60	3601.58	2328.42	2131.02	935.33	3352.29	3297.64
方差	956033	13319556	12971350	5421532	4541250	874835	11237875	10874461
峰度	-1.23418	-1.68622	-1.57244	-1.60867	-1.67334	-1.34055	-1.75469	-1.22226
偏度	0.47544	0.12643	0.43199	0.14660	0.36777	0.44760	0.02223	0.42883
区域	2937.5	9986.7	9746.9	6497.7	5410.6	2666.2	9161.5	9520.7
最小值	926.0	990.3	1212.3	365.2	405.1	267.1	915.9	450.7
最大值	3863.5	10977.0	10959.2	6863.0	5815.7	2933.3	10077.4	9971.4
求和	33500.4	87682.3	78570.5	49530.1	42612.6	20451.3	79520.2	65622.0
观测数	15	15	15	15	15	15	15	15
最大(1)	3863.5	10977.0	10959.2	6863.0	5815.7	2933.3	10077.4	9971.4
最小(1)	926.0	990.3	1212.3	365.2	405.1	267.1	915.9	450.7
置信度(95.0%)	541.471	2021.079	1994.486	1289.435	1180.120	517.966	1856.439	1826.175

续表

指标	湖北省	湖南省	广东省	广西壮族自治区	海南省	重庆市	四川省	贵州省
平均值	2911.35	2451.17	5936.49	1691.60	849.94	2302.52	4028.12	1465.24
标准误差	618.01	444.33	1047.52	311.44	213.57	411.67	785.20	356.22
中位数	2134.3	1965.0	4574.1	1676.6	530.6	1962.6	3157.5	782.1
标准差	2393.54	1720.89	4057.02	1206.19	827.17	1594.38	3041.07	1379.65
方差	5729009	2961463	16459417	1454900	684203	2542031	9248094	1903422
峰度	−1.39513	−1.43481	−0.73809	−1.17868	−1.23409	−1.69354	−1.56798	−1.46194
偏度	0.53008	0.36649	0.68616	0.33801	0.63985	0.29746	0.38396	0.60967
区域	6432.9	4945.3	12442.0	3657.3	2236.9	4018.1	7903.3	3495.2
最小值	361.1	410.1	1486.2	218.4	48.4	411.8	639.8	149.6
最大值	6794.0	5355.4	13928.2	3875.7	2285.3	4429.9	8543.1	3644.8
求和	43670.2	36767.6	89047.3	25374.0	12749.1	34537.9	60421.8	21978.6
观测数	15	15	15	15	15	15	15	15
最大(1)	6794.0	5355.4	13928.2	3875.7	2285.3	4429.9	8543.1	3644.8
最小(1)	361.1	410.1	1486.2	218.4	48.4	411.8	639.8	149.6
置信度(95.0%)	1325.495	952.997	2246.703	667.967	458.069	882.935	1684.087	764.022

续表

指标	云南省	西藏自治区	陕西省	甘肃省	青海省	宁夏回族自治区	新疆维吾尔自治区
平均值	2103.65	77.15	2464.92	654.79	260.10	427.39	990.94
标准误差	487.23	16.32	536.65	134.60	61.64	88.80	218.01
中位数	1222.5	60.1	1827.7	505.0	175.4	333.2	631.6
标准差	1887.03	63.19	2078.42	521.29	238.74	343.93	844.34
方差	3560885	3993	4319826	271739	56998	118289	712903
峰度	-1.23610	0.76285	-1.82719	-1.70634	-1.02530	-1.80324	-1.77573
偏度	0.66308	1.11619	0.32703	0.31672	0.59905	0.35740	0.39023
区域	5304.3	220.1	5092.6	1359.6	681.5	832.2	2044.9
最小值	179.7	4.1	250.1	74.1	27.9	75.6	118.5
最大值	5484.1	224.2	5342.7	1433.8	709.4	907.8	2163.4
求和	31554.7	1157.2	36973.8	9821.9	3901.6	6410.9	14864.1
观测数	15	15	15	15	15	15	15
最大(1)	5484.1	224.2	5342.7	1433.8	709.4	907.8	2163.4
最小(1)	179.7	4.1	250.1	74.1	27.9	75.6	118.5
置信度(95.0%)	1045.003	34.993	1150.990	288.678	132.212	190.463	467.578

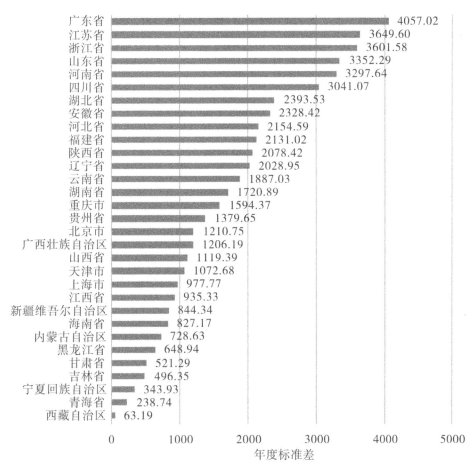

图 5-4　31 个省级行政区的 H_{it} 在 2003—2017 年的年度标准差排名

变量 Y_{it} 样本数据以时间为标志的描述性统计见表 5-6。从平均值来看，Y_{it} 的省际平均值从 2003 年的 263.02 亿元增长到 2017 年的 2922.87 亿元，增长幅度为 1011.27%，在样本区间内大致保持了持续增长的趋势。从标准差来看，Y_{it} 的省际标准差从 343.20 增长到 2017 年的 2897.87，增长幅度为 744.37%，Y_{it} 样本数据的省际离散程度在样本区间内随着时间的推移在急剧扩大。进一步分析 Y_{it} 的省际平均值和标准差的增长率。Y_{it} 的省际平均值增长率在 2004—2017 年大致经历了两个阶段：第一个阶段是 2004—2010 年，这一阶段的波动幅度相对较小，最高点与最低点之间相差 31.22 个百分点；第二个阶段是 2011—2017 年，这个阶段的波动幅度相对较大，最高点与最低点之间相差 40.58 个百分点。Y_{it} 的省际标准差增长率在 2004—2017 年也大致经历了两个阶段：第一个阶段是 2004—2010 年，这一阶段的波动幅度相对较小，最高点与最低点之间相差 37.28 个百分点；第二个阶段是 2011—2017 年，这一阶段的波动幅度相对较大，最高点与最低点之间相差 64.5 个百分点。

变量 Y_{it} 样本数据以截面为标志的描述性统计见表5-7。31个省级行政区的 Y_{it} 在2003—2017年的年度平均值排名中（见图5-5），排在前五位的省级行政区分别是江苏省（5032.33亿元）、广东省（4892.63亿元）、浙江省（3393.19亿元）、上海市（2872.31亿元）、山东省（2796.55亿元）。排在倒数五位的省级行政区分别是西藏自治区（13.64亿元）、青海省（74.20亿元）、宁夏回族自治区（193.53亿元）、甘肃省（257.30亿元）、山西省（343.19亿元）。31个省级行政区的 Y_{it} 在2003—2017年的年度标准差排名中（见图5-6），排在前五位的省级行政区分别是江苏省（标准差为3445.25）、广东省（标准差为3248.90）、浙江省（标准差为2344.60）、山东省（标准差为1981.08）、上海市（标准差为1300.90），这意味着这五个省级行政区的房地产业总收入年度值的离散程度比较大。31个省级行政区的 Y_{it} 在2003—2017年的年度标准差排在倒数五位的省级行政区分别是西藏自治区（标准差为12.02）、青海省（标准差为65.52）、宁夏回族自治区（标准差为120.53）、甘肃省（标准差为220.32）、山西省（标准差为253.23），这意味着这五个省级行政区的房地产业总收入年度值的离散程度比较小。

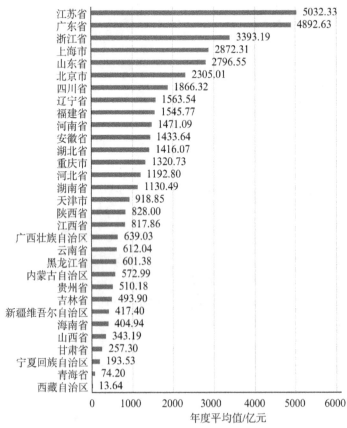

图5-5　31个省级行政区的 Y_{it} 在2003—2017年的年度平均值排名

表 5-6　变量 Y_{it} 样本数据的描述性统计（以时间为标志）

指标	2003 年	2004 年	2005 年	2006 年	2007 年	2008 年	2009 年	2010 年
平均值	263.02	379.10	429.58	536.17	696.91	786.91	1048.64	1309.21
标准误差	61.64	85.18	93.13	108.22	136.14	148.59	197.87	216.65
中位数	117.7	191.8	249.2	304.7	454.9	533.5	728.6	924.7
标准差	343.20	474.27	518.53	602.52	758.01	827.30	1101.69	1206.26
方差	117786	224929	268877	363033	574578	684424	1213719	1455073
峰度	3.62491	3.34388	2.53355	1.43887	1.93126	2.49489	3.46622	2.94056
偏度	2.04531	1.97966	1.82868	1.59691	1.66081	1.70229	1.87165	1.65375
区域	1327.0	1890.0	2013.5	2106.6	2915.2	3386.2	4642.8	5272.5
最小值	1.8	3.7	3.7	11.2	16.3	9.1	8.4	8.2
最大值	1328.8	1893.7	2017.2	2117.7	2931.5	3395.2	4651.1	5280.8
求和	8153.7	11752.2	13316.8	16621.3	21604.2	24394.1	32507.8	40585.4
观测数	31	31	31	31	31	31	31	31
最大(1)	1328.8	1893.7	2017.2	2117.7	2931.5	3395.2	4651.1	5280.8
最小(1)	1.8	3.7	3.7	11.2	16.3	9.1	8.4	8.2
置信度(95.0%)	125.887	173.962	190.200	221.007	278.040	303.456	404.103	442.461

续表

指标	2011 年	2012 年	2013 年	2014 年	2015 年	2016 年	2017 年
平均值	1345.09	1531.08	2151.55	2017.26	2124.56	2747.20	2922.87
标准误差	208.26	235.29	362.63	324.93	358.30	490.16	520.47
中位数	1034.3	1286.9	1416.7	1343.2	1393.0	1965.9	2197.3
标准差	1159.54	1310.04	2019.01	1809.14	1994.93	2729.09	2897.87
方差	1344529	1716193	4076408	3272988	3977745	7447935	8397667
峰度	2.36233	2.57133	4.23789	2.08352	2.78605	2.91604	3.06458
偏度	1.51032	1.53377	1.86283	1.50272	1.67229	1.78684	1.82294
区域	4837.0	5543.5	9132.4	7217.9	7861.0	10732.8	11584.1
最小值	7.9	10.1	11.2	22.7	20.0	19.6	50.8
最大值	4844.9	5553.6	9143.6	7240.5	7881.0	10752.5	11634.9
求和	41697.9	47463.5	66698.0	62535.1	65861.3	85163.3	90609.1
观测数	31	31	31	31	31	31	31
最大(1)	4844.9	5553.6	9143.6	7240.5	7881.0	10752.5	11634.9
最小(1)	7.9	10.1	11.2	22.7	20.0	19.6	50.8
置信度(95.0%)	425.322	480.525	740.579	663.598	731.746	1001.038	1062.948

表5-7　变量 Y_{it} 样本数据的描述性统计（以截面为标志）

指标	北京市	天津市	河北省	山西省	内蒙古自治区	辽宁省	吉林省	黑龙江省
平均值	2305.01	918.85	1192.80	343.19	572.99	1563.54	493.90	601.38
标准误差	209.24	160.94	229.53	65.38	81.14	204.18	78.09	90.98
中位数	2167.7	859.1	1180.2	263.0	667.1	2002.6	559.5	665.4
标准差	810.39	623.34	888.97	253.23	314.27	790.79	302.46	352.37
方差	656731	388547	790270	64125	98763	625351	91481	124165
峰度	-0.68536	-0.20181	-1.27558	-0.85086	-1.10056	-1.57816	-1.69278	-1.48653
偏度	-0.08280	0.73725	0.38583	0.62914	-0.43108	-0.30275	-0.07572	0.01000
区域	2880.1	2080.6	2679.1	753.9	988.9	2328.4	841.2	1074.3
最小值	792.3	185.5	120.1	46.5	68.8	351.9	78.4	117.7
最大值	3672.4	2266.1	2799.2	800.4	1057.7	2680.2	919.6	1192.0
求和	34575.2	13782.7	17892.0	5147.9	8594.8	23453.1	7408.5	9020.7
观测数	15	15	15	15	15	15	15	15
最大(1)	3672.4	2266.1	2799.2	800.4	1057.7	2680.2	919.6	1192.0
最小(1)	792.3	185.5	120.1	46.5	68.8	351.9	78.4	117.7
置信度(95.0%)	448.779	345.192	492.296	140.233	174.035	437.926	167.496	195.136

续表

指标	上海市	江苏省	浙江省	安徽省	福建省	江西省	山东省	河南省
平均值	2872.31	5032.34	3393.19	1433.64	1545.77	817.86	2796.55	1471.09
标准误差	335.89	889.56	605.37	286.08	275.03	171.88	511.51	314.27
中位数	2460.9	4844.9	2858.5	1272.9	1205.9	650.1	2675.4	1167.6
标准差	1300.90	3445.25	2344.60	1108.00	1065.17	665.70	1981.08	1217.17
方差	1692342	11869767	5497127	1227662	1134591	443151	3924683	1481506
峰度	1.07238	-1.12845	0.51591	-1.34164	-1.27898	-0.17912	-1.05414	-0.88108
偏度	1.24549	0.32327	1.07282	0.42528	0.53561	0.86996	0.51935	0.68426
区域	4558.4	10127.0	7816.8	3072.9	3130.3	2115.8	5917.0	3547.7
最小值	1227.2	622.6	805.4	153.1	287.0	81.5	415.3	136.8
最大值	5785.7	10749.6	8622.2	3226.0	3417.3	2197.3	6332.3	3684.6
求和	43084.7	75485.0	50897.9	21504.6	23186.5	12268.0	41948.3	22066.4
观测数	15	15	15	15	15	15	15	15
最大(1)	5785.7	10749.6	8622.2	3226.0	3417.3	2197.3	6332.3	3684.6
最小(1)	1227.2	622.6	805.4	153.1	287.0	81.5	415.3	136.8
置信度(95.0%)	720.415	1907.917	1298.394	613.590	589.873	368.650	1097.086	674.047

续表

指标	湖北省	湖南省	广东省	广西壮族自治区	海南省	重庆市	四川省	贵州省
平均值	1416.07	1130.49	4892.63	639.03	404.94	1320.73	1866.32	510.18
标准误差	299.56	215.15	838.86	111.26	104.95	220.62	312.79	115.40
中位数	1035.5	1081.3	3891.5	619.3	395.7	1379.3	2041.3	463.1
标准差	1160.20	833.29	3248.90	430.92	406.47	854.47	1211.45	446.93
方差	1346072	694374	10555364	185689	165221	730120	1467602	199742
峰度	-1.19040	-1.24611	-0.00723	-0.49991	3.58048	-1.60685	-1.52721	-0.18647
偏度	0.57310	0.42679	0.95900	0.57192	1.66878	0.07895	0.16564	0.84457
区域	3368.9	2478.6	10306.2	1413.4	1527.5	2362.1	3502.1	1424.2
最小值	144.0	116.0	1328.8	84.1	18.2	191.4	357.7	63.9
最大值	3512.9	2594.6	11634.9	1497.4	1545.7	2553.5	3859.8	1488.2
求和	21241.1	16957.3	73389.4	9585.5	6074.1	19811.0	27994.8	7652.7
观测数	15	15	15	15	15	15	15	15
最大(1)	3512.9	2594.6	11634.9	1497.4	1545.7	2553.5	3859.8	1488.2
最小(1)	144.0	116.0	1328.8	84.1	18.2	191.4	357.7	63.9
置信度(95.0%)	642.499	461.461	1799.182	238.634	225.098	473.190	670.877	247.499

续表

指标	云南省	西藏自治区	陕西省	甘肃省	青海省	宁夏回族自治区	新疆维吾尔自治区
平均值	612.04	13.64	828.00	257.30	74.20	193.53	417.40
标准误差	94.55	3.10	160.93	56.89	16.92	31.12	70.24
中位数	649.6	10.1	860.6	180.9	47.1	174.9	402.3
标准差	366.21	12.02	623.28	220.32	65.52	120.53	272.06
方差	134108	144	388480	48541	4293	14527	74014
峰度	-1.54618	6.57614	-1.50219	-0.29047	1.97450	-1.78973	-1.64557
偏度	0.05578	2.29493	0.19774	0.94179	1.35193	0.07586	0.20083
区域	1077.6	49.0	1789.7	686.8	234.7	317.0	721.4
最小值	96.4	1.8	78.4	28.5	11.2	37.8	100.6
最大值	1174.0	50.8	1868.1	715.3	245.9	354.8	822.0
求和	9180.7	204.6	12419.9	3859.5	1113.1	2902.9	6261.0
观测数	15	15	15	15	15	15	15
最大(1)	1174.0	50.8	1868.1	715.3	245.9	354.8	822.0
最小(1)	96.4	1.8	78.4	28.5	11.2	37.8	100.6
置信度(95.0%)	202.799	6.656	345.162	122.009	36.285	66.745	150.659

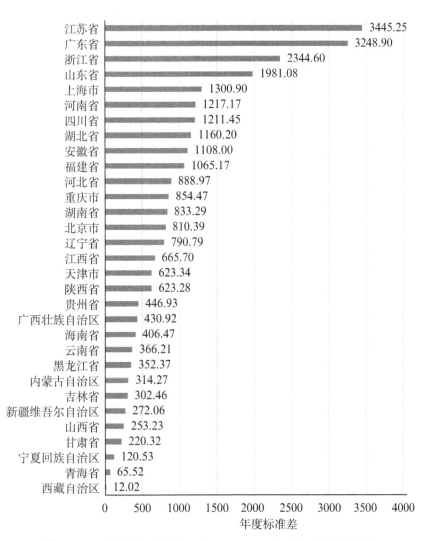

图 5-6　31 个省级行政区的 Y_{it} 在 2003—2017 年的年度标准差排名

四、实证检验

(一)面板单位根检验

用非平稳的面板数据进行回归,会和时间序列数据一样,不可避免地出现伪回归的问题。一般情况下,面板数据主要有两类:"large N large T"或者"large N small T",在这样的面板数据中,伪回归产生的问题往往并不严重。Kao(1999)在其论文中阐明:在面板数据中,绑定两个独立的非平稳变量的结构参数的估计会收敛到零,而在时间序列中,它是一个随机变量。这意味着虽然非平稳面板数据可能导致标准差偏误,但参数值的点估计是一致的。Philips 和 Moon(2000)在其论文中进一步表明,在"large N large T"(two-dimensional asymptotics)的情况下,面板数据回归不会出现像单纯时间序列模型一样的伪回归,并且会给出一致估计。也就是说:如果 X 和 Y 之间有联系,那么回归结果会给出相应系数;而如果 X 和 Y 之间没有联系,那么估计结果为零。Baltagi(2005)在著作 *Econometric Analysis of Panel Data* 中认为:不同于时间序列的伪回归,当出现"large N large T"(two-dimensional asymptotics)时,面板数据的伪回归会给出一致估计。这是因为面板估计在个体之间取了平均,横截面中的信息所发出的信号比时间序列中的信息所发出的信号更强。

因此,综合以上研究来看:当样本数据类型是"large N large T"时,可以不考虑不平稳造成的伪回归问题,也即可以不进行单位根检验;但是当样本数据类型是"large N small T"时,则需要考虑不平稳造成的伪回归问题,也即需要考虑单位根检验。进一步参考 Hsiao 等(1999)、Bai 和 Ng(2010)的研究成果,如果 N 严格大于 T,则面板数据的单位根检验是不必要的,只有 T 大于 N 或者 T 约等于 N,才需要检验面板单位根。回到本书中这一部分的样本数据,$T=15$,$N=31$,N 严格大于 T,因此,实证检验出现伪回归的可能性很小,样本数据可以不检验面板单位根。

(二)全国总体样本回归结果

在实证检验过程中,本书分别按照全国总体样本和分样本进行回归,其中,全国总体样本是全国所有省级行政区的面板数据,分样本则是将总体样本拆分为东部地区、中部地区、西部地区三个子样本。将全国总体样本、东部地区样本、中部地区样本、西部地区样本的回归方程分别命名为模型一、模型二、模型三、模型四,并且模型一到模型四的表达式都是(3-38)式。本书在计量过程中采用的软件为 Stata14.1、Matlab、R,全国总体样本(模型一)的回归结果如表 5-8 所示。表 5-8 中固定效应模型的 F 检验值为 3.87,在 1%的显著性水平上显著,因此,固定效应模型(fixed effect model)的回归结果优于混合模型(hybrid model)的回归结果。Hausman 检验值为 78.21,在 1%的显著性水平上显著,表明模型有明显的固定效应。但是 B-P 检验值为 56490.48,也在 1%的显著性水平上显著,由此可见,随机效应模型(random effect model)的回归结果也具有较高的可信度。于是无法根据 Hausman 检验和 B-P 检验的结果来精确判断是该选择固定效应模型还是选择随机效应模型。而通过比较两者的拟合优度可以发现,随机效应模型的拟合优度"稍微"占据优势,因此,最终我们根据随机效应模型的估计结果来计算 λ_1 和 λ_2。利用前文 λ_1 和 λ_2 的计算公式计算出来的结果为：

$$\lambda_1 = \frac{\beta_1 + \beta_2}{1 - \gamma} = \frac{0.0790898}{0.0630517} = 1.2543643$$

$$\lambda_2 = \frac{\delta_1 + \delta_2}{1 - \gamma} = \frac{-0.0352389}{0.0630517} = -0.5588890$$

λ_1（直接挤出效应）等于 1.2543643，是一个正数，这意味着中国房地产投资对其他投资产生了正的直接挤出效应，房地产投资直接挤出了其他投资（或者说，房地产投资对其他投资存在正的挤出倾向）。λ_2 等于 −0.5588890，是一个负数（间接挤出效应为负），这意味着中国房地产业对投资的吸引力在减弱，因此其他产业投资会相对增加。对于以上实证检验结果，本书会在接下来的章节中进行分析。

表 5-8　模型一的回归结果

	混合模型	固定效应模型	随机效应模型
$\Delta \ln H_{it}$	0.4497081 *** (0.000)	0.4332678 *** (0.000)	0.4468348 *** (0.000)
$\Delta \ln H_{i,t-1}$	−0.3846791 *** (0.000)	−0.2511429 *** (0.000)	−0.3677450 *** (0.000)
$\Delta \ln I_{i,t-1}$	0.9522616 *** (0.000)	0.8083272 *** (0.000)	0.9369483 *** (0.000)
$\Delta \ln Y_{it}$	−0.0107896 *** (0.000)	−0.0327298 *** (0.000)	−0.0156069 *** (0.000)
$\Delta \ln Y_{i,t-1}$	−0.0208464 *** (0.000)	−0.0078363 *** (0.000)	−0.0196320 *** (0.000)
_cons	0.2458752 *** (0.000)	0.7143189 *** (0.000)	0.3019066 *** (0.000)
$R^2 : within$	—	0.9887	0.9880
$R^2 : between$	—	0.9955	0.9987
$R^2 : overall$	0.9933	0.9920	0.9933
F 检验	—	3.87 *** (0.000)	—
Hausman 检验	—	78.21 *** (0.000)	—
B-P 检验	—	—	56490.48 *** (0.000)

注：括号中的值为回归系数的 **P** 值，*、**、*** 分别表示在 **10%、5%、1%** 的显著性水平上显著。

（三）分样本回归结果

将全国总体样本分成东部地区、中部地区、西部地区三个子样本（也即模型二、三、四）进行回归，结果如表 5-9 所示。

表 5-9 模型二、三、四的回归结果

	模型二		模型三		模型四	
	固定效应模型	随机效应模型	固定效应模型	随机效应模型	固定效应模型	随机效应模型
$\Delta\ln H_{it}$	0.5376768 (0.000)	0.5967617 (0.000)	0.6830557 (0.000)	0.6270344 (0.000)	0.2748261 (0.000)	0.2591617 (0.001)
$\Delta\ln H_{i,t-1}$	−0.4092264 (0.000)	−0.5846635 (0.000)	−0.5408126 (0.000)	−0.5978283 (0.000)	−0.1052642 (0.012)	−0.1339421 (0.001)
$\Delta\ln I_{i,t-1}$	0.8071410 (0.000)	1.0067230 (0.000)	0.8455451 (0.000)	0.8780631 (0.000)	0.8471079 (0.000)	0.8629078 (0.000)
$\Delta\ln Y_{it}$	0.0093892 (0.000)	−0.0121811 (0.000)	0.0003003 (0.000)	0.0457359 (0.000)	−0.0350815 (0.035)	−0.0030551 (0.000)
$\Delta\ln Y_{i,t-1}$	0.0171339 (0.000)	−0.0176127 (0.000)	−0.0153729 (0.000)	0.0233347 (0.000)	−0.0343563 (0.028)	−0.0142571 (0.000)
_cons	0.6211294 (0.000)	0.1206957 (0.079)	0.4995918 (0.024)	0.4949998 (0.002)	0.6607931 (0.000)	0.5295629 (0.000)
$R^2:within$	0.9858	0.9842	0.9896	0.9892	0.9932	0.9931
$R^2:between$	0.9873	0.9992	0.9830	0.9959	0.9997	0.9996
$R^2:overall$	0.9858	0.9923	0.9889	0.9899	0.9960	0.9963
F 检验	2.85 (0.001)	—	1.35 (0.245)	—	1.79 (0.069)	—
Hausman 检验	26.42 (0.000)	—	5.65 (0.342)	—	16.08 (0.007)	—
B-P 检验	—	22677.50 (0.000)	—	9053.94 (0.000)	—	40050.08 (0.000)

注：括号中的值为回归系数的 P 值。

模型二的回归结果中，F 检验值为 2.85，在 1% 的显著性水平上显著，因此，固定效应模型的回归结果优于混合模型的回归结果。Hausman 检验值为 26.42，在 1% 的显著性水平上显著，表明模型有明显的固定效应。但是 B-P 检验值为 22677.50，也在 1% 的显著性水平上显著，此时随机效应模型的回归结果也具有较高可信度。于是无法根据 Hausman 检验和 B-P 检验的结果来精确判断是该选择固定效应模型还是选择随机效应模型。而通过比较两者的拟合优度可以发现,随机效应模型的拟合优度"稍微"占据优势,因此,最终我们根据随机效应模型的估计结果来计算 λ_1 和 λ_2。

模型三的回归结果中, F 检验值为 1.35,没有通过显著性检验,表明混合模型的回归结果优于固定效应模型的回归结果。Hausman 检验值为 5.65,没有通过显著性检验,这表明模型三的固定效应不明显。但是模型三的 $B\text{-}P$ 检验值为 9053.94,在 1% 的显著性水平上显著,表明模型三有明显的随机效应,因此,最终我们根据随机效应模型的估计结果来计算 λ_1 和 λ_2。

模型四的回归结果中, F 检验值为 1.79,在 10% 的显著性水平上显著,表明固定效应模型的回归结果要优于随机效应模型的回归结果。Hausman 检验值为 16.08,在 1% 的显著性水平上显著,表明模型有明显的固定效应。但是 $B\text{-}P$ 检验值为 40050.08,也在 1% 的显著性水平上显著,这意味着模型也存在明显的随机效应。于是根据 Hausman 检验和 $B\text{-}P$ 检验无法精确判断是该选择固定效应模型还是选择随机效应模型。而通过比较两者的拟合优度可以发现,随机效应模型的拟合优度"稍微"占据优势,因此,最终我们根据随机效应模型的估计结果来计算 λ_1 和 λ_2。

模型二、三、四的 λ_1 和 λ_2 计算结果见表 5-10。模型二的 λ_1 为 -1.7995240,这表明东部地区的房地产投资对其他投资产生了负的直接挤出效应(也即挤入效应),东部地区的房地产投资不但没有"直接挤出"其他投资,反而"直接挤入"了其他投资。模型二的 λ_2 等于 4.4316228,是一个正数,也即存在正的间接挤出效应,这意味着东部地区房地产业对投资的吸引力在增强,而其他产业投资会相对减少。模型三的 λ_1 为 0.2395181,这表明中部地区的房地产投资对其他投资产生了正的直接挤出效应。模型三的 λ_2 等于 0.5664454,是一个正数(表明间接挤出效应为正),这意味着中部地区房地产业对投资的吸引力在增强,而其他产业投资会相对减少。模型四的 λ_1 为 0.9133970,这表明西部地区的房地产投资对其他投资产生了正的直接挤出效应。模型四的 λ_2 等于 -0.1262814,是一个负数(表明间接挤出效应为负),这意味着西部地区房地产业对投资的吸引力在减弱,而其他产业投资会相对增加。

将模型一、二、三、四的 λ_1 和 λ_2 计算结果进行比较发现,全国总体、中部地区、西部地区的直接挤出效应为正,而东部地区为负,这显示出东部地区的独特之处。从挤出程度来看,全国总体＞西部地区＞中部地区＞东部地区。进一步观察间接挤出效应,全国总体和西部地区的间接挤出效应为负,而东部地区和中部地区的间接挤出效应为正,这充分显示出中国房地产投资对其他投资挤出效应的区域差异性。

表 5-10　模型一、二、三、四的 λ_1 和 λ_2 计算结果

	模型一	模型二	模型三	模型四
β_1	0.4468348	0.5967617	0.6270344	0.2591617
β_2	−0.3677450	−0.5846635	−0.5978283	−0.1339421
γ	0.9369483	1.0067230	0.8780631	0.8629078
δ_1	−0.0156069	−0.0121811	0.0457359	−0.0030551
δ_2	−0.0196320	−0.0176127	0.0233347	−0.0142571
λ_1	1.2543643	−1.7995240	0.2395181	0.9133970
λ_2	−0.5588890	4.4316228	0.5664454	−0.1262814

(四)稳健性检验

考虑到变量的内生性、异质性问题,故需要对模型做稳健性检验。本书采用系统 GMM 估计法对原模型进行重新估计,GMM 估计法可以有效减弱变量的内生性问题和异质性问题。为保证估计结果的有效性,先进行二阶序列相关检验和过度识别检验。在通过了二阶序列相关检验和过度识别检验之后,所得到的 GMM 估计结果如表 5-11 所示。并在 GMM 估计结果的基础上计算出 λ_1 和 λ_2(见表 5-12)。对表 5-12进行分析发现,在 GMM 估计方法下,全国总体、东部地区、中部地区、西部地区的直接挤出效应和间接挤出效应呈现出了一致的方向,直接挤出效应均为正(但挤出程度存在差异),间接挤出效应也均为正,这符合假设一和假设二。同时,这也意味着无论是从全国总体,还是从划分不同地区的角度来看,房地产投资对其他投资都产生了正的直接挤出效应(只是挤出的程度不同),同时房地产业对投资的吸引力在增强,而其他产业投资会相对减少。这为我们房地产政策的制定提供了重要依据。

表 5-11　GMM 估计结果

	模型一	模型二	模型三	模型四
$\Delta\ln H_{it}$	0.3701381[***] (0.000)	0.4350128[***] (0.000)	0.7093265[***] (0.000)	0.2020179[***] (0.000)
$\Delta\ln H_{i,t-1}$	−0.3533446[***] (0.000)	−0.4586553[***] (0.000)	−0.6580730[***] (0.000)	−0.1297469[***] (0.000)
$\Delta\ln I_{i,t-1}$	0.9677901[***] (0.000)	1.0250460[***] (0.000)	0.8731899[***] (0.000)	0.8314812[***] (0.000)

	模型一	模型二	模型三	模型四
$\Delta \ln Y_{it}$	0.3911100***	0.6314802***	−0.3841241**	0.0746060***
	(0.000)	(0.000)	(0.030)	(0.000)
$\Delta \ln Y_{i,t-1}$	−0.3830303***	−0.6376873***	0.4404265**	0.0072908***
	(0.000)	(0.000)	(0.014)	(0.000)
$\_cons$	0.1408049**	0.0225638	0.3400233	0.3447101***
	(0.013)	(0.787)	(0.199)	(0.000)
N	465	195	105	165

注:括号中的值为回归系数的 P 值,*、**、***分别表示在 10%、5%、1%的显著性水平上显著。

表 5-12 GMM 估计下模型一、二、三、四的 λ_1 和 λ_2 计算结果

	模型一	模型二	模型三	模型四
β_1	0.3701381	0.4350128	0.7093265	0.2020179
β_2	−0.3533446	−0.4586553	−0.6580730	−0.1297469
γ	0.9677901	1.0250460	0.8731899	0.8314812
δ_1	0.3911100	0.6314802	−0.3841241	0.0746060
δ_2	−0.3830303	−0.6376873	0.4404265	0.0072908
λ_1	0.5213770	0.9439631	0.4041752	0.4288602
λ_2	0.2508452	0.2478280	0.4439871	0.4859802

第二节 中国房地产投资对制造业挤出效应的实证检验

一、模型设定

在参考 Mendicino 和 Punzi(2014)、Chakraborty 等(2018)等研究的基础上,本书进行实证检验的基本模型为(3-40)式。(3-40)式的推导过程见第三章第二节中的"房地产投资对制造业挤出效应的研究"。

二、变量与数据说明

(3-40)式只是基本模型,实证检验过程中会对基本模型进行调整。下面将对(3-40)式中的变量进行说明。

(一)被解释变量

被解释变量为制造业发展,用工业增加值增长率作为制造业发展的衡量指标。样本数据为中国 2015 年 12 月—2019 年 12 月的工业增加值增长率月度时间序列数据,数据来源于国家统计局。

(二)解释变量

解释变量为房地产投资,衡量指标为房地产开发投资增长率。解释变量的估计系数为正,则表明房地产投资的增加促进了制造业的发展,于是房地产投资对制造业产生负的挤出效应(也即挤入效应);解释变量的估计系数为负,则表明房地产投资的增加"挤出"了制造业的发展,房地产投资对制造业产生正的挤出效应。样本数据为中国 2015 年 12 月—2019 年 12 月的房地产开发投资增长率月度时间序列数据,数据来源于国家统计局。

(三)控制变量

参考 Boarnet(1998)、Skuras 等(2008)、杨继生(2009)、严成樑和龚六堂(2009)、干春晖等(2011)、苏冬蔚和曾海舰(2011)、范欣等(2017)等学者的研究成果,引入通货膨胀率、制造业固定资产投资、财政支持、货币供应量、对外开放水平、企业家信心、国内市场繁荣程度作为控制变量,这些变量的衡量指标见表5-13。样本数据为中国 2015 年 12 月—2019 年 12 月的月度时间序列数据,数据来源于国家统计局。

为了突出对"去库存"以来阶段性特征的关注(这也是本书可能的创新所在),中国房地产投资对制造业挤出效应的实证检验选择的样本数据为中国 2015 年 12 月—2019 年 12 月的月度时间序列数据,数据来源于国家统计局。除居民消费价格指数外,其他指标的数据均进行了平减处理,并对个别缺失的数据采用插值法进行补充。

表 5-13　变量说明

变量类型	变量符号	变量名称	衡量指标	数据来源	参考文献
被解释变量	(STJ)	制造业发展	工业增加值增长率	国家统计局	刘骏民和伍超明（2004），韩立岩和王哲兵（2005）
解释变量	(HOU)	房地产投资	房地产开发投资增长率	国家统计局	陈学胜（2019），刘水（2019）
控制变量	(CPI)	通货膨胀率	居民消费价格指数	国家统计局	王维安和贺聪（2005），段忠东（2007），杨继生（2009）
控制变量	(GDZ)	制造业固定资产投资	制造业固定资产投资增长率	国家统计局	Skuras 等（2008），钮立新（2012）
控制变量	(GOV)	财政支持	国家财政支出增长率	国家统计局	胡书东（2002），严成樑和龚六堂（2009）
控制变量	(MON)	货币供应量	货币和准货币（M2）供应量	国家统计局	刘伟和张辉（2008），千春晖等（2011）
控制变量	(OPEN)	对外开放水平	进出口总额增长率	国家统计局	Shaw（1973），Boarnet（1998），景维民和张璐（2014）
控制变量	(QYJ)	企业家信心	制造业采购经理指数	国家统计局	苏冬蔚和曾海舰（2011），耿中元和植散（2018）
控制变量	(SHX)	国内市场繁荣程度	社会消费品零售总额增长率	国家统计局	易先忠等（2014），范欣等（2017）

三、数据与基本事实

所有变量的样本数据见表 5-14。(STJ)在 2015 年 12 月—2019 年 12 月间大致经历了两个周期:第一周期是 2015 年 12 月—2019 年 2 月,(STJ)年均值为 6.3%;第二个周期是 2019 年 3 月—2019 年 12 月,(STJ)年均值为 5.9%,第二个周期的波动幅度小于第一个周期。(HOU)在 2015 年 12 月—2019 年 4 月间大致保持了上升的趋势,而从 2019 年 5 月开始呈现出小幅下跌的趋势。把 2015 年 12 月—2019 年 12 月的(STJ)和(HOU)画成散点图(见图 5-7),从散点图来看,(STJ)和(HOU)的关系大致拟合成一个反转的 C 形,但是两者之间的关系到底如何,还需要实证检验来回答。所有变量的描述性统计见表 5-15。

表 5-14 样本数据

单位:%

时间	(STJ)	(HOU)	(CPI)(上年同月=100)	(SHX)	(MON)	(GDZ)	(OPEN)	(GOV)	(QYJ)
2015 年 12 月	6.1	1.0	101.6	10.7	13.3	8.1	−8.0	15.8	49.7
2016 年 2 月	5.4	3.0	102.3	10.2	13.3	7.5	−17.3	12.0	49.0
2016 年 3 月	5.8	6.2	102.3	10.3	13.4	6.4	−11.3	15.4	50.2
2016 年 4 月	5.8	7.2	102.3	10.3	12.8	6.0	−9.9	12.4	50.1
2016 年 5 月	5.9	7.0	102.0	10.2	11.8	4.6	−8.6	13.6	50.1
2016 年 6 月	6.0	6.1	101.9	10.3	11.8	3.3	−8.8	15.1	50.0
2016 年 7 月	6.0	5.3	101.8	10.3	10.2	3.0	−8.8	13.0	49.9
2016 年 8 月	6.0	5.4	101.3	10.3	11.4	2.8	−7.9	12.7	50.4
2016 年 9 月	6.0	5.8	101.9	10.4	11.5	3.1	−7.8	12.5	50.4
2016 年 10 月	6.0	6.6	102.1	10.3	11.6	3.1	−7.9	10.0	51.2
2016 年 11 月	6.0	6.5	102.3	10.4	11.4	3.6	−7.3	10.2	51.7
2016 年 12 月	6.0	6.9	102.1	10.4	11.3	4.2	−6.8	13.8	51.4
2017 年 2 月	6.3	8.9	100.8	9.5	11.1	4.3	13.3	17.4	51.6
2017 年 3 月	6.8	9.1	100.9	10.0	10.6	5.8	15.0	21.0	51.8
2017 年 4 月	6.7	9.3	101.2	10.2	10.5	4.9	13.6	16.3	51.2
2017 年 5 月	6.7	8.8	101.5	10.3	9.6	5.1	13.0	14.7	51.2

续表

时间	(STJ)	(HOU)	(CPI) (上年同月 =100)	(SHX)	(MON)	(GDZ)	(OPEN)	(GOV)	(QYJ)
2017 年 6 月	6.9	8.5	101.5	10.4	9.4	5.5	13.0	15.8	51.7
2017 年 7 月	6.8	7.9	101.4	10.4	9.2	4.8	12.3	14.5	51.4
2017 年 8 月	6.7	7.9	101.8	10.4	8.9	4.5	11.6	13.1	51.7
2017 年 9 月	6.7	8.1	101.6	10.4	9.2	4.2	11.7	11.4	52.4
2017 年 10 月	6.7	7.8	101.9	10.3	8.8	4.1	11.6	9.8	51.6
2017 年 11 月	6.6	7.5	101.7	10.3	9.1	4.1	12.0	7.8	51.8
2017 年 12 月	6.6	7.0	101.8	10.2	8.2	4.8	11.4	7.7	51.6
2018 年 2 月	7.2	9.9	102.9	9.7	8.8	4.3	23.1	16.7	50.3
2018 年 3 月	6.8	10.4	102.1	9.8	8.2	3.8	16.3	10.9	51.5
2018 年 4 月	6.9	10.3	101.8	9.7	8.3	4.8	16.4	10.3	51.4
2018 年 5 月	6.9	10.2	101.8	9.5	8.3	5.2	16.8	8.1	51.9
2018 年 6 月	6.7	9.7	101.9	9.4	8.0	6.8	15.9	7.8	51.5
2018 年 7 月	6.6	10.2	102.1	9.3	8.5	7.3	16.4	7.3	51.2
2018 年 8 月	6.5	10.1	102.3	9.3	8.2	7.5	16.1	6.9	51.3
2018 年 9 月	6.4	9.9	102.5	9.3	8.3	8.7	15.7	7.5	50.8
2018 年 10 月	6.4	9.7	102.5	9.2	8.0	9.1	16.1	7.6	50.2
2018 年 11 月	6.3	9.7	102.2	9.1	8.0	9.5	14.8	6.8	50.0
2018 年 12 月	6.2	9.5	101.9	9.0	8.1	9.5	12.6	8.7	49.4
2019 年 2 月	5.3	11.6	101.5	8.2	8.0	5.9	−3.9	14.6	49.2
2019 年 3 月	6.5	11.8	102.3	8.3	8.6	4.6	−1.5	15.0	50.5
2019 年 4 月	6.2	11.9	102.5	8.0	8.5	2.5	−1.1	15.2	50.1
2019 年 5 月	6.0	11.2	102.7	8.1	8.5	2.7	−1.6	12.5	49.4
2019 年 6 月	6.0	10.9	102.7	8.4	8.5	3.0	−2.0	10.7	49.4
2019 年 7 月	5.8	10.6	102.8	8.3	8.1	3.3	−1.8	9.9	49.7
2019 年 8 月	5.6	10.5	102.8	8.2	8.2	2.6	−2.0	8.8	49.5
2019 年 9 月	5.6	10.5	103.0	8.2	8.4	2.5	−2.4	9.4	49.8
2019 年 10 月	5.6	10.3	103.8	8.1	8.4	2.6	−2.5	8.7	49.3

续表

时间	(STJ)	(HOU)	(CPI)(上年同月=100)	(SHX)	(MON)	(GDZ)	(OPEN)	(GOV)	(QYJ)
2019 年 11 月	5.6	10.2	104.5	8.0	8.2	2.5	−2.2	7.7	50.2
2019 年 12 月	5.7	9.9	104.5	8.0	8.3	3.1	−1.5	11.3	50.2

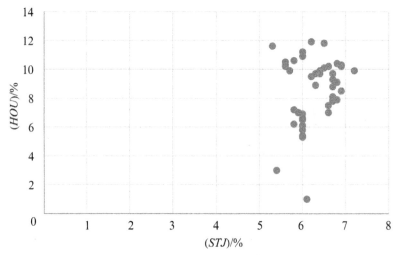

图 5-7 (HOU)和(STJ)的散点分布

表 5-15 变量的描述性统计

指标	(STJ)	(HOU)	(CPI)	(SHX)	(MON)	(GDZ)	(OPEN)	(GOV)	(QYJ)
平均值	6.25	8.60	102.16	9.55	9.57	4.88	4.13	11.74	50.64
标准误差	0.07	0.34	0.11	0.13	0.25	0.30	1.61	0.51	0.14
中位数	6.2	9.3	102.1	9.8	8.8	4.5	-1.1	11.4	50.4
众数	6.0	9.9	102.3	10.3	8.2	3.1	-8.8	15.8	50.2
标准差	0.47	2.31	0.76	0.90	1.69	2.02	10.83	3.41	0.91
方差	0.2221	5.3250	0.5820	0.8094	2.8513	4.0612	117.2394	11.6017	0.8329
峰度	-0.97605	1.57566	2.73159	-1.16144	-0.33314	-0.11337	-1.50670	-0.42461	-1.28541
偏度	-0.07622	-1.11691	1.28905	-0.62857	0.98759	0.86815	-0.09994	0.41394	-0.02912
区域	1.9	10.9	3.7	2.7	5.4	7.0	40.4	14.2	3.4
最小值	5.3	1.0	100.8	8.0	8.0	2.5	-17.3	6.8	49.0
最大值	7.2	11.9	104.5	10.7	13.4	9.5	23.1	21.0	52.4
求和	281.3	386.8	4597.1	429.6	430.8	219.6	185.8	528.3	2278.9
观测数	45	45	45	45	45	45	45	45	45
最大值(1)	7.2	11.9	104.5	10.7	13.4	9.5	23.1	21.0	52.4
最小值(1)	5.3	1.0	100.8	8.0	8.0	2.5	-17.3	6.8	49.0
置信度(95.0%)	0.142	0.693	0.229	0.270	0.507	0.605	3.253	1.023	0.274

四、实证检验

鉴于协整检验及 VAR 方程对变量个数有严格的要求,而将所有的控制变量都引入回归方程的话,则容易造成观测数不足,实证检验将难以继续。于是,根据变量的显著性和回归方程的拟合优度,在基本模型(3-40)式的基础上拆分出以下七个回归方程,这七个方程将在实证检验中同时进行估计。

$$(STJ)_t = \alpha_t + \beta_1(HOU)_t + \beta_2(CPI)_t + \varepsilon_t \tag{5-1}$$

$$(STJ)_t = \alpha_t + \beta_1(HOU)_t + \beta_2(GDZ)_t + \varepsilon_t \tag{5-2}$$

$$(STJ)_t = \alpha_t + \beta_1(HOU)_t + \beta_2(CPI)_t + \beta_3(GDZ)_t + \varepsilon_t \tag{5-3}$$

$$(STJ)_t = \alpha_t + \beta_1(HOU)_t + \beta_2(GOV)_t + \beta_3(MON)_t + \varepsilon_t \tag{5-4}$$

$$(STJ)_t = \alpha_t + \beta_1(HOU)_t + \beta_2(GOV)_t + \beta_3(OPEN)_t + \beta_4(SHX)_t + \varepsilon_t \tag{5-5}$$

$$(STJ)_t = \alpha_t + \beta_1(HOU)_t + \beta_2(CPI)_t + \beta_3(GOV)_t + \beta_4(OPEN)_t$$
$$+ \beta_5(QYJ)_t + \beta_6(SHX)_t + \varepsilon_t \tag{5-6}$$

$$(STJ)_t = \alpha_t + \beta_1(HOU)_t + \beta_2(GDZ)_t + \beta_3(GOV)_t + +\beta_4(OPEN)_t$$
$$+ \beta_5(QYJ)_t + \beta_6(SHX)_t + \varepsilon_t \tag{5-7}$$

(一)单位根检验

为了避免在时间序列数据模型中出现伪回归现象,需要对变量进行 ADF 检验(单位根检验)。检验形式(c, t, k)中,c、t、k分别代表常数项、时间趋势项和滞后阶数。如:$(c, 0, 0)$表示有常数项、无时间趋势项、滞后阶数为 0;$(c, t, 2)$表示有常数项、有时间趋势项、滞后阶数为 2。检验结果见表 5-16。

ADF 检验结果表明原有的时间序列变量在 5% 的显著性水平上都是非平稳的变量。对这些变量采用差分法进行差分,$\triangle(STJ)$、$\triangle(HOU)$、$\triangle(CPI)$、$\triangle(SHX)$、$\triangle(MON)$、$\triangle(GDZ)$、$\triangle(OPEN)$、$\triangle(GOV)$、$\triangle(QYJ)$分别是对应变量取一阶差分后的值,一阶差分后的序列在 5% 的显著性水平上都是平稳的,所以$\triangle(STJ)$、$\triangle(HOU)$、$\triangle(CPI)$、$\triangle(SHX)$、$\triangle(MON)$、$\triangle(GDZ)$、$\triangle(OPEN)$、$\triangle(GOV)$、$\triangle(QYJ)$均是单整的。由于阶数相同,故可以对它们进行协整检验。

表 5-16 ADF 检验

变量	检验形式	ADF 值	5%临界值	结论
(STJ)	(c,0,1)	-1.4996	-2.9303	非平稳
△(STJ)	(c,0,1)	-6.3210	-2.9320	平稳
(HOU)	(c,t,1)	-2.9066	-3.5162	非平稳
△(HOU)	(c,t,1)	-5.6230	-3.5189	平稳
(CPI)	(c,t,1)	-2.4142	-3.7921	非平稳
△(CPI)	(c,t,1)	-5.5167	-3.5189	平稳
(SHX)	(c,0,1)	0.1335	-2.9303	非平稳
△(SHX)	(c,0,1)	-5.2568	-2.9320	平稳
(MON)	(c,0,1)	-2.7732	-2.9303	非平稳
△(MON)	(c,0,1)	-4.1234	-2.9320	平稳
(GDZ)	(c,0,1)	-1.7368	-2.9303	非平稳
△(GDZ)	(c,0,1)	-4.3611	-2.9320	平稳
(OPEN)	(c,0,1)	-2.0439	-2.9303	非平稳
△(OPEN)	(c,0,1)	-4.6185	-2.9320	平稳
(GOV)	(c,0,1)	-2.0439	-2.9303	非平稳
△(GOV)	(c,0,1)	-4.6185	-2.9320	平稳
(QYJ)	(c,0,1)	-2.0218	-2.9303	非平稳
△(QYJ)	(c,0,1)	-5.8125	-2.9320	平稳

（二）根据无约束水平 VAR 模型确定协整阶数 L

确定水平 VAR 模型的最佳滞后阶数的方法是从较大的滞后阶数开始,通过对应的 LR、(FPE)、(AIC)、SC、HQ 值等确定。考虑到样本区间的限制,我们从最大滞后阶数 L=4 开始检验,最终确定对(5-1)式选择的最佳滞后阶数为 2,对(5-2)式选择的最佳滞后阶数为 3,对(5-3)式选择的最佳滞后阶数为 3,对(5-4)式选择的最佳滞后阶数为 3,对(5-5)式选择的最佳滞后阶数为 0,对(5-6)式选择的最佳滞后阶数为 0,对(5-7)式选择的最佳滞后阶数为 0。检验结果如表 5-17 至表 5-23 所示。

表 5-17　对(5-1)式进行水平 VAR 模型的最佳滞后阶数检验结果

滞后阶数	lnL	LR	(FPE)	(AIC)	SC	HQ
0	−16.8971	NA	0.1526	0.9574	1.0715	0.9990
1	−4.5153	22.3478	0.0825	0.3978	0.5500	0.4532
2	−1.9748	4.4123*	0.0757	0.3183	0.5085*	0.3875*
3	−0.8986	1.8374	0.0751*	0.3102*	0.5384	0.3933
4	−0.8964	0.0036	0.0789	0.3545	0.6207	0.4514

注:* 代表被评价标准选择的滞后阶数。

表 5-18　对(5-2)式进行水平 VAR 模型的最佳滞后阶数检验结果

滞后阶数	lnL	LR	(FPE)	(AIC)	SC	HQ
0	−18.5958	NA	0.1701	1.0681	1.2060	1.1183
1	−1.7383	30.4257	0.0846	0.2994	0.4833	0.3664
2	2.4198	7.3020	0.0739	0.1503	0.3801	0.2340
3	5.3247	4.9596*	0.0683*	0.0622*	0.3381*	0.1627*
4	5.6659	0.5658	0.0707	0.0992	0.4210	0.2164

注:* 代表被评价标准选择的滞后阶数。

表 5-19　对(5-3)式进行水平 VAR 模型的最佳滞后阶数检验结果

滞后阶数	lnL	LR	(FPE)	(AIC)	SC	HQ
0	−15.5447	NA	0.1561	0.9729	1.1568	1.0399
1	−1.7228	24.2726	0.0888	0.3523	0.5822	0.4360
2	3.0679	8.1792	0.0755	0.1723	0.4481	0.2727
3	6.9768	6.4831*	0.0667*	0.0353*	0.3571*	0.1525*
4	7.4378	0.7422	0.0688	0.0664	0.4342	0.2004

注:* 代表被评价标准选择的滞后阶数。

表 5-20　对(5-4)式进行水平 VAR 模型的最佳滞后阶数检验结果

滞后阶数	lnL	LR	(FPE)	(AIC)	SC	HQ
0	−16.3313	NA	0.1673	1.0163	1.1635	1.0699
1	−2.3658	32.5027	0.0774	0.3370	0.5209	0.4040
2	1.7261	9.2587	0.0639	0.1683	0.3890	0.2486
3	3.8309	4.6265*	0.0594*	0.1024*	0.3598*	0.1961*
4	4.0834	0.5388	0.0615	0.1322	0.4265	0.2394

注:* 代表被评价标准选择的滞后阶数。

表 5-21 对(5-5)式进行水平 VAR 模型的最佳滞后阶数检验结果

滞后阶数	lnL	LR	(FPE)	(AIC)	SC	HQ
0	18.3586	NA*	0.0390*	−0.4019*	−0.2347*	−0.3410*
1	18.3708	0.0209	0.0410	−0.3633	−0.1627	−0.2902
2	18.5453	0.2894	0.0428	−0.3299	−0.0959	−0.2447
3	19.1167	0.9198	0.0440	−0.3095	−0.0420	−0.2121
4	19.1480	0.0489	0.0462	−0.2715	0.0294	−0.1619

注:*代表被评价标准选择的滞后阶数。

表 5-22 对(5-6)式进行水平 VAR 模型的最佳滞后阶数检验结果

滞后阶数	lnL	LR	(FPE)	(AIC)	SC	HQ
0	14.0824	NA*	0.0280*	−0.4138*	−0.1797*	−0.3286*
1	14.1457	0.1019	0.0294	−0.3778	−0.1104	−0.2804
2	14.6586	0.8008	0.0299	−0.3638	−0.0629	−0.2543
3	15.2834	0.9448	0.0303	−0.3553	−0.0209	−0.2335
4	15.3215	0.0558	0.0319	−0.3181	0.0497	−0.1842

注:*代表被评价标准选择的滞后阶数。

表 5-23 对(5-7)式进行水平 VAR 模型的最佳滞后阶数检验结果

滞后阶数	lnL	LR	(FPE)	(AIC)	SC	HQ
0	22.3351	NA*	0.0465*	−0.6456*	−0.2653*	−0.5071*
1	22.3415	0.0104	0.0489	−0.5825	−0.1479	−0.4242
2	22.5781	0.3693	0.0510	−0.5306	−0.0416	−0.3526
3	22.8330	0.3854	0.0532	−0.4797	0.0637	−0.2818
4	22.8378	0.0072	0.0560	−0.4165	0.1812	−0.1989

注:*代表被评价标准选择的滞后阶数。

(三)协整向量个数 r 的检验

如果一组非平稳序列存在一个平稳的线性组合,即该组合不具有随机趋势,那么这组序列就是协整的,这个线性组合被称为协整方程,表示一种长期的均衡关系。本书使用约翰森的迹统计量协整检验,检验时假设含截距项,不含趋势项,根据表5-24至表 5-30 中的检验结果,可以看出(5-1)式存在一个协整关系,(5-2)式存在一个协整关系,(5-3)式存在一个协整关系,(5-4)式存在一个协整关系,(5-5)式存在两个协整关系,(5-6)式存在四个协整关系,(5-7)式存在四个协整关系。

表 5-24 对(5-1)式进行协整向量个数 r 的检验结果

协整方程个数假设	特征值	迹统计量	5%临界值
无*	0.4279	31.1594	29.6800
最多一个	0.1391	7.1485	15.4100
最多两个	0.0163	0.7071	3.7600

注:* 表示在 5%的显著性水平上拒绝原假设。

表 5-25 对(5-2)式进行协整向量个数 r 的检验结果

协整方程个数假设	特征值	迹统计量	5%临界值
无**	0.5532	39.7722	29.6800
最多一个	0.1087	5.1320	15.4100
最多两个	0.0042	0.1824	3.7600

注:** 表示根据麦金农-豪格-米凯利斯 P 值拒绝原假设。

表 5-26 对(5-3)式进行协整向量个数 r 的检验结果

协整方程个数假设	特征值	迹统计量	5%临界值
无**	0.5761	65.8764	47.2100
最多一个	0.4138	28.9700	29.6800
最多两个	0.1232	6.0027	15.4100
最多三个	0.0081	0.3494	3.7600

注:** 表示根据麦金农-豪格-米凯利斯 P 值拒绝原假设。

表 5-27 对(5-4)式进行协整向量个数 r 的检验结果

协整方程个数假设	特征值	迹统计量	5%临界值
无**	0.5862	58.6518	47.2100
最多一个	0.2239	20.7131	29.6800
最多两个	0.1642	9.8160	15.4100
最多三个	0.0478	2.1053	3.7600

注:** 表示根据麦金农-豪格-米凯利斯 P 值拒绝原假设。

表 5-28　对(5-5)式进行协整向量个数 r 的检验结果

协整方程个数假设	特征值	迹统计量	5%临界值
无 **	0.6649	99.8766	68.5200
最多一个 **	0.4719	52.8687	47.2100
最多两个	0.3246	25.4120	29.6800
最多三个	0.1780	8.5369	15.4100
最多四个	0.0025	0.1097	3.7600

注: ** 表示根据麦金农-豪格-米凯利斯 P 值拒绝原假设。

表 5-29　对(5-6)式进行协整向量个数 r 的检验结果

协整方程个数假设	特征值	迹统计量	5%临界值
无 **	0.8211	206.3328	124.2400
最多一个 **	0.7154	132.3431	94.1500
最多两个 **	0.5093	78.3046	68.5200
最多三个 **	0.3909	47.6896	47.2100
最多四个	0.3166	26.3702	29.6800
最多五个	0.1856	9.9998	15.4100
最多六个	0.0269	1.1728	3.7600

注: ** 表示根据麦金农-豪格-米凯利斯 P 值拒绝原假设。

表 5-30　对(5-7)式进行协整向量个数 r 的检验结果

协整方程个数假设	特征值	迹统计量	5%临界值
无 **	0.7887	181.8928	124.2400
最多一个 **	0.5723	115.0500	94.1500
最多两个 **	0.5155	78.5237	68.5200
最多三个 **	0.3690	47.3658	47.2100
最多四个	0.3378	27.5635	29.6800
最多五个	0.2044	9.8409	15.4100
最多六个	0.0002	0.0078	3.7600

注: ** 表示根据麦金农-豪格-米凯利斯 P 值拒绝原假设。

(四)协整方程

协整关系反映了变量之间的长期均衡关系。在 Eviews 5 中通过 VEC 估计得到的结果,前半部分就是协整方程。对(5-1)式至(5-7)式依次进行操作得到协整方程,如表 5-31 所示。

在(5-1)式的估计结果中,我们可以看到:房地产投资对制造业产生了显著的负向影响(也即产生挤出效应);通货膨胀也对制造业产生了显著的负向影响,影响系数为-0.406019,并且在 1%的显著性水平上显著。

在(5-2)式的估计结果中,房地产投资对制造业产生了显著的挤出效应(房地产投资对制造业的影响系数为-0.025739,并且在 10%的显著性水平上显著),而制造业固定资产投资对制造业的影响不显著。

在(5-3)式的估计结果中,可以看到:房地产投资对制造业产生了显著的挤出效应(房地产投资对制造业的影响系数为-0.035439,并且在 1%的显著性水平上显著);通货膨胀对制造业产生了显著的负向影响,影响系数为-0.385903;而制造业固定资产投资对制造业的影响不显著。

在(5-4)式的估计结果中,可以看到:房地产投资对制造业产生了正向影响(负的挤出效应),但是不显著;财政支持对制造业产生了显著的正向影响,影响系数为0.054356,并且在 5%的显著性水平上显著;货币供应量对制造业产生了显著的负向影响,影响系数为-0.191832。

在(5-5)式的估计结果中,可以看到:房地产投资对制造业产生了显著的挤出效应(房地产投资对制造业的影响系数为-0.011154,并且在 10%的显著性水平上显著);财政支持对制造业产生了显著的正向影响,影响系数为0.020239,并且在 5%的显著性水平上显著;对外开放水平对制造业产生了显著的正向影响,影响系数为0.034743,并且在 1%的显著性水平上显著。

在(5-6)式的估计结果中,可以看到:房地产投资对制造业产生了显著的挤出效应(房地产投资对制造业的影响系数为-0.009587,并且在 5%的显著性水平上显著);通货膨胀对制造业的影响不显著;财政支持对制造业产生了显著的正向影响,影响系数为0.022183,并且在 5%的显著性水平上显著;对外开放水平对制造业产生了显著的正向影响,影响系数为0.031194,并且在 1%的显著性水平上显著;国内市场繁荣程度对制造业产生了显著的正向影响,影响系数为0.169896,并且在 1%的显著性水平上显著;企业家信心对制造业产生了显著的正向影响,影响系数为0.089516,并且在 10%的显著性水平上显著。

表 5-31 协整方程估计结果

	(5-1)式	(5-2)式	(5-3)式	(5-4)式	(5-5)式	(5-6)式	(5-7)式
常数项	46.733070*** (0.0000)	4.928646*** (0.0000)	44.472900*** (0.0000)	8.063601*** (0.0000)	3.482061*** (0.0000)	-2.151688 (0.7321)	1.004919 (0.6921)
(HOU)	-0.034181*** (0.0020)	-0.025739* (0.0931)	-0.035439*** (0.0015)	0.021073 (0.2255)	-0.011154* (0.0783)	-0.009587** (0.0408)	-0.007674** (0.0394)
(CPI)	-0.406019*** (0.0000)		-0.385903*** (0.0000)			0.015457 (0.7817)	
(GDZ)		0.078273 (0.1744)	0.034522 (0.2500)				-0.018903 (0.3022)
(GOV)				0.054356** (0.0266)	0.020239** (0.0210)	0.022183** (0.0205)	0.018927** (0.0297)
(MON)				-0.191832*** (0.0095)			
(OPEN)					0.034743*** (0.0000)	0.031194*** (0.0000)	0.033832*** (0.0000)
(SHX)					0.216094*** (0.0000)	0.169896*** (0.0017)	0.179681*** (0.0007)
(QYJ)						0.089516* (0.0555)	0.059981 (0.2621)
R^2	0.377640	0.468346	0.397644	0.190957	0.869538	0.885837	0.884909
调整后的 R^2	0.348004	0.423982	0.353569	0.131758	0.856492	0.867180	0.866736

注：括号中的值为 P 值，*、**、*** 分别表示在 10%、5%、1% 的显著性水平上显著。

在(5-7)式的估计结果中,可以看到:房地产投资对制造业产生了显著的挤出效应(房地产投资对制造业的影响系数为－0.007674,并且在5%的显著性水平上显著);制造业固定资产投资对制造业的影响不显著;财政支持对制造业产生了显著的正向影响,影响系数为0.018927,并且在5%的显著性水平上显著;对外开放水平对制造业产生了显著的正向影响,影响系数为0.033832,并且在1%的显著性水平上显著;国内市场繁荣程度对制造业产生了显著的正向影响,影响系数为0.179681,并且在10%的显著性水平上显著;企业家信心对制造业的影响不显著。

通过比较(5-1)式至(5-7)式估计结果的拟合优度发现,(5-6)式估计结果的拟合优度最高,因此,(5-6)式估计结果的可信度最高。在(5-1)式、(5-2)式、(5-3)式、(5-5)式、(5-6)式、(5-7)式的估计结果中,所有结果都显示房地产投资对制造业产生了显著的挤出效应,这表明"去库存"以来中国房地产投资与制造业之间存在"挤出"的关系。这一结论对于理解当前房地产业存在的阶段性特征以及制定相应的调控政策是有帮助的。在(5-4)式的估计结果中,房地产投资对制造业产生了负的挤出效应(也即挤入效应),但是结果不显著,因此不做过多分析。

(五)格兰杰因果检验

对(5-1)式至(5-7)式依次进行格兰杰因果检验,检验结果见表 5-32 至表 5-38。(5-1)式至(5-7)式的格兰杰因果检验均表明:(HOU)是(STJ)的格兰杰原因。因此,房地产投资与制造业之间确实存在着不同寻常的"关系",房地产投资的变化对制造业的发展产生了重要影响。这一结论给本书的研究提供了现实维度的支撑。

表 5-32　对(5-1)式的格兰杰因果检验

原假设	观测数	F 统计量	P 值
(HOU)不是(STJ)的格兰杰原因	43	4.11684	0.02946
(STJ)不是(HOU)的格兰杰原因		0.09828	0.90663
(CPI)不是(STJ)的格兰杰原因	43	3.29409	0.04794
(STJ)不是(CPI)的格兰杰原因		1.43958	0.24966
(CPI)不是(HOU)的格兰杰原因	43	2.79020	0.07402
(HOU)不是(CPI)的格兰杰原因		2.20531	0.12413

表 5-33　对(5-2)式的格兰杰因果检验

原假设	观测数	F 统计量	P 值
（HOU）不是（STJ）的格兰杰原因	42	7.97199	0.00035
（STJ）不是（HOU）的格兰杰原因		0.31747	0.81264
（GDZ）不是（STJ）的格兰杰原因	42	1.02597	0.39296
（STJ）不是（GDZ）的格兰杰原因		1.37078	0.26774
（GDZ）不是（HOU）的格兰杰原因	42	0.00142	0.99992
（HOU）不是（GDZ）的格兰杰原因		7.39398	0.00058

表 5-34　对(5-3)式的格兰杰因果检验

原假设	观测数	F 统计量	P 值
（HOU）不是（STJ）的格兰杰原因	42	7.97199	0.00035
（STJ）不是（HOU）的格兰杰原因		0.31747	0.81264
（CPI）不是（STJ）的格兰杰原因	42	2.20466	0.10489
（STJ）不是（CPI）的格兰杰原因		1.57421	0.21301
（GDZ）不是（STJ）的格兰杰原因	42	1.02597	0.39296
（STJ）不是（GDZ）的格兰杰原因		1.37078	0.26774
（CPI）不是（HOU）的格兰杰原因	42	1.85911	0.15456
（HOU）不是（CPI）的格兰杰原因		1.30992	0.28663
（GDZ）不是（HOU）的格兰杰原因	42	0.00142	0.99992
（HOU）不是（GDZ）的格兰杰原因		7.39398	0.00058
（GDZ）不是（CPI）的格兰杰原因	42	0.91900	0.44175
（CPI）不是（GDZ）的格兰杰原因		3.09362	0.03938

表 5-35　对(5-4)式的格兰杰因果检验

原假设	观测数	F 统计量	P 值
（HOU）不是（STJ）的格兰杰原因	42	7.97199	0.00035
（STJ）不是（HOU）的格兰杰原因		0.31747	0.81264
（GOV）不是（STJ）的格兰杰原因	42	3.47340	0.02618
（STJ）不是（GOV）的格兰杰原因		0.52325	0.66914
（MON）不是（STJ）的格兰杰原因	42	1.73099	0.17854
（STJ）不是（MON）的格兰杰原因		1.38508	0.26348

续表

原假设	观测数	F 统计量	P 值
(GOV)不是(HOU)的格兰杰原因	42	0.20573	0.89174
(HOU)不是(GOV)的格兰杰原因		4.16926	0.01262
(MON)不是(HOU)的格兰杰原因	42	2.72896	0.05863
(HOU)不是(MON)的格兰杰原因		0.15769	0.92402
(MON)不是(GOV)的格兰杰原因	42	2.55491	0.07104
(GOV)不是(MON)的格兰杰原因		0.63317	0.59859

表 5-36　对(5-5)式的格兰杰因果检验

原假设	观测数	F 统计量	P 值
(HOU)不是(STJ)的格兰杰原因	43	4.11684	0.02946
(STJ)不是(HOU)的格兰杰原因		0.09828	0.90663
(GOV)不是(STJ)的格兰杰原因	43	3.06544	0.05831
(STJ)不是(GOV)的格兰杰原因		1.44485	0.24844
(OPEN)不是(STJ)的格兰杰原因	43	0.06879	0.93364
(STJ)不是(OPEN)的格兰杰原因		1.06678	0.35419
(SHX)不是(STJ)的格兰杰原因	43	5.20979	0.01001
(STJ)不是(SHX)的格兰杰原因		0.00624	0.99378
(GOV)不是(HOU)的格兰杰原因	43	0.37956	0.68673
(HOU)不是(GOV)的格兰杰原因		7.46803	0.00184
(OPEN)不是(HOU)的格兰杰原因	43	0.24574	0.78336
(HOU)不是(OPEN)的格兰杰原因		1.83457	0.17354
(SHX)不是(HOU)的格兰杰原因	43	1.68054	0.19982
(HOU)不是(SHX)的格兰杰原因		4.01803	0.02612
(OPEN)不是(GOV)的格兰杰原因	43	1.05799	0.35715
(GOV)不是(OPEN)的格兰杰原因		0.00637	0.99365
(SHX)不是(GOV)的格兰杰原因	43	2.05262	0.14240
(GOV)不是(SHX)的格兰杰原因		6.39131	0.00405
(SHX)不是(OPEN)的格兰杰原因	43	1.41869	0.25456
(OPEN)不是(SHX)的格兰杰原因		0.93538	0.40128

表 5-37　对(5-6)式的格兰杰因果检验

原假设	观测数	F 统计量	P 值
(HOU)不是(STJ)的格兰杰原因	43	4.11684	0.02946
(STJ)不是(HOU)的格兰杰原因		0.09828	0.90663
(CPI)不是(STJ)的格兰杰原因	43	3.29409	0.04794
(STJ)不是(CPI)的格兰杰原因		1.43958	0.24966
(GOV)不是(STJ)的格兰杰原因	43	3.06544	0.05831
(STJ)不是(GOV)的格兰杰原因		1.44485	0.24844
(OPEN)不是(STJ)的格兰杰原因	43	0.06879	0.93364
(STJ)不是(OPEN)的格兰杰原因		1.06678	0.35419
(QYJ)不是(STJ)的格兰杰原因	43	4.55283	0.01688
(STJ)不是(QYJ)的格兰杰原因		0.26249	0.77052
(SHX)不是(STJ)的格兰杰原因	43	5.20979	0.01001
(STJ)不是(SHX)的格兰杰原因		0.00624	0.99378
(CPI)不是(HOU)的格兰杰原因	43	2.79020	0.07402
(HOU)不是(CPI)的格兰杰原因		2.20531	0.12413
(GOV)不是(HOU)的格兰杰原因	43	0.37956	0.68673
(HOU)不是(GOV)的格兰杰原因		7.46803	0.00184
(OPEN)不是(HOU)的格兰杰原因	43	0.24574	0.78336
(HOU)不是(OPEN)的格兰杰原因		1.83457	0.17354
(QYJ)不是(HOU)的格兰杰原因	43	0.35780	0.70154
(HOU)不是(QYJ)的格兰杰原因		0.05888	0.94290
(SHX)不是(HOU)的格兰杰原因	43	1.68054	0.19982
(HOU)不是(SHX)的格兰杰原因		4.01803	0.02612
(GOV)不是(CPI)的格兰杰原因	43	0.74347	0.48225
(CPI)不是(GOV)的格兰杰原因		1.68073	0.19979
(OPEN)不是(CPI)的格兰杰原因	43	1.00917	0.37408
(CPI)不是(OPEN)的格兰杰原因		0.32670	0.72331
(QYJ)不是(CPI)的格兰杰原因	43	1.22125	0.30617
(CPI)不是(QYJ)的格兰杰原因		1.42025	0.25419
(SHX)不是(CPI)的格兰杰原因	43	4.11372	0.02414

续表

原假设	观测数	F 统计量	P 值
(CPI)不是(SHX)的格兰杰原因		0.72192	0.49236
(OPEN)不是(GOV)的格兰杰原因	43	1.05799	0.35715
(GOV)不是(OPEN)的格兰杰原因		0.00637	0.99365
(QYJ)不是(GOV)的格兰杰原因	43	0.15266	0.85895
(GOV)不是(QYJ)的格兰杰原因		1.74652	0.18809
(SHX)不是(GOV)的格兰杰原因	43	2.05262	0.14240
(GOV)不是(SHX)的格兰杰原因		6.39131	0.00405
(QYJ)不是(OPEN)的格兰杰原因	43	8.13000	0.00115
(OPEN)不是(QYJ)的格兰杰原因		0.79869	0.45732
(SHX)不是(OPEN)的格兰杰原因	43	1.41869	0.25456
(OPEN)不是(SHX)的格兰杰原因		0.93538	0.40128
(SHX)不是(QYJ)的格兰杰原因	43	5.56903	0.00757
(QYJ)不是(SHX)的格兰杰原因		0.16028	0.85247

表 5-38 对(5-7)式的格兰杰因果检验

原假设	观测数	F 统计量	P 值
(HOU)不是(STJ)的格兰杰原因	43	4.11684	0.02946
(STJ)不是(HOU)的格兰杰原因		0.09828	0.90663
(GDZ)不是(STJ)的格兰杰原因	43	0.96169	0.39135
(STJ)不是(GDZ)的格兰杰原因		3.80713	0.03112
(GOV)不是(STJ)的格兰杰原因	43	3.06544	0.05831
(STJ)不是(GOV)的格兰杰原因		1.44485	0.24844
(OPEN)不是(STJ)的格兰杰原因	43	0.06879	0.93364
(STJ)不是(OPEN)的格兰杰原因		1.06678	0.35419
(QYJ)不是(STJ)的格兰杰原因	43	4.55283	0.01688
(STJ)不是(QYJ)的格兰杰原因		0.26249	0.77052
(SHX)不是(STJ)的格兰杰原因	43	5.20979	0.01001
(STJ)不是(SHX)的格兰杰原因		0.00624	0.99378
(GDZ)不是(HOU)的格兰杰原因	43	0.02659	0.97378

续表

原假设	观测数	F 统计量	P 值
(HOU)不是(GDZ)的格兰杰原因		8.26310	0.00105
(GOV)不是(HOU)的格兰杰原因	43	0.37956	0.68673
(HOU)不是(GOV)的格兰杰原因		7.46803	0.00184
(OPEN)不是(HOU)的格兰杰原因	43	0.24574	0.78336
(HOU)不是(OPEN)的格兰杰原因		1.83457	0.17354
(QYJ)不是(HOU)的格兰杰原因	43	0.35780	0.70154
(HOU)不是(QYJ)的格兰杰原因		0.05888	0.94290
(SHX)不是(HOU)的格兰杰原因	43	1.68054	0.19982
(HOU)不是(SHX)的格兰杰原因		4.01803	0.02612
(GOV)不是(GDZ)的格兰杰原因	43	1.23178	0.30316
(GDZ)不是(GOV)的格兰杰原因		0.40471	0.67001
(OPEN)不是(GDZ)的格兰杰原因	43	2.03192	0.14508
(GDZ)不是(OPEN)的格兰杰原因		1.48663	0.23899
(QYJ)不是(GDZ)的格兰杰原因	43	2.61137	0.08657
(GDZ)不是(QYJ)的格兰杰原因		2.15703	0.12962
(SHX)不是(GDZ)的格兰杰原因	43	1.50690	0.23454
(GDZ)不是(SHX)的格兰杰原因		1.51117	0.23361
(OPEN)不是(GOV)的格兰杰原因	43	1.05799	0.35715
(GOV)不是(OPEN)的格兰杰原因		0.00637	0.99365
(QYJ)不是(GOV)的格兰杰原因	43	0.15266	0.85895
(GOV)不是(QYJ)的格兰杰原因		1.74652	0.18809
(SHX)不是(GOV)的格兰杰原因	43	2.05262	0.14240
(GOV)不是(SHX)的格兰杰原因		6.39131	0.00405
(QYJ)不是(OPEN)的格兰杰原因	43	8.13000	0.00115
(OPEN)不是(QYJ)的格兰杰原因		0.79869	0.45732
(SHX)不是(OPEN)的格兰杰原因	43	1.41869	0.25456
(OPEN)不是(SHX)的格兰杰原因		0.93538	0.40128
(SHX)不是(QYJ)的格兰杰原因	43	5.56903	0.00757
(QYJ)不是(SHX)的格兰杰原因		0.16028	0.85247

(六)稳健性讨论

关于房地产投资对制造业挤出效应的实证检验结果,本书在基本模型(3-40)式的基础上分解出七个方程进行回归。在七个回归方程中,(5-6)式的拟合优度最高,因此,(5-6)式的可信度最高。从替代性的角度来看,除(5-6)式外的其他六个回归方程可以视为(5-6)式的稳健性检验。因此,将其他六个回归方程的估计结果与(5-6)式的估计结果对比,可以对(5-6)式估计结果的稳健性进行判断。通过对比发现,在(5-1)式、(5-2)式、(5-3)式、(5-5)式、(5-7)式的估计结果中,所有结果都显示房地产投资对制造业产生了显著的挤出效应,这些式子的估计结果与(5-6)式的估计结果一致。而在(5-4)式的估计结果中,房地产投资对制造业产生了负的挤出效应(也即挤入效应),但结果不显著。因此,(5-6)式关于房地产投资对制造业挤出效应的估计结果具有稳健性。

第三节　中国房地产投资对居民消费 挤出效应的实证检验

一、模型设定

在 Hansen(1996,1999,2000)等研究的基础上,建立门限面板回归模型实证检验通货膨胀门限下中国房地产投资对居民消费的挤出效应,初步设定(3-49)式、(3-50)式、(3-51)式三个回归方程。(3-49)式、(3-50)式、(3-51)式三个回归方程的推导过程见第三章第二节中的"房地产投资对居民消费挤出效应的研究"。

二、变量与数据说明

下面将对(3-49)式、(3-50)式、(3-51)式中的变量进行说明。

(一)被解释变量

(3-49)式、(3-50)式、(3-51)式中的被解释变量分别为居民消费水平(基于全国总体情况)、城镇居民消费水平、农村居民消费水平,衡量指标为居民消费水平指数、城镇居民消费水平指数、农村居民消费水平指数。样本数据为中国 31 个省级行政区 2001—2017 年的面板数据,数据来源于国家统计局。

(二)解释变量

(3-49)式、(3-50)式、(3-51)式中的解释变量均为房地产投资。解释变量的估计系数用于衡量挤出效应的方向和大小:系数为正,则表明房地产投资会对居民消费产生负的挤出效应(也即挤入效应或财富效应),这意味着房地产投资的增加将导致居民消费增长;系数为负,则表明房地产投资会对居民消费产生正的挤出效应,这意味着房地产投资的增加将导致居民消费下降;此外,系数的绝对值越大,则说明挤出的程度越大。

解释变量的衡量指标为房地产开发投资增长率。样本数据为中国 31 个省级行政区 2001—2017 年的面板数据,数据来源于国家统计局。

(三)门限变量

本书中的门限变量为通货膨胀率,衡量指标为居民消费价格指数。样本数据为中国 31 个省级行政区 2001—2017 年的面板数据,数据来源于国家统计局。

(四)控制变量

根据 Boarnet(1998)、刘伟和张辉(2008)、干春晖等(2011)等学者的研究成果,选择产业结构、经济外向程度作为控制变量,衡量指标见表 5-39,样本数据为中国 31 个省级行政区 2001—2017 年的面板数据,数据来源于国家统计局。

表 5-39 变量说明

变量类型	变量符号	变量名称	衡量指标	数据来源	参考文献
被解释变量	$(EXP)_{it}$	居民消费水平	居民消费水平指数	国家统计局	万广华等(2001)、余永定和李军(2000)
被解释变量	$(EXP)_{it}'$	城镇居民消费水平	城镇居民消费水平指数	国家统计局	罗楚亮(2004)、袁志刚和宋铮(1999)
被解释变量	$(EXP)_{it}''$	农村居民消费水平	农村居民消费水平指数	国家统计局	耿晔强(2012)、毛捷和赵金冉(2017)
解释变量	$(HOU)_{it}$	房地产投资	房地产开发投资增长率	国家统计局	王凯和庞震(2019)、余泳泽和李启航(2019)
门限变量	$(CPI)_{it}$	通货膨胀率	居民消费价格指数	国家统计局	王维安和贺聪(2005)、段忠东(2007)、杨继生(2009)

续表

变量类型	变量符号	变量名称	衡量指标	数据来源	参考文献
控制变量	$(IND)_{it}$	产业结构	第三产业占GDP的比重	国家统计局	刘伟和张辉(2008)、干春晖等(2011)
控制变量	$(OPEN)_{it}$	经济外向程度	经营单位所在地进出口总额占GDP的比重	国家统计局	Boarnet(1998)、景维民和张璐(2014)

根据数据的可得性,中国房地产投资对居民消费挤出效应的实证检验选择的样本数据为中国 31 个省级行政区 2001—2017 年的面板数据,数据来源于国家统计局。个别缺失数据采用插值法进行补充。

三、数据与基本事实

通过对核心变量 $(HOU)_{it}$ 和 $(EXP)_{it}$ 的样本数据进行描述性统计来挖掘一些直观的基本事实。变量 $(HOU)_{it}$ 样本数据以时间为标志的描述性统计见表 5-40。从平均值来看,$(HOU)_{it}$ 的省际平均值在 2001 年为7.30%,2017 年为 11.91%,增长幅度为 63.09%,但是 2001—2017 年的变化轨迹并不是直线上升的,而是呈现出一种上下波动的走势。从标准差来看,$(HOU)_{it}$ 的省际标准差从 2001 年的 0.12 下降到 2017 年的0.07,下跌幅度超过 40%,这意味着 $(HOU)_{it}$ 样本数据的省际离散程度在 2001—2017 年有所减少。

变量 $(HOU)_{it}$ 样本数据以截面为标志的描述性统计见表 5-41。31 个省级行政区的 $(HOU)_{it}$ 在 2001—2017 年的年度平均值排名中(见图5-8),排在前五位的省级行政区分别是西藏自治区、上海市、北京市、天津市、浙江省。排在倒数五位的省级行政区分别是辽宁省、云南省、宁夏回族自治区、新疆维吾尔自治区、广东省。

变量 $(EXP)_{it}$ 样本数据以时间为标志的描述性统计见表 5-42。从平均值来看,$(EXP)_{it}$ 的省际平均值在 2001 年为 105.55,2017 年为108.14,总体增长幅度为2.45%,虽然总体增长幅度不大,但是 2001—2017 年的变化轨迹起伏较大,最高点是 111.77(2011 年)。从标准差来看,$(EXP)_{it}$ 的省际标准差从 2001 年的 4.15 下降到 2017 年的 2.67,下跌幅度为35.66%,这意味着 $(EXP)_{it}$ 样本数据的省际离散程度在 2001—2017 年有所减少。

表 5-40 $(HOU)_{it}$ 的描述性统计（以时间为标志）

指标	2001	2002	2003	2004	2005	2006	2007	2008
平均值（%）	7.30	5.04	5.44	12.99	16.97	9.79	17.54	6.77
标准误差	0.02	0.01	0.01	0.02	0.02	0.02	0.01	0.01
中位数（%）	2.6	6.4	3.4	10.7	18.58	9.57	16.19	7.49
标准差	0.12	0.06	0.07	0.12	0.14	0.09	0.08	0.08
方差	0.01523	0.00355	0.00554	0.01336	0.01895	0.00797	0.00622	0.00581
峰度	7.06488	-0.13070	-0.37680	7.00794	7.93329	0.69780	1.75881	2.67741
偏度	2.26573	-0.14569	0.68306	1.84094	-2.13232	-0.15413	0.77698	0.58017
区域（%）	64.0	23.2	29.3	69.5	75.8	39.5	36.4	41.4
最小值（%）	-8.3	-6.3	-5.5	-12.8	-38.1	-10.0	3.1	-10.6
最大值（%）	55.7	16.9	23.8	56.7	37.7	29.5	39.5	30.8
求和（%）	226.3	156.1	168.5	402.6	526.0	303.6	543.9	209.8
观测数	31	31	31	31	31	31	31	31
最大(1)（%）	55.7	16.9	23.8	56.7	37.7	29.5	39.5	30.8
最小(1)（%）	-8.3	-6.3	-5.5	-12.8	-38.1	-10.0	3.1	-10.6
置信度（95.0%）	0.045	0.022	0.027	0.042	0.050	0.033	0.029	0.028

续表

指标	2010	2011	2012	2013	2014	2015	2016	2017
平均值（%）	17.54	12.22	6.06	8.14	5.44	4.03	7.32	11.91
标准误差	0.01	0.01	0.01	0.01	0.01	0.02	0.01	0.01
中位数（%）	17.4	12.5	7.1	7.2	3.8	3.8	5.6	11.1
标准差	0.07	0.09	0.07	0.05	0.08	0.08	0.08	0.07
方差	0.00506	0.00749	0.00557	0.00285	0.00697	0.00708	0.00631	0.00505
峰度	1.87743	0.27902	0.73053	5.02070	7.530070	8.26214	0.35991	0.6170
偏度	0.89378	0.38100	−0.21615	1.82513	2.40617	−1.32363	0.99700	0.53381
区域（%）	33.5	37.2	36.4	26.8	43.0	53.6	30.8	33.4
最小值（%）	6.0	−5.2	−11.7	0.9	−4.7	−28.8	−3.9	−3.8
最大值（%）	39.5	31.9	24.6	27.7	38.3	24.8	26.9	29.6
求和（%）	543.6	378.7	188.0	252.2	168.8	124.9	227.0	369.1
观测数	31	31	31	31	31	31	31	31
最大(1)（%）	39.5	31.9	24.6	27.7	38.3	24.8	26.9	29.6
最小(1)（%）	6.0	−5.2	−11.7	0.9	−4.7	−28.8	−3.9	−3.8
置信度（95.0%）	0.026	0.032	0.027	0.020	0.031	0.031	0.029	0.026

表 5-41 $(HOU)_{it}$ 的描述性统计（以截面为标志）

指标	北京市	天津市	河北省	山西省	内蒙古自治区	辽宁省	吉林省	黑龙江省
平均值（%）	12.43	12.17	10.06	10.34	8.84	7.19	9.25	8.21
标准误差	0.03	0.03	0.01	0.02	0.02	0.01	0.02	0.02
中位数（%）	9.0	9.6	11.8	12.3	7.4	7.1	8.9	6.7
标准差	0.14	0.10	0.06	0.09	0.07	0.04	0.09	0.06
方差	0.01854	0.01072	0.00382	0.00874	0.00532	0.00159	0.00759	0.00419
峰度	−0.62949	−1.01509	0.36834	0.54086	−0.46615	0.22199	−0.51726	−0.54959
偏度	0.53892	0.14458	−0.22684	−0.16552	0.76763	0.64280	−0.15979	0.64911
区域（%）	45.4	36.2	25.1	38.8	23.3	15.4	30.5	22.4
最小值（%）	−5.9	−6.0	−2.7	−10.0	0.7	0.6	−5.5	−0.2
最大值（%）	39.54	30.2	22.5	28.8	24.0	16.0	25.0	22.2
求和（%）	211.3	207.0	171.1	175.8	150.2	122.2	157.3	139.6
观测数	17	17	17	17	17	17	17	17
最大（1）（%）	39.5	30.2	22.5	28.8	24.0	16.0	25.0	22.2
最小（1）（%）	−5.9	−6.0	−2.7	−10.0	0.7	0.6	−5.5	−0.2
置信度（95.0%）	0.070	0.053	0.032	0.048	0.038	0.021	0.045	0.033

续表

指标	上海市	江苏省	浙江省	安徽省	福建省	江西省	山东省	河南省
平均值（%）	12.62	10.94	12.16	10.71	9.96	11.91	9.29	9.01
标准误差	0.04	0.02	0.02	0.02	0.03	0.02	0.01	0.01
中位数（%）	12.6	9.6	11.6	10.7	6.8	9.7	7.1	9.4
标准差	0.15	0.08	0.10	0.08	0.10	0.08	0.06	0.05
方差	0.02122	0.00666	0.01020	0.00568	0.01076	0.00719	0.00338	0.00298
峰度	4.499780	-0.94120	1.36828	-0.75329	-1.10349	0.38732	-0.75028	-0.29994
偏度	1.69219	0.50193	0.81075	0.25370	0.18195	0.79293	0.69430	-0.31243
区域（%）	60.5	26.1	42.4	25.4	32.7	30.6	18.4	20.6
最小值（%）	-3.8	0.6	-4.7	-0.9	-6.4	1.3	2.1	-1.9
最大值（%）	56.7	26.7	37.7	24.6	26.3	31.9	20.5	18.7
求和（%）	214.5	186.0	206.7	182.1	169.3	202.5	157.9	153.2
观测数	17	17	17	17	17	17	17	17
最大值(1)（%）	56.7	26.7	37.7	24.6	26.3	31.9	20.5	18.7
最小值(1)（%）	-3.8	0.6	-4.7	-0.9	-6.4	1.3	2.1	-1.9
置信度（95.0%）	0.075	0.042	0.052	0.039	0.053	0.044	0.030	0.028

续表

指标	湖北省	湖南省	广东省	广西壮族自治区	海南省	重庆市	四川省	贵州省
平均值(%)	11.01	9.90	8.18	8.74	11.89	10.30	9.74	8.40
标准误差	0.02	0.02	0.02	0.02	0.03	0.02	0.02	0.02
中位数(%)	11.0	7.6	7.8	9.3	9.9	7.8	10.6	6.4
标准差	0.09	0.06	0.08	0.07	0.14	0.09	0.08	0.08
方差	0.00821	0.00412	0.00655	0.00492	0.01910	0.00801	0.00703	0.00674
峰度	1.98340	-1.26823	0.78029	1.78316	-0.34463	-1.17963	-0.90072	-0.23418
偏度	1.08185	0.19986	0.94834	0.59522	0.24865	0.47206	0.42778	-0.08633
区域(%)	37.1	20.9	29.5	29.9	51.3	25.3	27.3	31.1
最小值(%)	-1.7	-0.4	-1.9	-3.3	-11.7	-0.9	-2.2	-8.3
最大值(%)	35.4	20.5	27.6	26.6	39.5	24.4	.25.1	22.9
求和(%)	187.2	168.3	139.1	148.6	202.1	175.1	165.7	142.7
观测数	17	17	17	17	17	17	17	17
最大(1)(%)	35.4	20.5	27.6	26.6	39.5	24.4	.25.1	22.9
最小(1)(%)	-01.7	-0.4	-1.9	-3.3	-11.7	-0.9	-2.2	-8.3
置信度(95.0%)	0.047	0.033	0.042	0.036	0.071	0.046	0.043	0.042

续表

指标	云南省	西藏自治区	陕西省	甘肃省	青海省	宁夏回族自治区	新疆维吾尔自治区
平均值(%)	7.60	14.78	10.95	9.77	10.00	7.76	7.88
标准误差	0.01	0.07	0.03	0.03	0.02	0.02	0.02
中位数(%)	9.2	18.4	9.2	8.8	8.0	7.1	8.4
标准差	0.05	0.27	0.10	0.13	0.08	0.09	0.07
方差	0.00282	0.07530	0.01091	0.01617	0.00636	0.00851	0.00561
峰度	-0.53028	-0.36645	-0.86339	0.09840	-0.88341	-0.33652	2.48175
偏度	-0.44706	-0.45231	0.50032	0.41725	0.48019	0.29764	-1.23649
区域(%)	17.4	94.9	33.8	48.2	27.1	34.6	31.3
最小值(%)	-1.6	-38.1	-2.2	-10.6	-2.4	-7.7	-12.8
最大值(%)	15.8	56.7	31.7	37.5	24.6	26.9	18.5
求和(%)	129.1	251.2	186.2	166.0	169.9	131.9	134.0
观测数	17	17	17	17	17	17	17
最大(1)(%)	15.8	56.7	31.7	37.5	24.6	26.9	18.5
最小(1)(%)	-1.6	-38.1	-2.2	-10.6	-2.4	-7.7	-12.8
置信度(95.0%)	0.027	0.141	0.054	0.065	0.041	0.047	0.039

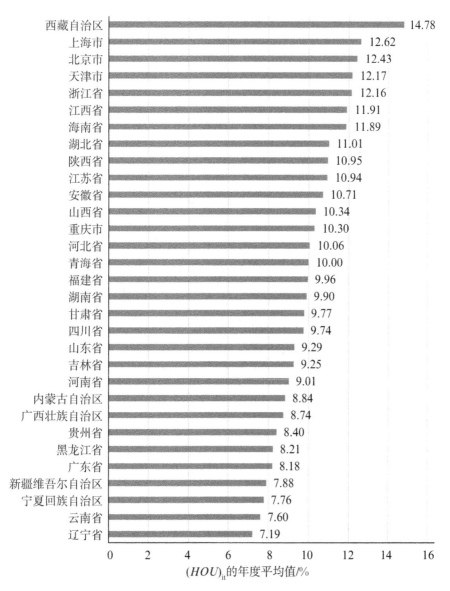

图 5-8 31 个省级行政区的(HOU)$_{it}$在 2001—2017 年的年度平均值排名

变量$(EXP)_{it}$样本数据以截面为标志的描述性统计中,31 个省级行政区的$(EXP)_{it}$在 2003—2017 年的年度平均值排名见图 5-9,排在前五位的省级行政区分别是江苏省、宁夏回族自治区、湖北省、江西省、山西省。排在倒数五位的省级行政区分别是北京市、上海市、福建省、新疆维吾尔自治区、湖南省。

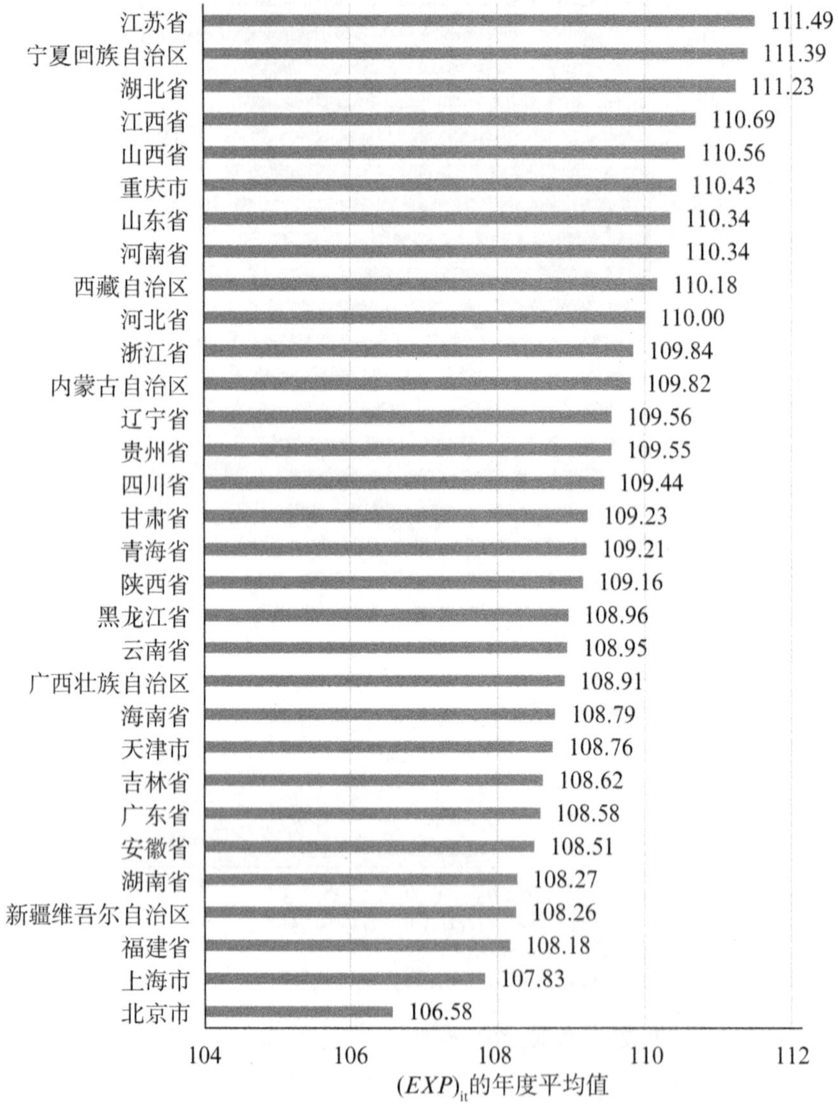

图 5-9　31 个省级行政区的 $(EXP)_{it}$ 在 2003—2017 年的年度平均值排名

表 5-42　(EXP)₍ 的描述性统计（以时间为标志）

指标	2001 年	2002 年	2003 年	2004 年	2005 年	2006 年	2007 年	2008 年	2009 年
平均值	105.55	109.37	108.72	109.76	110.27	110.16	110.83	109.90	110.55
标准误差	0.75	0.77	0.78	0.70	0.68	0.85	0.57	0.57	0.50
中位数	106.4	108.2	108.0	109.6	110.2	109.9	110.9	109.9	110.8
众数	106.4	108.4	108.0	107.3	110.2	106.6	111.6	109.1	112.4
标准差	4.15	4.28	4.35	3.90	3.81	4.73	3.15	3.17	2.81
方差	17.22189	18.34413	18.93073	15.18103	14.50746	22.41370	9.94426	10.04933	7.89258
峰度	16.65112	3.24069	1.93117	2.32458	7.16464	4.02736	1.25935	-0.35476	-0.48274
偏度	-3.69522	1.72520	1.01548	0.77965	-1.92310	0.19887	0.41598	0.43760	-0.18033
区域	23.9	19.5	21.4	20.5	20.6	28.8	14.1	11.8	10.5
最小值	86.1	103.9	100.4	101.4	95.3	96.2	104.8	105.1	105.3
最大值	110.0	123.4	121.8	121.9	115.9	125.0	118.9	116.9	115.8
求和	3272.2	3390.5	3370.2	3402.7	3418.4	3415.1	3435.8	3406.9	3427
观测数	31	31	31	31	31	31	31	31	31
最大(1)	110.0	123.4	121.8	121.9	115.9	125.0	118.9	116.9	115.8
最小(1)	86.1	103.9	100.4	101.4	95.3	96.2	104.8	105.1	105.3
置信度(95.0%)	1.522	1.571	1.596	1.429	1.397	1.737	1.157	1.163	1.030

续表

指标	2010 年	2011 年	2012 年	2013 年	2014 年	2015 年	2016 年	2017 年
平均值	111.32	111.77	110.15	109.65	109.05	108.75	107.83	108.14
标准误差	0.50	0.67	0.49	0.53	0.43	0.41	0.38	0.48
中位数	111.4	111.1	110.3	109.7	108.7	108.6	108.0	108.0
众数	114.1	109.6	110.4	111.7	108.7	106.8	108.0	108.6
标准差	2.78	3.71	2.74	2.95	2.41	2.28	2.13	2.67
方差	7.72714	13.76959	7.51525	8.70589	5.81323	5.18723	4.53665	7.12912
峰度	1.54993	0.48368	−0.51537	0.90937	1.23849	2.33860	−0.17182	7.98433
偏度	−0.01070	0.58865	0.27441	0.33662	0.63877	1.01734	−0.00686	2.01657
区域	14.8	15.3	10.1	13.0	11.4	11.5	9.2	15.4
最小值	103.9	105.8	105.8	103.7	104.7	104.6	103.4	103.4
最大值	118.7	121.1	115.9	116.7	116.1	116.1	112.6	118.8
求和	3451.0	3464.8	3414.7	3399.0	3380.7	3371.1	3342.6	3352.3
观测数	31	31	31	31	31	31	31	31
最大(1)	118.7	121.1	115.9	116.7	116.1	116.1	112.6	118.8
最小(1)	103.9	105.8	105.8	103.7	104.7	104.6	103.4	103.4
置信度(95.0%)	1.020	1.361	1.006	1.082	0.884	0.835	0.781	0.979

四、实证检验

(一)面板单位根检验

根据前文的论述,如果 N 严格大于 T,则面板数据的单位根检验是不必要的,只有当 T 大于 N 或者 T 约等于 N 时,才需要检验面板单位根。回到本书中这一部分的样本数据,$T=17$,$N=31$,N 严格大于 T,因此,实证检验出现伪回归的可能性很小,样本数据可以不检验面板单位根。

(二)门限效应检验

对(3-49)式、(3-50)式、(3-51)式进行门限效应检验,得出的检验结果如表 5-43 所示。门限效应的检验方法中比较常用的是"格子搜索"。首先,将门限变量 $(CPI)_{i,t-1}$ 按升序排列,忽略掉前后 10% 的样本值后,选取门限变量的不同门限值对计量模型进行逐一估计,求得残差。然后,根据残差平方和最小原则对门限值进行估计。最后,用自助抽样法对似然比统计量进行模拟,从而对门限效应做进一步确认。回归方程本身,我们可以看到(3-49)式、(3-50)式、(3-51)式均存在一个 $(CPI)_{it}$ 门限值。

表 5-43　门限效应检验[门限变量为 $(CPI)_{i,t-1}$]

回归方程	H_0	H_1	F 统计量的 P 值	结论
(5-49)式	无门限效应	一个门限	0.0015***	拒绝 H_0
	一个门限	两个门限	0.3688	接受 H_0
(5-50)式	无门限效应	一个门限	0.0103**	拒绝 H_0
	一个门限	两个门限	0.5761	接受 H_0
(5-51)式	无门限效应	一个门限	0.0237**	拒绝 H_0
	一个门限	两个门限	0.1963	接受 H_0

注:*、**、*** 分别表示在 10%、5%、1% 的显著性水平上显著。

(三)门限面板回归模型的检验

(3-49)式、(3-50)式、(3-51)式的估计结果见表 5-44。本书分别采用了线性(个体固定效应)和非线性(门限面板回归模型)回归两种估计方法。从估计结果来看,非线性回归的拟合优度及变量的显著性均较好,这意味着变量之间存在显著的非线性关系。(3-49)式的被解释变量是居民消费水平(基于全国总体情况),(3-50)式的被解释变量是城镇居民消费水平,(3-51)式的被解释变量是农村居民消费水平。

表5-44 门限面板回归模型的估计结果

项目	(3-49)式		(3-50)式		(3-51)式	
	个体固定效应	面板门限回归	个体固定效应	面板门限回归	个体固定效应	面板门限回归
$(CPI)_{it}$	0.146151* (0.061)	0.175833*** (0.000)	-0.183728*** (0.000)	0.029693** (0.043)	0.404031* (0.088)	0.309504*** (0.000)
$(IND)_{it}$	-11.786920*** (0.000)	-13.145370** (0.026)	-8.657697* (0.084)	-9.640917*** (0.000)	-0.659586 (0.912)	0.821903 (0.566)
$(OPEN)_{it}$	2.512154 (0.308)	1.391896 (0.297)	1.574556 (0.133)	2.183482 (0.147)	-1.630749 (0.277)	1.477208 (0.373)
$(HOU)_{it}$ [$CPI_{it} \leq \gamma$]	3.378019** (0.001)	3.789183*** (0.000)	4.128126** (0.046)	3.356421** (0.022)	0.224025** (0.015)	0.234277* (0.051)
$(HOU)_{it}$ [$CPI_{it} > \gamma$]	4.045268* (0.030)	3.828195*** (0.000)	4.226501** (0.017)	4.670684** (0.031)	0.296203*** (0.003)	0.454842** (0.047)
_cons	102.300800*** (0.000)	92.618370*** (0.000)	37.279350* (0.026)	97.828710*** (0.000)	90.788550*** (0.000)	87.396100*** (0.000)
R^2	0.6283	0.7971	0.5917	0.6386	0.5021	0.5534
Hausman检验	10.32*** (0.000)	26.11*** (0.000)	91.23*** (0.000)	7.77*** (0.000)	64.88*** (0.000)	21.87*** (0.000)
F检验	1.04 (0.093)	15.32*** (0.000)	4.17** (0.002)	32.99*** (0.000)	93.63*** (0.000)	43.99*** (0.000)

注：括号中的值为回归系数的 P 值，*、**、*** 分别表示在 10%、5%、1% 的显著性水平上显著。

在(3-49)式的门限面板模型估计结果中,我们可以看到:通货膨胀对居民消费水平产生了显著的正向影响,影响系数为0.175833,这意味着通货膨胀率的上升会对居民消费水平的增长产生微弱的促进作用;产业结构(第三产业占比)对居民消费水平产生了显著的负向影响,影响系数为－13.145370,这表明产业结构的改善(第三产业占比上升)会抑制居民消费水平的增长;经济外向程度给居民消费水平带来的影响不显著;当通货膨胀率处于较低水平(低于门限值)时,房地产投资对居民消费水平产生了显著的正向影响,$(HOU)_{it}[(CPI)_{it} \leqslant \gamma]$ 的估计系数为 3.789183,P 值为0.000,说明在 1% 的显著性水平上显著;当通货膨胀率突破门限值后,房地产投资对居民消费水平仍然产生了显著的正向影响,$(HOU)_{it}[(CPI)_{it} > \gamma]$ 的估计系数为3.828195,P 值为 0.000,说明在 1% 的显著性水平上显著。因此,可以得出结论:房地产投资对居民消费水平产生了负的挤出效应(也即挤入效应),并且这种负向挤出的程度在通货膨胀率较高的背景下更大。在估计结果中,$(HOU)_{it}[(CPI)_{it} > \gamma]$ 的估计系数比 $(HOU)_{it}[(CPI)_{it} \leqslant \gamma]$ 的估计系数大,这一点与假设三和假设四是一致的。同时,这也体现出房地产投资挤出效应的阶段差异性,关于这一点会在后面的章节中进行解释。

在(3-50)式的门限面板模型估计结果中,可以看到:通货膨胀对城镇居民消费水平产生了显著的正向影响,影响系数为0.029693,这表明通货膨胀率的上升会对城镇居民消费水平的增长产生微弱的促进作用;产业结构(第三产业占比)会对城镇居民消费水平产生显著的负向影响,影响系数为－9.640917,这表明产业结构的改善(第三产业占比上升)会抑制城镇居民消费水平的增长;经济外向程度给城镇居民消费水平带来的影响不显著;当通货膨胀率处于较低水平(低于门限值)时,房地产投资对城镇居民消费水平产生了显著的正向影响,$(HOU)_{it}[(CPI)_{it} \leqslant \gamma]$ 的估计系数为3.356421,P 值为 0.022,说明在 5% 的显著性水平上显著;当通货膨胀率突破门限值后,房地产投资对城镇居民消费水平仍然产生了显著的正向影响,$(HOU)_{it}[(CPI)_{it} > \gamma]$ 的估计系数为 4.670684,P 值为 0.031,说明在 5% 的显著性水平上显著。因此,房地产投资对城镇居民消费水平产生了负的挤出效应(也即挤入效应),并且这种负向挤出的程度在通货膨胀率较高的背景下更大。在估计结果中,$(HOU)_{it}[(CPI)_{it} > \gamma]$ 的估计系数比 $(HOU)_{it}[(CPI)_{it} \leqslant \gamma]$ 的估计系数大。

在(3-51)式的门限面板模型估计结果中,可以看到:通货膨胀对农村居民消费水平产生了显著的正向影响,影响系数为0.309504,这表明通货膨胀率的上升会对农村居民消费水平的增长产生微弱的促进作用;产业结构(第三产业占比)会对农村居民消费水平产生正向影响,但是影响不显著,这表明产业结构的改善(第三产业占比上升)对农村居民消费水平的增长而言不是一个重要因素;经济外向程度给农村居民消费水平带来的影响不显著;当通货膨胀率处于较低水平时(即低于门限值),房地产投资对农村居民消费水平产生了显著的正向影响,$(HOU)_{it}[(CPI)_{it} \leqslant \gamma]$ 的估计系数为 0.234277,P 值为 0.051,说明在 10% 的显著性水平上显著;当通货膨胀率突破门限值后,房地产业投资对农村居民消费水平仍然产生了显著的正向影响,$(HOU)_{it}[(CPI)_{it} > \gamma]$ 的估计系数为 0.454842,P 值为 0.047,说明在 5% 的显著性水平上显著。因此,房地产投资对农村居民消费水平产生了负的挤出效应(也即挤入效应),并且这种负向挤出的程度在通货膨胀率较高的背景下更大。在估计结果中,$(HOU)_{it}[(CPI)_{it} > \gamma]$ 的估计系数比 $(HOU)_{it}[(CPI)_{it} \leqslant \gamma]$ 的估计系数大。

通过比较 (3-49)式、(3-50)式、(3-51)式的非线性回归结果发现:房地产投资对城镇居民消费水平的影响程度大于对农村居民消费水平的影响程度;并且通货膨胀率较高背景下房地产投资对居民消费水平(含城镇、农村)的影响程度大于通货膨胀率较低背景下房地产投资对居民消费水平(含城镇、农村)的影响程度。以上两个发现反映了房地产投资挤出效应的城乡差异性和阶段差异性,关于这两种差异性本书会在后面的章节中进行分析。

(四)稳健性检验

选择居民人均消费支出增长率、城镇居民人均消费支出增长率、农村居民人均消费支出增长率作为居民消费水平、城镇居民消费水平、农村居民消费水平的替代指标进行稳健性检验,以排除内生性问题。通过非线性回归得出的估计结果与门限面板回归模型的估计结果大致吻合,房地产投资对居民消费水平的影响均是正向的,并且都存在城乡差异性和阶段差异性。因此,本书通过门限面板回归模型得出的估计结果具有稳健性。

第六章

对实证检验结果的分析

第一节 房地产投资挤出效应的
区域差异性

在房地产投资对其他投资挤出效应的实证检验结果中,可以看出:全国总体、中部地区、西部地区的直接挤出效应为正,而东部地区的直接挤出效应为负;从挤出程度来看,全国总体＞西部地区＞中部地区＞东部地区;进一步观察间接挤出效应,全国总体和西部地区的间接挤出效应为负,而东部地区和中部地区的间接挤出效应为正。以上结论充分反映了中国房地产投资挤出效应的区域差异性。本书认为造成这种区域差异性的原因有以下几个方面。

一、区域发展水平的不平衡性

习近平同志在十九大报告中指出,我国社会主要矛盾已经转化为人民日益增长的美好生活需要和不平衡不充分的发展之间的矛盾。[①] "不平衡"发展是中国目前面临的一个重要问题,并且这个问题可以在很大程度上解释中国房地产投资挤出效应的区域差异性。对于发展水平有一个常用的观察视角——工业化水平(Chenery and Syrquin,1975),衡量工业化水平的两个核心指标分别是人均GDP和第三产业增加值占GDP的比重。因此,通过人均GDP和第三产业增加值占GDP的比重来比较中国不同区域之间工业化水平的差异。表6-1是2006—2018年中国各省(区、市)的人均GDP排名,从表中可以看出,北京市的人均GDP从2006年的49505元/人增长到2018年的140211元/人,而同期的甘肃省人均GDP则是从8749元/人增长到31336元/人。2018年,甘肃省的人均GDP甚至不到北京市人均GDP的四分之一。从2018年中国各省(区、市)人均GDP排名来看(见图6-1),前五位分别是北京市、上海市、天津市、江苏省、浙江省,倒数五位则分别是甘肃省、云南省、贵州省、广西壮族自治区、黑龙江省。进一步来看,排名前五的这五个省(区、市)均位于东部沿海,而在排名倒数的五个省(区、市)中除黑龙江省外都位于西部,因此,可以粗略

---

① 习近平:决胜全面建成小康社会 夺取新时代中国特色社会主义伟大胜利——在中国共产党第十九次全国代表大会上的报告[EB/OL].(2017-10-27)[2020-08-09].http://www.gov.cn/zhuanti/2017-10/27/content_5234876.htm.

认为东部和西部地区的人均 GDP 存在较大差异。

图 6-1　2018 年中国各省(区、市)人均 GDP 排名

　　衡量工业化水平的另一个指标——第三产业增加值占 GDP 的比重同样呈现出较大的区域差异性。北京市的第三产业增加值占 GDP 的比重从 2016 年的 71.91%增长到 2018 年的 80.98%(见表 6-2),同期的广西壮族自治区第三产业增加值占 GDP 的比重则是从38.67%增长到45.50%。2018 年,广西壮族自治区的第三产业增加值占 GDP 的比重仅相当于北京市第三产业增加值占 GDP 比重的 56.19%。图 6-2是 2018 年中国各省(区、市)第三产业增加值占 GDP 的比重排名,前五位分别是北京市、上海市、天津市、黑龙江省、海南省,倒数五位则分别是陕西省、江西省、

表 6-1　中国各省(区、市)人均 GDP(2006—2018 年)

单位：元/人

省(区、市)	2006 年	2007 年	2008 年	2009 年	2010 年	2011 年	2012 年	2013 年	2014 年	2015 年	2016 年	2017 年	2018 年
北京	49505	60096	64491	66940	73856	81658	87475	94648	99995	106497	118198	128994	140211
天津	40961	47970	58656	62574	72994	85213	93173	100105	105231	107960	115053	118944	120711
河北	16894	19662	22986	24581	28668	33969	36584	38909	39984	40255	43062	45387	47772
山西	14106	17805	21506	21522	26283	31357	33628	34984	35070	34919	35532	42060	45328
内蒙古	20047	26521	34869	39735	47347	57974	63886	67836	71046	71101	72064	63764	68302
辽宁	21802	26057	31739	35149	42355	50760	56649	61996	65201	65354	50791	53527	58008
吉林	15625	19383	23521	26595	31599	38460	43415	47428	50160	51086	53868	54838	55611
黑龙江	16268	18580	21740	22447	27076	32819	35711	37697	39226	39462	40432	41916	43274
上海	57310	62041	66932	69165	76074	82560	85373	90993	97370	103796	116562	126634	134982
江苏	28685	33837	40014	44253	52840	62290	68347	75354	81874	87995	96887	107150	115168
浙江	31684	36676	41405	43842	51711	59249	63374	68805	73002	77644	84916	92057	98643
安徽	10044	12039	14448	16408	20888	25659	28792	32001	34425	35997	39561	43401	47712
福建	21152	25582	29755	33437	40025	47377	52763	58145	63472	67966	74707	82677	91197
江西	10679	13322	15900	17335	21253	26150	28800	31930	34674	36724	40400	43424	47434
山东	23546	27604	32936	35894	41106	47335	51768	56885	60879	64168	68733	72807	76267
河南	13279	16012	19181	20597	24446	28661	31499	34211	37072	39123	42575	46674	50152
湖北	13150	16386	19858	22677	27906	34197	38572	42826	47145	50654	55665	60199	66616

续表

省（区，市）	2006 年	2007 年	2008 年	2009 年	2010 年	2011 年	2012 年	2013 年	2014 年	2015 年	2016 年	2017 年	2018 年
湖南	11830	14869	18147	20428	24719	29880	33480	36943	40271	42754	46382	49558	52949
广东	28077	33272	37638	39436	44736	50807	54095	58833	63469	67503	74016	80932	86412
广西	10240	12277	14652	16045	20219	25326	27952	30741	33090	35190	38027	38102	41489
海南	12650	14923	17691	19254	23831	28898	32377	35663	38924	40818	44347	48430	51955
重庆	12437	16629	20490	22920	27596	34500	38914	43223	47850	52321	58502	63442	65933
四川	10546	12963	15495	17339	21182	26133	29608	32617	35128	36775	40003	44651	48883
贵州	5750	7878	9855	10971	13119	16413	19710	23151	26437	29847	33246	37956	41244
云南	8961	10609	12570	13539	15752	19265	22195	25322	27264	28806	31093	34221	37136
西藏	10396	12083	13588	15008	17027	20077	22936	26326	29252	31999	35184	39267	43398
陕西	11762	15546	19700	21947	27133	33464	38564	43117	46929	47626	51015	57266	63477
甘肃	8749	10614	12421	13269	16113	19595	21978	24539	26433	26165	27643	28497	31336
青海	11753	14507	18421	19454	24115	29522	33181	36875	39671	41252	43531	44047	47689
宁夏	11784	15142	19609	21777	26860	33043	36394	39613	41834	43805	47194	50765	54094
新疆	14871	16999	19797	19942	25034	30087	33796	37553	40648	40036	40564	44941	49475

安徽省、河南省、福建省,排名前五的省(区、市)的第三产业增加值占 GDP 的比重均在 56% 以上,而排名倒数的五个省(区、市)的第三产业增加值占 GDP 的比重则在 46% 以下。因此,从人均 GDP 和第三产业增加值占 GDP 的比重两个核心指标的分析结果来看,中国工业化水平的省际不平衡性较为明显。

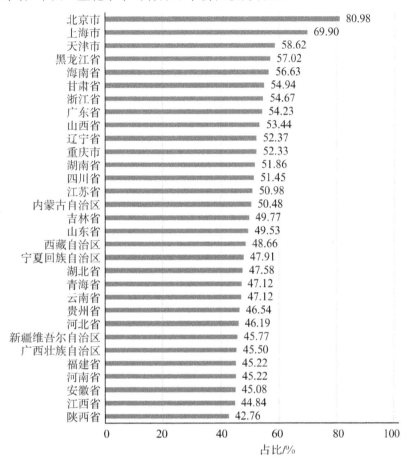

图 6-2　2018 年中国各省(区、市)第三产业增加值占 GDP 的比重排名

中国区域发展的不平衡性不仅仅体现为省际差异,省内各城市之间的差异同样不可忽视。以广东省为例,2006—2018 年广东省各市人均 GDP 见表 6-3,深圳市的人均 GDP 从 2006 年的 69702 元/人增长到 2018 年的 189568 元/人,而同期的揭阳市人均 GDP 则是从 8552 元/人增长到 35358 元/人,2018 年揭阳市的人均 GDP 不到深圳市的五分之一。在 2018 年广东省各市人均 GDP 排名中(见图 6-3),前三位分别是深圳市、珠海市、广州市,倒数三位则分别是梅州市、汕尾市、河源市,排名前三的城市的人均 GDP 在 15 万元/人以上,而排名倒数的三个城市的人均 GDP 则不

表 6-2　中国各省（区、市）第三产业增加值占 GDP 比重（2006—2018 年）

单位：%

省（区、市）	2006年	2007年	2008年	2009年	2010年	2011年	2012年	2013年	2014年	2015年	2016年	2017年	2018年
北京	71.91	73.49	75.36	75.53	75.11	76.07	76.46	77.52	77.95	79.65	80.23	80.56	80.98
天津	42.63	42.84	42.96	45.27	45.95	46.16	46.99	48.33	49.57	52.15	56.44	58.15	58.62
河北	33.97	33.81	32.95	35.21	34.93	34.60	35.31	36.14	37.25	40.19	41.54	44.21	46.19
山西	37.84	37.48	37.72	39.23	37.09	35.25	38.66	41.94	44.50	53.18	55.45	51.71	53.44
内蒙古	39.12	38.41	37.81	37.95	36.06	34.93	35.46	36.87	39.52	40.45	43.78	49.99	50.48
辽宁	40.82	40.19	38.10	38.73	37.11	36.71	38.07	40.54	41.77	46.19	51.55	52.57	52.37
吉林	39.46	38.33	37.54	37.87	35.89	34.82	34.76	36.08	36.17	38.83	42.45	45.84	49.77
黑龙江	33.75	35.09	34.95	39.27	38.97	39.09	40.47	42.44	45.77	50.73	54.04	55.82	57.02
上海	52.10	54.60	55.95	59.36	57.28	58.05	60.45	63.18	64.82	67.76	69.78	69.18	69.90
江苏	36.40	37.40	38.37	39.55	41.35	42.44	43.50	45.52	47.01	48.61	50.00	50.27	50.98
浙江	39.96	40.60	41.00	43.14	43.52	43.88	45.24	47.54	47.85	49.76	50.99	53.32	54.67
安徽	39.10	37.90	36.54	36.39	33.93	32.52	32.70	34.18	35.39	39.09	41.05	42.92	45.08
福建	39.86	40.76	40.16	41.26	39.70	39.17	39.27	39.62	39.60	41.56	42.88	45.41	45.22
江西	33.50	33.08	33.79	34.45	33.03	33.51	34.64	35.45	36.80	39.10	41.97	42.70	44.84
山东	32.82	33.44	33.49	34.72	36.62	38.29	39.98	42.04	43.48	45.30	46.68	47.99	49.53
河南	30.10	30.05	28.30	29.26	28.62	29.67	30.94	35.65	37.10	40.20	41.78	43.34	45.22
湖北	40.85	40.85	39.43	39.56	37.91	36.91	36.89	40.23	41.45	43.10	43.94	46.53	47.58

续表

省（区,市）	2006 年	2007 年	2008 年	2009 年	2010 年	2011 年	2012 年	2013 年	2014 年	2015 年	2016 年	2017 年	2018 年
湖南	42.00	40.63	40.10	41.37	39.71	38.33	39.02	40.93	42.19	44.15	46.37	49.43	51.86
广东	43.58	44.30	44.36	45.72	45.01	45.29	46.47	48.83	48.99	50.61	52.01	53.60	54.23
广西	38.67	37.04	36.03	37.62	35.35	34.11	35.41	37.56	37.86	38.80	39.56	44.24	45.50
海南	40.69	42.17	42.81	45.25	46.19	45.54	46.91	51.74	51.85	53.26	54.25	56.10	56.63
重庆	42.21	39.03	37.29	37.89	36.35	36.20	39.39	46.69	46.78	47.70	48.13	49.24	52.33
四川	38.20	36.75	36.20	36.74	35.09	33.36	34.53	36.19	38.70	43.68	47.23	49.73	51.45
贵州	42.30	45.52	46.39	48.20	47.31	48.78	47.91	47.14	44.55	44.89	44.67	44.90	46.54
云南	39.06	39.74	38.98	40.84	40.04	41.63	41.09	42.53	43.25	45.14	46.68	47.83	47.12
西藏	54.95	55.08	55.38	54.57	54.16	53.24	53.89	53.71	53.47	53.80	52.67	51.46	48.66
陕西	38.08	37.83	36.91	38.48	36.44	34.81	34.66	35.99	37.01	40.74	42.35	42.35	42.76
甘肃	39.53	38.35	38.97	40.24	37.29	39.12	40.17	43.29	44.02	49.21	51.41	54.13	54.94
青海	38.40	36.99	34.94	36.86	34.87	32.34	32.97	36.10	37.04	41.41	42.81	46.63	47.12
宁夏	40.61	39.84	39.45	41.66	41.57	41.00	41.96	42.95	43.38	44.45	45.40	46.82	47.91
新疆	34.75	35.39	33.98	37.12	32.49	33.97	36.02	40.67	40.83	44.71	45.12	45.94	45.77

到 35000 元/人。将广东省内四大经济区域的人均 GDP 进行比较（见图 6-4），会发现珠三角的人均 GDP 远远高于东翼、西翼和山区。进一步观察第三产业增加值占 GDP 的比重，广东省各市第三产业增加值占 GDP 的比重见表 6-4，广州市的第三产业增加值占 GDP 的比重从 2005 年的 57.65％增长到 2018 年的 71.75％，而同期的揭阳市的第三产业增加值占 GDP 的比重则是从 35.43％增长到 40.19％，2018 年揭阳市的第三产业增加值占 GDP 的比重仅相当于广州市的 56.01％。2018 年广东省各市第三产业增加值占 GDP 的比重排名见图 6-5，前三位分别是广州市、深圳市、韶关市，倒数三位则分别是揭阳市、汕尾市、佛山市，排名前三的城市的第三产业增加值占 GDP 的比重均在 54％以上，而排名倒数的三个城市的第三产业增加值占 GDP 的比重则不到 43％。将广东省内四大经济区域的第三产业增加值占 GDP 的比重进行比较（见图 6-6），会发现珠三角的第三产业增加值占 GDP 的比重在四大经济区域中处于领先位置。因此，从人均 GDP 和第三产业增加值占 GDP 的比重两个核心指标的分析结果来看，广东省内各城市之间的工业化水平存在较大差异，这说明广东省内存在比较严重的发展"不平衡"，这也是长期困扰广东省发展的一个问题。

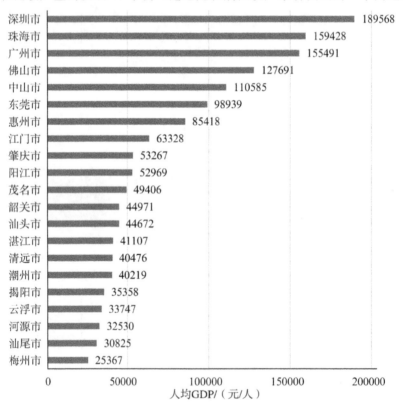

图 6-3 2018 年广东省各市人均 GDP 排名

表 6-3 广东省各市人均 GDP（2006—2018 年）

单位：元/人

城市（区域）	2006年	2007年	2008年	2009年	2010年	2011年	2012年	2013年	2014年	2015年	2016年	2017年	2018年
广州市	62930	70284	77165	80272	88361	98677	107055	121584	129938	137793	143638	150678	155491
深圳市	69702	77660	85088	87066	98437	113316	126765	141474	153677	162599	172453	183544	189568
珠海市	52690	61826	67432	68722	79002	91458	97565	107765	118672	127227	137005	155502	159428
汕头市	14491	16540	18690	19767	21384	23746	26435	28905	31285	33814	37486	42029	44672
佛山市	51018	59915	68667	72167	80794	86759	92145	97784	103253	110054	117606	124324	127691
韶关市	13875	16583	19398	20283	22638	26448	30139	32906	35426	36526	38539	41961	44971
河源市	9222	11843	14109	14163	15564	17938	20325	22810	24721	25513	27739	30659	32530
梅州市	8485	9942	11515	12386	14372	16246	17382	18538	20262	21817	23609	24623	25367
惠州市	24556	28384	31881	33300	38917	45829	51721	58434	64398	67046	72465	80205	85418
汕尾市	8489	10051	11913	13131	15433	18222	20517	22522	23887	25238	27285	28628	30825
东莞市	39287	45189	50635	49601	53575	58440	61593	67320	71651	76812	84007	91329	98939
中山市	42716	49046	53533	54887	61691	71079	78846	85101	90007	95365	100897	105711	110585
江门市	22858	26262	29944	31021	35873	41412	42447	44990	46727	50143	53932	59089	63328
阳江市	14829	17170	20246	22021	26303	31232	35820	42025	46472	49301	49845	51720	52969
湛江市	11937	13514	15964	16767	20085	24351	26315	28857	31230	32702	35285	38508	41107

按地级行政区划分

续表

城市（区域）		2006年	2007年	2008年	2009年	2010年	2011年	2012年	2013年	2014年	2015年	2016年	2017年	2018年
按地级行政区划分	茂名市	14816	16742	19831	20753	25254	29553	32546	36461	39192	40607	43555	47116	49406
	肇庆市	13646	16483	20098	22671	28198	33971	37253	42106	46106	49016	51586	51464	53267
	清远市	11947	15328	17853	19569	23724	27256	27729	29420	31671	33595	36385	38135	40476
	潮州市	12725	14682	17028	18461	21206	24336	26409	29117	31428	34047	37054	38241	40219
	揭阳市	8552	10321	12626	14107	17126	20621	23304	26658	29357	30945	32610	32642	35358
	云浮市	9857	11745	13791	14594	16862	19947	21806	24647	26681	28397	30748	32232	33747
按经济区域分	珠三角	47187	53841	60118	62202	69916	78846	85793	95110	102173	108929	116351	124564	130182
	东翼	11031	12850	15042	16370	18814	21789	24309	27044	29348	31350	33924	35844	38340
	西翼	13518	15348	18142	19135	23053	27431	30211	33865	36702	38369	40773	43922	46203
	山区	10606	13002	15208	16109	18578	21429	23198	25257	27328	28775	31004	33039	34883

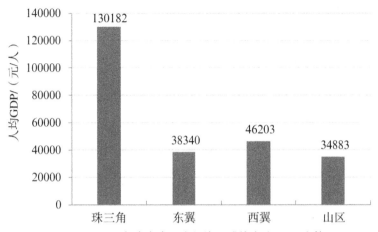

图 6-4 2018 年广东省四大经济区域的人均 GDP 比较

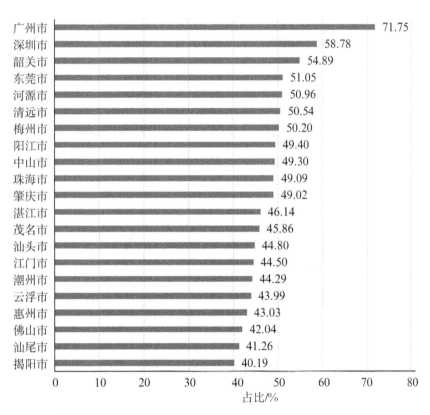

图 6-5 2018 年广东省各市第三产业增加值占 GDP 的比重排名

表 6-4　广东省各市第三产业增加值占 GDP 的比重(2005—2018 年)

单位:%

城市 (区域)		2005 年	2010 年	2012 年	2013 年	2014 年	2015 年	2016 年	2017 年	2018 年
按地级行政区划分	广州市	57.65	60.77	63.29	64.41	64.93	66.80	69.02	71.02	71.75
	深圳市	46.00	52.56	54.48	55.51	56.05	57.34	58.57	58.48	58.78
	珠海市	42.73	42.16	45.46	46.66	46.85	47.43	48.84	50.06	49.09
	汕头市	41.57	41.27	42.81	42.14	42.00	43.35	44.38	45.30	44.80
	佛山市	35.94	35.28	35.72	37.00	35.81	37.26	38.17	40.86	42.04
	韶关市	40.96	47.47	47.98	49.08	50.71	53.16	53.29	54.26	54.89
	河源市	40.00	38.73	41.19	41.71	42.21	44.01	47.45	49.38	50.96
	梅州市	35.74	38.77	42.37	43.03	43.47	44.32	45.62	49.22	50.20
	惠州市	33.94	35.25	37.11	38.10	38.37	39.78	40.65	42.99	43.03
	汕尾市	37.19	38.48	37.17	37.61	38.28	38.83	39.94	40.30	41.26
	东莞市	42.75	48.14	50.66	51.57	51.52	52.50	52.56	51.38	51.05
	中山市	35.29	38.76	41.41	41.53	41.75	42.99	44.88	48.09	49.30
	江门市	37.88	36.77	40.58	41.56	42.51	43.41	44.28	43.79	44.50
	阳江市	35.08	36.49	36.51	36.16	35.48	38.54	41.86	46.93	49.40
	湛江市	32.72	38.95	42.27	41.62	41.81	43.20	43.16	44.77	46.14
	茂名市	42.19	41.70	41.89	43.36	42.68	42.89	42.89	44.85	45.86
	肇庆市	45.96	40.28	37.71	34.95	35.11	34.91	36.61	47.96	49.02
	清远市	38.58	40.60	44.59	45.54	44.15	47.00	48.03	50.99	50.54
	潮州市	34.97	37.45	37.96	39.66	37.90	39.66	41.25	43.12	44.29
	揭阳市	35.43	32.06	29.55	28.87	29.76	31.86	35.33	39.59	40.19
	云浮市	32.28	34.98	37.42	37.22	35.68	37.59	39.58	42.87	43.99
按经济区域分	珠三角	46.04	49.03	51.12	52.23	52.47	53.91	55.34	56.78	57.25
	东翼	38.12	37.26	36.71	36.50	36.51	38.12	40.18	42.43	42.74
	西翼	37.20	39.67	41.03	41.27	40.89	42.13	42.80	45.21	46.62
	山区	37.80	40.68	43.39	44.03	43.97	45.98	47.37	49.93	50.60

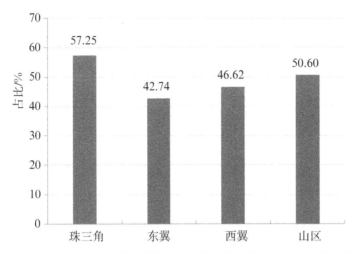

图 6-6 **2018 年广东省四大经济区域的第三产业增加值占 GDP 的比重**

二、区域经济增长模式的差异

将经济增长模式分为两种类型：要素驱动和创新驱动。要素驱动是指经济增长由传统的土地、资本、劳动力等要素驱动的模式，创新驱动则是指经济增长由创新驱动的模式。当前，中国正处于由要素驱动向创新驱动转型的过程中。中国不同区域在转型过程中所处的方位不同，导致不同区域之间的经济增长模式存在较大的差异（有些地区已经离创新驱动很近，而有些地区却仍然停留在要素驱动的模式中）。不同的增长模式中，房地产业在经济体系中扮演的角色不同，这可以部分解释房地产投资挤出效应的区域差异性。科技创新是创新驱动战略最重要的支撑，科技创新水平的差异可以大致反映各地离创新驱动模式的距离。本书分别从规模以上工业企业 R&D 人员全时当量、国内专利申请授权量、技术市场成交额三个角度对各地的科技创新情况进行观察。

2008—2018 年中国各省（区、市）规模以上工业企业 R&D 人员全时当量见表 6-5。从表中可以看到，广东省的规模以上工业企业 R&D 人员全时当量从 2008 年的 54474 人/年增长到 2018 年的 621950 人/年，同期的青海省则从 1306 人/年减少到 1157 人/年，2018 年广东省的规模以上工业企业 R&D 人员全时当量是青海省的 537 倍。2018 年中国各省（区、市）规模以上工业企业 R&D 人员全时当量排名见图 6-7，前五位分别是广东省、江苏省、浙江省、山东省、河南省，倒数五位分别是西藏自治区、青海省、海南省、新疆维吾尔自治区、宁夏回族自治区，排名前五的省（区、市）的规模以上工业企业 R&D 人员全时当量均在 12 万人/年以上，而排名倒数的五个省（区、市）的规模以上工业企业 R&D 人员全时当量则不到 8000 人/年，差异非常明显。

表 6-5　中国各省（区、市）规模以上工业企业 R&D 人员全时当量（2008—2018 年）

单位：人/年

省（区、市）	2008 年	2009 年	2010 年	2011 年	2012 年	2013 年	2014 年	2015 年	2016 年	2017 年	2018 年
北京	29998	43209	41546	49829	53510	58036	57761	50773	51143	52719	46929
天津	12124	28340	30074	47828	60681	68175	79014	84291	78336	57881	53280
河北	19451	27259	36418	51498	55979	65049	75142	79452	82971	79135	68956
山西	9384	31412	32703	32476	31542	34024	35775	28927	29450	31757	27228
内蒙古	5579	11752	12307	17645	21509	26990	27068	29190	30126	23243	15777
辽宁	32436	45568	48112	47513	52064	59090	63374	49097	49254	49463	53133
吉林	5074	9470	14671	17884	24365	23709	24395	23202	23469	21056	11124
黑龙江	21775	28283	27658	39661	36256	37296	37509	31762	32219	24046	13110
上海	21854	43815	67420	79147	82355	92136	93868	94981	98671	88967	88016
江苏	69654	155781	222625	287447	342262	393942	422865	441304	451885	455468	455530
浙江	42507	126273	150888	203904	228618	263507	290339	316672	321845	333646	394147
安徽	10300	32904	37649	56275	73356	86000	95287	96791	99451	103598	106744
福建	18519	41784	46433	75503	90280	100200	110892	99180	102250	105533	120723
江西	10335	17537	19959	23969	23877	29519	28803	31321	34924	45082	67394
山东	43800	124042	129892	180832	204398	227403	230800	241395	241761	239170	236515
河南	25197	52482	69647	93833	102846	125091	134256	131051	132731	123619	128054

续表

省（区，市）	2008 年	2009 年	2010 年	2011 年	2012 年	2013 年	2014 年	2015 年	2016 年	2017 年	2018 年
湖北	21065	42282	50425	71281	77087	85826	91456	86813	96340	94241	105041
湖南	15057	32465	38041	57478	69784	73558	77428	83821	86440	94228	102800
广东	54474	197488	228907	346260	424563	426330	424872	411059	423730	457342	621950
广西	4879	9358	12042	20155	20845	20700	22793	19000	19402	16163	17228
海南	475	554	1046	1587	2767	2882	3484	3325	2688	1971	1971
重庆	11111	23174	23279	27652	31577	36605	43797	45129	47392	56416	61956
四川	22473	45137	44370	36839	50533	58148	62145	56841	60146	71968	77848
贵州	3927	6134	7234	9564	12135	16049	15659	14916	15774	18786	20041
云南	3978	8203	6790	10335	12321	11811	12980	16381	17166	21393	24048
西藏	4	39	378	22	78	81	130	43	208	202	326
陕西	15714	26600	25897	30829	36728	45809	50753	45052	45362	44672	39315
甘肃	4888	10035	10239	9307	11445	12472	14380	12578	12610	10096	8026
青海	1306	793	1551	1833	2020	2039	2068	1285	1750	1799	1157
宁夏	2094	3336	3568	3967	4196	4817	5799	5470	5686	6392	7060
新疆	2357	4489	5023	6723	6202	6668	6688	7188	7310	6191	5806

图 6-7　2018 年中国各省(区、市)规模以上工业企业 R&D 人员全时当量排名

再来观察国内专利申请授权量(见表 6-6),广东省的国内专利申请授权量从 2006 年的 43516 项增长到 2018 年的 478082 项,同期的青海省则从 97 项增长到 2668 项,2018 年广东省的国内专利申请授权量是青海省的 179 倍。2018 年中国各省(区、市)的国内专利申请授权量排名见图6-8,前五位分别是广东省、江苏省、浙江省、山东省、北京市,倒数五位分别是西藏自治区、青海省、海南省、宁夏回族自治区、内蒙古自治区,排名前五的省(区、市)的国内专利申请授权量均在 12 万项以上,而排名倒数的五个省(区、市)的国内专利申请授权量则不到 1 万项。

表6-6 中国各省(区、市)国内专利申请授权量

单位:项

省(区、市)	2006年	2007年	2008年	2009年	2010年	2011年	2012年	2013年	2014年	2015年	2016年	2017年	2018年
北京	11238	14954	17747	22921	33511	40888	50511	62671	74661	94031	100578	106948	123496
天津	4159	5584	6790	7404	11006	13982	19782	24856	26351	37342	39734	41675	54680
河北	4131	5358	5496	6839	10061	11119	15315	18186	20132	30130	31826	35348	51894
山西	1421	1992	2279	3227	4752	4974	7196	8565	8371	10020	10062	11311	15060
内蒙古	978	1313	1328	1494	2096	2262	3084	3836	4031	5522	5846	6271	9625
辽宁	7399	9615	10665	12198	17093	19176	21223	21656	19525	25182	25104	26495	35149
吉林	2319	2855	2984	3275	4343	4920	5930	6219	6696	8878	9995	11090	13885
黑龙江	3622	4303	4574	5079	6780	12236	20268	19819	15412	18943	18046	18221	19435
上海	16602	24481	24468	34913	48215	47960	51508	48680	50488	60623	64230	72806	92460
江苏	19352	31770	44438	87286	138382	199814	269944	239645	200032	250290	231033	227187	306996
浙江	30968	42069	52953	79945	114643	130190	188463	202350	188544	234983	221456	213805	284621
安徽	2235	3413	4346	8594	16012	32681	43321	48849	48380	59039	60983	58213	79747
福建	6412	7761	7937	11282	18063	21857	30497	37511	37857	61621	67142	68304	102622
江西	1536	2069	2295	2915	4349	5550	7985	9970	13831	24161	31472	33029	52819
山东	15937	22821	26688	34513	51490	58844	75496	76976	72818	98101	98093	100522	132382
河南	5242	6998	9133	11425	16539	19259	26791	29482	33366	47766	49145	55407	82318
湖北	4734	6616	8374	11357	17362	19035	24475	28760	28290	38781	41822	46369	64106

续表

省 (区,市)	2006 年	2007 年	2008 年	2009 年	2010 年	2011 年	2012 年	2013 年	2014 年	2015 年	2016 年	2017 年	2018 年
湖南	5608	5687	6133	8309	13873	16064	23212	24392	26637	34075	34050	37916	48957
广东	43516	56451	62031	83621	119343	128413	153598	170430	179953	241176	259032	332652	478082
广西	1442	1907	2228	2702	3647	4402	5900	7884	9664	13573	14858	15270	20551
海南	248	296	341	630	714	765	1093	1331	1597	2061	1939	2133	3292
重庆	4590	4994	4820	7501	12080	15525	20364	24828	24312	38914	42738	34780	45688
四川	7138	9935	13369	20132	32212	28446	42218	46171	47120	64953	62445	64006	87372
贵州	1337	1727	1728	2084	3086	3386	6059	7915	10107	14115	10425	12559	19456
云南	1637	2139	2021	2923	3823	4199	5853	6804	8124	11658	12032	14230	20340
西藏	81	68	93	292	124	142	133	121	146	198	245	420	755
陕西	2473	3451	4392	6087	10034	11662	14908	20836	22820	33350	48455	34554	41479
甘肃	832	1025	1047	1274	1868	2383	3662	4737	5097	6912	7975	9672	13958
青海	97	222	228	368	264	538	527	502	619	1217	1357	1580	2668
宁夏	290	296	606	910	1081	613	844	1211	1424	1865	2677	4244	5658
新疆	1187	1534	1493	1866	2562	2642	3439	4998	5238	8761	7116	8094	9658

图 6-8 2018 年中国各省(区、市)国内专利申请授权量排名

进一步观察技术市场成交额(见表 6-7),北京市的技术市场成交额从 2006 年的 697.33 亿元增长到 2018 年的 4957.82 亿元,同期的宁夏回族自治区则从 0.53 亿元增长到 12.11 亿元,2018 年北京市的技术市场成交额是宁夏回族自治区的 409 倍。 2018 年中国各省(区、市)技术市场成交额排名见图 6-9,前五位分别是北京市、广东省、上海市、湖北省、陕西省,倒数五位分别是西藏自治区、新疆维吾尔自治区、海南省、宁夏回族自治区、内蒙古自治区,排名前五的省(区、市)的技术市场成交额均在 1000 亿元以上,而排名倒数的五个省(区、市)的技术市场成交额则不到 20 亿元。因此,通过对规模以上工业企业 R&D 人员全时当量、国内专利申请授权量、技术市场成交额三个核心指标的观察发现,中国各省(区、市)的科技创新水平和规模之间存在较大差异,这种区域差异在很大程度上反映了区域之间经济增长模式的差异。

表6-7 中国各省(区、市)技术市场成交额

单位：亿元

省 (区、市)	2006 年	2007 年	2008 年	2009 年	2010 年	2011 年	2012 年	2013 年	2014 年	2015 年	2016 年	2017 年	2018 年
北京	697.33	882.56	1027.22	1236.25	1579.54	1890.28	2458.50	2851.72	3137.19	3453.89	3940.98	4486.89	4957.82
天津	58.86	72.34	86.61	105.46	119.34	169.38	232.33	276.16	388.56	503.44	552.64	551.44	685.59
河北	15.61	16.43	16.59	17.21	19.29	26.25	37.82	31.56	29.22	39.54	59.00	88.92	275.98
山西	5.92	8.27	12.84	16.21	18.49	22.48	30.61	52.77	48.46	51.20	42.56	94.15	150.76
内蒙古	10.71	10.98	9.44	14.77	27.15	22.67	106.10	38.74	13.94	15.39	12.05	19.61	19.84
辽宁	80.65	92.93	99.73	119.71	130.68	159.66	230.66	173.38	217.46	267.49	323.22	385.83	474.49
吉林	15.37	17.48	19.61	19.76	18.81	26.26	25.12	34.72	28.58	26.47	116.42	219.92	341.95
黑龙江	15.69	35.02	41.26	48.86	52.91	62.07	100.45	101.77	120.28	127.26	125.81	146.71	165.92
上海	309.51	354.89	386.17	435.41	431.44	480.75	518.75	531.68	592.45	663.78	780.99	810.62	1225.19
江苏	68.83	78.42	94.02	108.22	249.34	333.43	400.91	527.50	543.16	572.92	635.64	778.42	991.45
浙江	39.96	45.35	58.92	56.46	60.35	71.90	81.31	81.50	87.25	98.10	198.37	324.73	590.66
安徽	18.49	26.45	32.49	35.62	46.15	65.03	86.16	130.83	169.83	190.47	217.37	249.57	321.31
福建	11.32	14.56	17.97	23.26	35.66	34.57	50.09	44.69	39.19	52.14	43.22	75.46	84.52
江西	9.31	9.95	7.76	9.79	23.05	34.19	39.78	43.06	50.76	64.85	79.01	96.21	115.82
山东	23.20	45.03	66.01	71.94	100.68	126.38	140.02	179.40	249.29	307.55	395.95	511.64	819.95
河南	23.73	26.19	25.44	26.30	27.20	38.76	39.94	40.24	40.79	45.04	58.71	76.85	149.28
湖北	44.44	52.21	62.90	77.03	90.72	125.69	196.39	397.62	580.68	789.34	903.84	1033.08	1204.09

续表

省 (区,市)	2006 年	2007 年	2008 年	2009 年	2010 年	2011 年	2012 年	2013 年	2014 年	2015 年	2016 年	2017 年	2018 年
湖南	45.53	46.08	47.70	44.04	40.09	35.39	42.24	77.21	97.93	105.06	105.63	203.19	281.61
广东	107.03	132.84	201.63	170.98	235.89	275.06	364.94	529.39	413.25	662.58	758.17	937.08	1365.42
广西	0.94	1.00	2.70	1.77	4.14	5.64	2.52	7.34	11.58	7.31	33.99	39.42	61.41
海南	0.85	0.73	3.56	0.56	3.27	3.46	0.57	3.87	0.65	2.19	3.44	4.11	6.94
重庆	55.35	39.57	62.19	38.32	79.44	68.15	54.02	90.28	156.20	57.24	147.19	51.36	188.35
四川	25.93	30.39	43.53	54.60	54.74	67.83	111.24	148.58	199.05	282.32	299.30	405.83	996.70
贵州	0.54	0.66	2.04	1.78	7.72	13.65	9.67	18.40	20.04	25.96	20.44	80.74	171.10
云南	8.27	9.75	5.05	10.25	10.88	11.71	45.48	42.00	47.92	51.84	58.26	84.76	89.49
西藏	—	—	—	—	—	—	—	—	—	—	—	0.04	0.04
陕西	17.95	30.17	43.83	69.81	102.41	215.37	334.82	533.28	640.02	721.82	802.79	920.94	1125.29
甘肃	21.45	26.21	29.76	35.63	43.08	52.64	73.06	99.99	114.52	129.70	150.66	162.96	180.88
青海	2.47	5.30	7.70	8.50	11.41	16.84	19.30	26.89	29.10	46.88	56.92	67.72	79.36
宁夏	0.53	0.66	0.89	0.90	1.00	3.94	2.91	1.43	3.18	3.52	4.05	6.67	12.11
新疆	7.61	7.17	7.40	1.21	4.52	4.38	5.39	3.00	2.82	3.03	4.28	5.76	3.92

图 6-9　2018 年中国各省(区、市)技术市场成交额排名

　　经济增长模式不仅存在省际差异,而且也存在省内差异。以广东省和浙江省为例进行分析。2016—2018 年广东省各市 R&D 活动人员和 R&D 经费内部支出情况见表 6-8。表中数据显示,2018 年深圳市的 R&D 活动人员是 289422 人,而同期的云浮市只有 1662 人,深圳市是云浮市的 174 倍。2018 年,深圳市的 R&D 经费内部支出为 966.7482 亿元,而云浮市只有 2.5722 亿元,深圳市是云浮市的 375 倍。通过以上数据可以看出广东省内科技创新水平和规模的区域差异非常明显。2018 年浙江省各市、区、县专利申请情况见表 6-9。表中数据显示,2018 年长兴县的专利申请授权量为 3911 项,而同期的嵊泗县只有 46 项,长兴县是嵊泗县的 85 倍。因此,即便是在以均衡发展著称的浙江省,县域之间的科技创新水平和规模同样存在较大差异,这些差异在很大程度上反映了县域经济增长模式的差异。

表 6-8　广东省各市 R&D 活动人员和 R&D 经费内部支出(2016—2018 年)

城市 (区域)		R&D 活动人员(人)			R&D 经费内部支出(亿元)		
		2016 年	2017 年	2018 年	2016 年	2017 年	2018 年
全省		585089	696385	806431	1676.2750	1865.0310	2107.2030
按地级行政区划分	广州市	80509	97894	95562	231.7659	254.8554	267.2707
	深圳市	202684	232421	289422	760.0311	841.0974	966.7482
	珠海市	16737	23152	30808	49.0503	59.0914	82.7740
	汕头市	7697	9863	12556	12.7063	15.4267	19.2371
	佛山市	74427	96072	93256	194.8807	216.0172	235.1708
	韶关市	6146	5173	5821	12.5160	13.2715	14.7192
	河源市	1473	2123	2030	2.4842	3.2377	2.9589
	梅州市	1962	2214	2072	2.5017	2.7237	2.7464
	惠州市	34929	43255	50199	67.6932	80.3065	89.3219
	汕尾市	2314	2584	2003	5.9708	5.8282	6.8262
	东莞市	64963	73644	111969	143.4048	161.4225	221.2356
	中山市	38970	45301	36620	74.7859	76.5970	59.2757
	江门市	17120	22902	30145	40.2769	48.4548	58.3523
	阳江市	1692	1788	1788	9.2231	9.7622	3.6817
	湛江市	3053	3136	3981	6.5886	7.8219	8.2066
	茂名市	5004	6580	6889	15.3055	16.5606	10.7927
	肇庆市	12100	11611	12524	21.4433	23.4180	22.0297
	清远市	3684	4987	5877	5.3330	7.0105	10.4274
	潮州市	3634	4161	4676	5.8642	6.2698	5.6755
	揭阳市	4018	5697	6571	11.8228	13.1834	17.1805
	云浮市	1973	1827	1662	2.6268	2.6749	2.5722

续表

城市 （区域）		R&D 活动人员（人）			R&D 经费内部支出（亿元）		
		2016 年	2017 年	2018 年	2016 年	2017 年	2018 年
按经济区域分	珠三角	542439	646252	750505	1583.3320	1761.2600	2002.1790
	东翼	17663	22305	25806	36.3641	40.7082	48.9193
	西翼	9749	11504	12658	31.1172	34.1447	22.6809
	山区	15238	16324	17462	25.4616	28.9183	33.4241

表 6-9　2018 年浙江省各市、区、县专利申请情况

单位：项

市、区、县	专利申请 受理量	专利申请 授权量	♯ 发明	市、区、县	专利申请 受理量	专利申请 授权量	♯ 发明
杭州市区	88782	50024	9853	金华市区	—	—	—
萧山区	9618	5658	477	金东区	2175	1166	94
余杭区	19949	11485	932	兰溪市	2594	1491	105
富阳区	4060	2254	376	东阳市	4433	2483	334
临安区	4235	2325	252	义乌市	6991	4374	269
建德市	1587	725	53	永康市	10172	7112	198
桐庐县	2896	1832	79	武义县	2996	1881	58
淳安县	896	473	30	浦江县	3238	1950	191
宁波市区	—	—	—	磐安县	892	502	41
鄞州区	17550	9945	1524	衢州市区	3647	3008	403
奉化区	2578	1540	201	江山市	1185	1193	186
余姚市	9764	6083	472	常山县	669	587	15
慈溪市	15296	9936	666	开化县	689	466	16
象山县	2464	2289	104	龙游县	1343	871	47
宁海县	4240	3254	292	舟山市区	—	—	—
温州市区	—	—	—	岱山县	371	333	22
洞头区	466	390	35	嵊泗县	122	46	7
瑞安市	8727	6350	462	台州市区	15499	12322	1379
乐清市	8727	6323	787	温岭市	6130	4367	470
永嘉县	3761	2500	150	临海市	4422	2861	365

续表

市、区、县	专利申请受理量	专利申请授权量	♯发明	市、区、县	专利申请受理量	专利申请授权量	♯发明
平阳县	3676	2608	118	玉环市	4006	3267	241
苍南县	3018	2043	85	三门县	2392	1460	148
文成县	760	314	36	天台县	2267	1476	101
泰顺县	999	461	20	仙居县	979	535	63
嘉兴市区	13667	7300	977	丽水市区	2605	1340	165
平湖市	5882	3305	237	龙泉市	1650	843	42
海宁市	9007	4006	491	青田县	1958	991	32
桐乡市	8129	3238	266	云和县	3173	1618	10
嘉善县	5950	3489	276	庆元县	611	416	30
海盐县	5229	3251	259	缙云县	2434	1329	42
湖州市区	—	—	—	遂昌县	578	265	30
德清县	7489	4325	320	松阳县	563	336	21
长兴县	6869	3911	529	景宁自治县	408	237	9
安吉县	9708	3974	280	诸暨市	12102	10003	815
绍兴市区	—	—	—	嵊州市	3323	2121	281
柯桥区	8190	6163	593	新昌县	9454	10170	600
上虞区	6524	4729	592				

三、房地产业的成长性存在区域差异

中国不同区域的房地产业成长性存在较大差异,比如,不同区域的房地产投资价值、房地产企业经营状况、房地产政策等都各不相同,这种差异能够部分解释房地产投资挤出效应的区域差异性。从房地产开发企业营业利润的角度来观察中国各省(区、市)房地产业的成长性(见表6-10),表中数据显示广东省的房地产开发企业营业利润从2006年的337.15亿元增长到2018年的3514.26亿元,同期的青海省则是从−0.76亿元增长到10.75亿元,2018年广东省的房地产开发企业营业利润是青海省的327倍。2018年中国各省(区、市)房地产开发企业营业利润排名见图6-10,前五位分别是广东省、江苏省、上海市、湖北省、浙江省,倒数五位分别是宁夏回族自治区、西藏自治区、青海省、山西省、新疆维吾尔自治区,排名前五的省(区、市)的房地产开发企业营业利润均在 1000 亿元以上,而排名倒数的五个省(区、市)的房地产开发企业营业利润则不到 65 亿元。因此,房地产业的省际成长性存在较大差异。进一步观察房地产业成长性的省内差异,以浙江省为例。2015—2018 年浙江省各市的房地产开发企业住宅销售面积和销售额见表 6-11。2018 年,杭州市的房地产开发企业住宅销售面积为 1328.9 万平方米,而舟山市却只有 180.3 万平方米,杭州市是舟山市的 7 倍。2018 年,杭州市的房地产开发企业住宅销售额为32377071 万元,而丽水市却只有 2389462 万元,杭州市是丽水市的 13 倍。因此,可以得出结论:即便是在同一省内,省内不同区域房地产业的成长性同样具有很大的差异性。

图 6-10 2018 年中国各省(区、市)房地产开发企业营业利润排名

表 6-10　中国各省(区、市)房地产开发企业营业利润(2006—2018 年)

单位:亿元

省(区、市)	2006年	2007年	2008年	2009年	2010年	2011年	2012年	2013年	2014年	2015年	2016年	2017年	2018年
北京	110.53	224.11	284.12	414.56	545.91	467.50	646.92	699.42	631.31	720.33	794.31	846.01	593.78
天津	46.60	52.78	60.67	102.60	141.65	108.95	128.78	174.63	129.28	191.67	145.39	254.67	159.01
河北	26.95	29.50	47.31	76.05	101.79	97.65	121.33	111.56	45.45	138.58	353.46	315.66	305.45
山西	-3.06	-4.82	-2.30	19.28	4.97	5.73	6.16	3.86	12.41	8.68	30.48	37.16	28.82
内蒙古	23.11	28.69	104.55	104.98	116.01	61.19	40.93	104.45	3.91	4.39	10.07	-39.19	69.56
辽宁	29.88	47.19	113.28	103.87	198.83	270.06	214.89	284.83	145.10	39.18	-61.86	1.29	135.34
吉林	2.62	7.04	26.58	18.78	40.30	30.37	35.65	47.71	8.40	35.28	28.24	54.58	66.68
黑龙江	17.90	25.95	26.00	44.27	67.08	82.09	53.13	53.50	15.07	27.39	67.68	33.51	102.12
上海	434.10	551.18	498.16	742.70	973.74	703.32	694.45	859.54	812.91	885.02	1461.04	1653.84	1591.29
江苏	140.06	192.14	546.32	685.02	793.91	639.37	562.73	1402.88	519.70	433.33	738.65	1116.85	2857.89
浙江	164.10	197.29	290.20	431.06	545.19	424.70	471.70	522.80	268.52	97.71	289.22	823.58	1063.93
安徽	14.88	27.20	56.88	81.24	153.45	154.74	175.19	294.01	111.20	165.78	238.53	342.00	728.56
福建	89.25	94.65	110.82	181.36	193.96	233.09	297.91	417.24	387.16	538.36	543.26	612.79	871.38
江西	17.00	31.70	62.80	69.77	76.45	99.36	119.75	187.62	142.44	151.31	202.03	273.94	449.30
山东	82.77	99.90	245.09	259.51	310.75	215.51	258.69	590.14	368.85	301.73	347.23	463.54	898.26
河南	27.04	58.35	76.02	107.40	135.17	161.42	172.96	396.67	300.45	327.39	349.50	432.52	791.28
湖北	19.84	54.49	90.86	102.04	123.03	189.59	203.21	486.87	338.81	305.91	400.20	494.00	1359.59

续表

省（区、市）	2006年	2007年	2008年	2009年	2010年	2011年	2012年	2013年	2014年	2015年	2016年	2017年	2018年
湖南	-8.23	-0.16	52.82	43.71	95.74	66.52	77.14	240.05	115.72	33.46	64.05	141.13	508.09
广东	337.15	549.80	480.46	672.23	676.31	972.01	894.91	1460.22	1123.65	1279.88	2032.07	2465.00	3514.26
广西	14.79	19.12	32.20	53.75	70.92	77.88	47.21	97.47	51.55	80.37	124.74	176.30	257.39
海南	1.06	9.75	44.02	40.21	83.41	54.05	39.81	96.05	11.93	-15.91	41.47	196.94	204.50
重庆	24.15	42.09	90.98	125.47	164.34	197.54	189.11	365.00	189.06	162.05	150.59	167.19	588.30
四川	36.39	65.96	62.51	121.49	214.87	220.00	250.47	337.09	202.86	130.43	154.98	349.85	729.30
贵州	-5.69	-4.90	-7.63	7.26	81.02	41.41	23.90	14.57	25.81	12.22	60.45	159.52	227.54
云南	20.65	14.23	10.67	39.01	48.08	16.92	58.13	49.46	-2.74	-44.59	-41.29	54.60	168.87
西藏	3.49	3.22	-0.74	2.18	3.41	0.76	-0.31	0.52	-2.07	-0.96	2.10	4.68	8.28
陕西	-0.40	5.34	15.47	39.18	85.48	117.32	130.63	146.26	114.34	83.65	67.96	161.81	120.35
甘肃	0.45	2.77	4.01	4.82	11.12	6.99	8.73	17.14	12.29	30.26	34.36	62.05	65.26
青海	-0.76	1.44	-2.18	-1.65	1.20	-3.44	-0.64	-1.75	4.50	0.98	15.03	10.47	10.75
宁夏	-0.28	-0.35	4.10	8.54	7.62	19.85	16.29	20.84	9.52	1.17	-5.71	3.69	8.04
新疆	3.52	10.95	8.19	27.92	45.77	66.15	61.58	82.03	45.76	40.50	34.99	58.13	60.55

表 6-11 浙江省各市房地产开发企业住宅销售面积和销售额(2015—2018 年)

城市	销售面积（万平方米）				销售额（万元）			
	2015 年	2016 年	2017 年	2018 年	2015 年	2016 年	2017 年	2018 年
合计	5131.9	7234.2	7669.7	7936.2	55192684	82808481	103003358	120963133
杭州市	1291.6	1887.1	1519.7	1328.9	19051380	30596076	32257549	32377071
宁波市	846.9	1126.1	1283.7	1299.2	9334646	13218029	18157835	21048633
温州市	456.9	642.8	802.7	976.2	5771593	9095124	11224935	14051280
嘉兴市	550.8	987.6	890.9	1028.4	3956522	7714651	9962583	13659041
湖州市	346.1	489.8	639.2	723.0	2370634	3320820	5405946	7694250
绍兴市	594.6	667.7	849.4	843.6	4872568	5419456	8008395	10607351
金华市	325.3	377.4	428.4	465.1	3375639	3540094	4726309	6059851
衢州市	131.4	196.2	220.0	235.5	895574	1521590	2322201	2755231
舟山市	90.5	136.5	203.5	180.3	851195	1333175	2494459	2554911
台州市	352.1	531.3	622.8	612.3	3424699	5289852	6393626	7766052
丽水市	145.6	191.8	209.0	243.6	1288234	1759614	2049520	2389462

第二节 房地产投资挤出效应的城乡差异性

在房地产投资对居民消费挤出效应的实证检验中,我们得出结论:房地产投资对居民消费水平、城镇居民消费水平、农村居民消费水平均产生了负的挤出效应(也即财富效应),并且房地产投资对城镇居民消费水平负向挤出的程度要大于农村,这表明房地产投资对居民消费的挤出效应存在城乡差异性。关于这种城乡差异性,本书认为可以从以下几个方面进行解释。

一、城乡收入差距

收入是购买力的源泉,城乡收入差距是城乡居民住房购买能力差异产生的重要原因,这可以部分解释房地产投资对居民消费挤出效应的城乡差异。中国城镇居民人均可支配收入从 2013 年的 26467 元增长到 2018 年的 39250.84 元(见表 6-12),

而同期的农村居民人均可支配收入则是从 9429.59 元增长到 14617.03 元,农村居民人均可支配收入占城镇居民人均可支配收入的比值从 2013 年的 35.63% 增长到 2018 年的 37.24%(见图 6-11),从图表中的数据可以看出,2013—2018 年中国的农村居民人均可支配收入还不到城镇居民人均可支配收入的 40%,说明城乡之间的差距是非常大的。

表 6-12　中国全体居民及城乡居民收入情况

指标	2013 年	2014 年	2015 年	2016 年	2017 年	2018 年
居民人均可支配收入（元）	18310.76	20167.12	21966.19	23820.98	25973.79	28228.05
居民人均可支配收入同比增长（%）	—	10.10	8.90	8.40	9.00	—
城镇居民人均可支配收入（元）	26467.00	28843.85	31194.83	33616.25	36396.19	39250.84
城镇居民人均可支配收入同比增长（%）	—	9.00	8.20	7.80	8.30	—
农村居民人均可支配收入（元）	9429.59	10488.88	11421.71	12363.41	13432.43	14617.03
农村居民人均可支配收入同比增长（%）	—	11.20	8.90	8.20	8.60	—
农村居民人均可支配收入/城镇居民人均可支配收入（%）	35.63	36.36	36.61	36.78	36.91	37.24

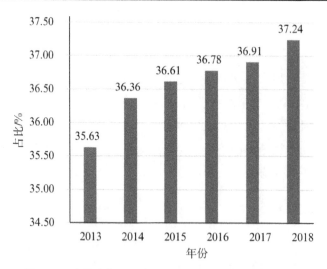

图 6-11　中国农村居民人均可支配收入占城镇居民人均可支配收入的比值(2013—2018 年)

进一步以农村居民人均可支配收入占城镇居民人均可支配收入的比值作为衡量城乡收入差距的指标,对中国各省(区、市)的城乡收入差距进行观察,数据见表 6-13。大部分省(区、市)农村居民人均可支配收入占城镇居民人均可支配收入的比值在 2013—2018 年保持了微弱上升的趋势,例如,北京市从 2013 年的 38.37% 增长到 2018 年的 38.96%,河北省从 2013 年的 41.34% 增长到 2018 年的 42.55%。2018 年中国大部分省(区、市)的农村居民人均可支配收入占城镇居民人均可支配收入的比值维持在 37% 左右(见图 6-12)。因此,我们可以得出结论:各省(区、市)的城乡收入差距是比较明显的,尤其是西部地区(甘肃省 2018 年农村居民人均可支配收入占城镇居民人均可支配收入的比值只有 29.39%)。城乡收入差距越大,城镇居民和农村居民的住房购买能力差距就会越大,同时,这也将导致房地产投资对居民消费挤出效应的差异越大。

表 6-13　中国各省(区、市)农村居民人均可支配收入占城镇居民人均可支配收入的比值(2013—2018 年)

单位:%

省(区、市)	2013 年	2014 年	2015 年	2016 年	2017 年	2018 年
北京	38.37	38.88	38.91	38.95	38.84	38.96
天津	52.98	54.00	54.20	54.10	54.01	53.67
河北	41.34	42.19	42.25	42.19	42.17	42.55
山西	35.71	36.60	36.60	36.86	37.03	37.86
内蒙古	34.55	35.19	35.22	35.21	35.28	36.03
辽宁	38.06	38.48	38.74	39.18	39.28	39.25
吉林	45.85	46.43	45.49	45.69	45.73	45.57
黑龙江	44.94	46.23	45.84	45.97	46.14	47.29
上海	42.80	43.39	43.81	44.24	44.45	44.65
江苏	42.81	43.55	43.73	43.85	43.92	44.16
浙江	47.18	47.96	48.32	48.41	48.68	49.13
安徽	38.83	39.92	40.17	40.20	40.32	40.69
福建	40.48	41.18	41.45	41.65	41.88	42.31
江西	41.09	41.62	42.03	42.33	42.44	42.76
山东	39.75	40.66	40.99	41.03	41.09	41.21
河南	41.25	42.10	42.43	42.95	43.03	43.39
湖北	42.76	43.65	43.78	43.30	43.31	43.47
湖南	37.08	37.86	38.12	38.14	38.10	38.40
广东	37.47	38.09	38.44	38.51	38.51	38.72

续表

省(区、市)	2013 年	2014 年	2015 年	2016 年	2017 年	2018 年
广西	34.35	35.20	35.84	36.57	37.13	38.34
海南	39.27	40.48	41.20	41.62	41.87	41.95
重庆	36.83	37.74	38.57	39.00	39.26	39.50
四川	37.70	38.57	39.10	39.54	39.79	40.14
贵州	28.68	29.59	30.05	30.25	30.50	30.76
云南	29.94	30.68	31.25	31.53	31.82	32.15
西藏	32.13	33.43	32.38	32.71	33.68	33.88
陕西	31.74	32.55	32.89	33.04	33.32	33.65
甘肃	28.12	28.79	29.18	29.02	29.09	29.39
青海	31.75	32.65	32.33	32.38	32.44	32.98
宁夏	35.38	36.12	36.21	36.28	36.43	36.71
新疆	37.20	37.58	35.87	35.78	35.89	36.55

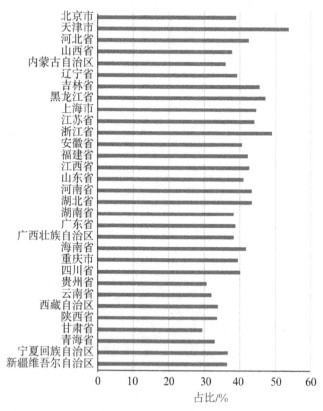

图 6-12　2018 年中国各省(区、市)农村居民人均可支配收入占
城镇居民人均可支配收入的比值

二、城乡居民消费支出结构差异

城乡居民消费支出结构的差异说明城乡居民的消费偏好存在差异,并且这种差异会影响到房地产交易,于是给房地产投资对居民消费的挤出效应带来差异性。中国城镇居民人均消费支出结构见表6-14,城镇居民人均消费支出最大的一个项目是食品烟酒消费支出(从2013年的5571元增长到2018年的7239元),其次是居住消费支出(从2013年的4301元增长到2018年的6255元)。从各项支出占城镇居民人均消费总支出的比重来看(见图6-13),2018年占比最高的是城镇居民人均食品烟酒消费支出(占比27.72%),其次是城镇居民人均居住消费支出(占比23.95%),而城镇居民人均衣着消费支出排在第六位(占比6.92%)。农村居民人均消费支出的结构与城镇居民人均消费支出的结构之间存在一定的差异,表6-15反映了中国农村居民人均消费支出结构,从表中可以看出:农村居民人均消费支出最大的一个项目也是食品烟酒消费支出(从2013年的2554元增长到2018年的3646元),但是支出规模只有城镇居民的一半;第二大支出项目也是居住消费支出(从2013年的1580元增长到2018年的2661元),但是支出规模远低于城镇居民。从农村居民2018年各项消费支出占总支出的比重来看(见图6-14),排第一和第二的分别是农村居民人均食品烟酒消费支出与农村居民人均居住消费支出,排名前两位的项目与城镇居民相同,但是农村居民人均食品烟酒消费支出占比要高于城镇居民,而农村居民人均居住消费支出占比则低于城镇居民,因此,我们能够发现,在消费支出结构上,城镇居民和农村居民之间存在一定程度的差异。这种差异能够反映出城乡居民消费偏好的差异,并且消费偏好差异可以部分解释房地产投资对居民消费挤出效应的城乡差异。

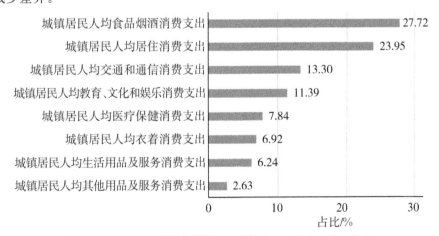

图 6-13　2018 年中国城镇居民各项消费支出占总支出的比重

表 6-14　中国城镇居民人均消费支出结构(2013—2018 年)

指标	2013 年	2014 年	2015 年	2016 年	2017 年	2018 年
城镇居民人均消费支出(元)	18488	19968	21392	23079	24445	26112
城镇居民人均食品烟酒消费支出(元)	5571	6000	6360	6762	7001	7239
城镇居民人均衣着消费支出(元)	1554	1627	1701	1739	1758	1808
城镇居民人均居住消费支出(元)	4301	4490	4726	5114	5564	6255
城镇居民人均生活用品及服务消费支出(元)	1129	1233	1306	1427	1525	1629
城镇居民人均交通和通信消费支出(元)	2318	2637	2895	3174	3322	3473
城镇居民人均教育、文化和娱乐消费支出(元)	1988	2142	2383	2638	2847	2974
城镇居民人均医疗保健消费支出(元)	1136	1306	1443	1631	1777	2046
城镇居民人均其他用品及服务消费支出(元)	490	533	578	595	652	687
城镇居民人均食品烟酒消费支出占比(%)	30.13	30.05	29.73	29.30	28.64	27.72
城镇居民人均衣着消费支出占比(%)	8.41	8.15	7.95	7.53	7.19	6.92
城镇居民人均居住消费支出占比(%)	23.26	22.49	22.09	22.16	22.76	23.95
城镇居民人均生活用品及服务消费支出占比(%)	6.11	6.17	6.11	6.18	6.24	6.24
城镇居民人均交通和通信消费支出占比(%)	12.54	13.21	13.53	13.75	13.59	13.30
城镇居民人均教育、文化和娱乐消费支出占比(%)	10.75	10.73	11.14	11.43	11.65	11.39
城镇居民人均医疗保健消费支出占比(%)	6.14	6.54	6.75	7.07	7.27	7.84
城镇居民人均其他用品及服务消费支出占比(%)	2.65	2.67	2.70	2.58	2.67	2.63

表 6-15 中国农村居民人均消费支出结构(2013—2018 年)

指标	2013 年	2014 年	2015 年	2016 年	2017 年	2018 年
农村居民人均消费支出(元)	7485	8383	9223	10130	10955	12124
农村居民人均食品烟酒消费支出(元)	2554	2814	3048	3266	3415	3646
农村居民人均衣着消费支出(元)	454	510	550	575	612	648
农村居民人均居住消费支出(元)	1580	1763	1926	2147	2354	2661
农村居民人均生活用品及服务消费支出(元)	455	506	546	596	634	720
农村居民人均交通和通信消费支出(元)	875	1013	1163	1360	1509	1690
农村居民人均教育、文化和娱乐消费支出(元)	755	860	969	1070	1171	1302
农村居民人均医疗保健消费支出(元)	668	754	846	929	1059	1240
农村居民人均其他用品及服务消费支出(元)	144	163	174	186	201	218
农村居民人均食品烟酒消费支出占比(%)	34.12	33.57	33.05	32.24	31.17	30.07
农村居民人均衣着消费支出占比(%)	6.07	6.08	5.96	5.68	5.59	5.34
农村居民人均居住消费支出占比(%)	21.11	21.03	20.88	21.19	21.49	21.95
农村居民人均生活用品及服务消费支出占比(%)	6.08	6.04	5.92	5.88	5.79	5.94
农村居民人均交通和通信消费支出占比(%)	11.69	12.08	12.61	13.43	13.77	13.94
农村居民人均教育、文化和娱乐消费支出占比(%)	10.09	10.26	10.51	10.56	10.69	10.74
农村居民人均医疗保健消费支出占比(%)	8.92	8.99	9.17	9.17	9.67	10.23
农村居民人均其他用品及服务消费支出占比(%)	1.92	1.94	1.89	1.84	1.83	1.80

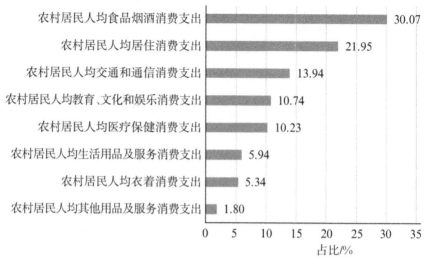

图 6-14　2018 年中国农村居民各项消费支出占总支出的比重

三、城乡产业结构差异

城镇和农村的产业结构存在巨大差异,在城镇的产业结构中,第二产业和第三产业占据绝对的主导地位,而在农村的产业结构中,第一产业占据重要地位。房地产业属于第二和第三产业,且主要集中在城镇。农村居民有自建房,在农村买房或租房的需求不大(至少跟城镇相比是远远不及的),因此,农村的房地产业很难形成规模。城镇和农村产业结构的差异,会形成房地产业发展的不同外部环境,进而导致房地产投资对居民消费的挤出效应出现差异。关于城乡产业结构差异,本书以浙江省湖州市为例进行观察。湖州市 2017 年的乡镇基本情况见表 6-16,从表中可以看出湖州市乡镇的主要产业是围绕蚕茧、茶叶、园林水果、肉类、淡水产品、蔬菜等农产品建立起来的,根据笔者调研的情况,湖州市的大多数乡镇企业也是以农产品为主要产品的。① 因此,湖州市乡镇的主导产业还是第一产业(农、林、牧、副、渔业)。以第一产业为主导的乡村(乡镇的主体部分是乡村,只有很少一部分是城镇),与以第二和第三产业为主导的城镇,给房地产业的发展提供了极为不同的发展土壤,这可以部分解释房地产投资挤出效应的城乡差异。

---

①　笔者在浙江省湖州市居住了很长一段时间,对湖州市所有乡镇都进行过调研。

表 6-16　浙江省湖州市 2017 年的乡镇基本情况

乡镇、街道	村民委员会（个）	农村常住人口（人）	农村从业人员（人）	乡镇企业实缴税金总额（万元）	乡镇公共财政收入（万元）	蚕茧产量（吨）	茶叶产量（吨）	园林水果产量（吨）	肉类产量（吨）	淡水产品产量（吨）	蔬菜播种面积（亩）
吴兴区											
康山街道	10	10806	6226	16700	4968	4	2	3	116	235	777
仁皇山街道	3	12507	1002	3320	5509	1	—	200	—	95	350
滨湖街道	9	15115	7533	30	3375	10	1	44	75	855	9473
龙溪街道	12	19938	9268	63795	12716	—	—	100	—	—	100
杨家埠街道	15	18818	10322	—	7037	23	11	658	241	1313	2546
环渚街道	9	19551	10523	210	25956	18	—	—	44	4247	9145
织里镇	43	72427	34362	18441	152200	35	—	1511	1228	9346	15773
八里店镇	44	45436	25456	84204	167004	8	—	497	208	5239	13366
妙西镇	15	16058	8049	3575	6971	61	55	3269	1159	1310	6530
埭溪镇	20	32670	16623	47900	47890	15	230	1012	4687	2337	9127
东林镇	23	31993	19644	18894	27866	107	16	1131	14164	33259	7073
道场乡	8	15333	6191	2054	10596	41	80	1112	1560	2871	6656
高新区	—	59683	23215	—	—	41	—	10	1426	10952	38235
南浔区											
南浔镇	52	104450	47726	186000	156011	207	—	539	1859	5042	13438
双林镇	33	61364	31043	62665	62665	225	—	1404	1183	7833	11386
练市镇	41	80423	41591	66723	28997	1272	—	677	3622	3350	20380

续表

乡镇、街道	村民委员会（个）	农村常住人口（人）	农村从业人员（人）	乡镇企业实缴税金总额（万元）	乡镇公共财政收入（万元）	蚕茧产量（吨）	茶叶产量（吨）	园林水果产量（吨）	肉类产量（吨）	淡水产品产量（吨）	蔬菜播种面积（亩）
南浔区											
善琏镇	15	24374	13116	10990	6447	233	—	449	1607	3811	5591
旧馆镇	13	19857	10437	12630	5488	7	—	2747	142	4272	5971
菱湖镇	28	62497	34008	26156	30027	260	—	—	5082	68975	6921
和孚镇	22	49274	26017	40350	40350	459	5	325	4179	24067	10229
千金镇	10	21550	12048	3754	3754	213	—	—	6397	13347	7500
石淙镇	7	13423	6857	5543	6864	101	—	—	2139	3409	2220
德清县											
武康街道	3	11675	7164	43100	9815	—	41	67	68	25	432
舞阳街道	11	25556	16349	6104	6921	—	16	178	238	1239	6710
阜溪街道	11	28306	16714	—	19068	73	271	372	905	5068	3292
下渚湖街道	14	23706	9483	5800	3589	23	44	300	524	7765	2319
乾元镇	10	30097	17156	48967	52843	176	36	1913	3438	15148	8469
新市镇	24	50975	30995	55711	48422	381	—	185	2558	28654	9748
洛舍镇	6	22186	10390	27000	14500	38	48	236	11	8450	1705
钟管镇	19	41088	24404	70400	70380	161	31	360	1455	29798	5969
雷甸镇	11	42882	26318	47745	23599	204	—	1860	1449	12013	3291
禹越镇	10	29459	17011	21670	162627	171	—	539	1116	15343	4377
新安镇	11	30740	17175	23378	14277	294	—	388	4478	17057	3530
莫干山镇	18	30498	16260	11168	16653	—	880	3960	259	—	4259

续表

乡镇、街道	村民委员会（个）	农村常住人口（人）	农村从业人员（人）	乡镇企业实缴税金总额（万元）	乡镇公共财政收入（万元）	蚕茧产量（吨）	茶叶产量（吨）	园林水果产量（吨）	肉类产量（吨）	淡水产品产量（吨）	蔬菜播种面积（亩）
雄城街道	8290	4439	10173	20712	—	—	—	5	—	75	—
画溪街道	11	42988	26656	64000	80312	46	105	14069	1046	3207	8488
太湖街道	8	44417	23781	51792	128000	41	2	2402	361	2407	5965
龙山街道	4	19220	11093	6230	10900	7	101	7060	202	1449	3030
洪桥镇	22	30770	17413	15127	17145	72	12	2042	854	5651	16456
李家巷镇	12	14012	8016	32702	54208	16	16	1680	136	716	4235
夹浦镇	13	30894	18616	26007	33261	7	83	11546	421	3544	3500
林城镇	20	53993	33190	14816	13500	135	167	4566	1194	8527	21235
虹星桥镇	17	37345	20456	19116	19116	37	1	8660	579	4978	32606
小浦镇	11	24263	13566	23262	21042	41	37	1710	110	782	6498
和平镇	23	54529	32010	40901	63922	55	925	20760	1727	7749	25584
泗安镇	31	65641	45313	16918	23800	26	3184	8264	3612	6005	32604
煤山镇	24	49808	30049	91605	92905	30	123	2916	444	—	9027
水口乡	8	18734	11414	9791	9188	2	249	3654	279	1118	6862
吕山乡	9	21471	12004	5032	8203	101	4	2380	573	7106	22945

长兴县

续表

乡镇、街道	村民委员会（个）	农村常住人口（人）	农村从业人员（人）	乡镇企业实缴税金总额（万元）	乡镇公共财政收入（万元）	蚕茧产量（吨）	茶叶产量（吨）	园林水果产量（吨）	肉类产量（吨）	淡水产品产量（吨）	蔬菜播种面积（亩）
递铺街道	26	73157	40119	163610	164840	65	1130	4505	1312	1946	27293
昌硕街道	4	29052	14502	45524	51952	—	24	790	6	—	3904
灵峰街道	6	16400	9142	29652	16126	—	75	4297	111	—	7985
孝源街道	5	10116	5316	9106	7893	—	570	50	649	34	1777
鄣吴镇	6	11360	7185	992	8239	—	79	170	360	—	6052
杭垓镇	18	35492	21473	3200	17552	—	169	58	523	66	4220
孝丰镇	15	37214	22226	17430	23975	—	320	518	635	632	14872
报福镇	10	17008	9590	1950	2935	—	71	130	111	527	8815
章村镇	8	14427	12158	457	1391	—	41	115	148	30	5360
天荒坪镇	11	21634	13458	8052	13052	—	56	386	201	55	3425
梅溪镇	22	55652	37010	30152	7840	186	457	1585	1452	5766	9313
天子湖镇	20	48663	26137	27698	12123	35	305	1434	2882	5061	8864
溪龙乡	5	9063	5648	3000	3650	—	453	251	37	1818	1193
上墅乡	7	13842	8175	3800	5398	—	27	51	148	221	3993
山川乡	6	5697	3408	933	5414	—	14	63	59	—	1456

安吉县

第三节　房地产投资挤出效应的
阶段差异性

在房地产投资对居民消费挤出效应的实证检验结果中,通货膨胀率较高背景下房地产投资对居民消费水平(含城镇、农村)的影响程度大于通货膨胀率较低背景下房地产投资对居民消费水平(含城镇、农村)的影响程度。因此,以通货膨胀率的门限值为阶段划分标准,发现房地产投资对居民消费的挤出效应存在阶段差异。在房地产投资对制造业挤出效应的实证检验中,本书选择的样本数据区间为2015年12月—2019年12月,以体现对中国房地产业"去库存"以来阶段性特征的关注。之所以选择"去库存"以来的样本数据,是因为中国房地产投资挤出效应存在阶段性差异。关于这种阶段差异性,本书认为可以从以下几个方面进行解释。

一、宏观经济形势的周期性变化

房地产业的发展与宏观经济形势紧密相连,房地产投资的挤出效应也是如此。仅从GDP增长率来观察中国宏观经济形势的阶段性变化(见表6-17),中国GDP增长率在1953—2018年呈现出三个大的周期:第一个大的周期是1953—1976年,这个周期的波动幅度非常大,最高点达到21.30%,而最低点为−27.30%;第二个大的周期是1977—1990年,最高点为15.20%,最低点为3.90%,波动幅度有所收窄;第三个大的周期是1991—2018年,最高点为14.20%,最低点为6.70%,其中,2010—2018年几乎保持了持续下跌的趋势,这意味着中国经济已经从高速增长转向了中高速增长,中国的GDP增长率在世界的排名已经跌出前十(见图6-15和表6-18,2018年中国的GDP增长率排名为第20名)。2019年,中国的人均GDP突破10000美元,中国经济进入新的阶段,我们相信新阶段必将成为房地产业发展以及房地产投资挤出效应产生阶段性差异的又一个"动力"。图6-16为世界部分经济体2018年GDP增长率排名(前69名)。

表 6-17　中国 GDP 增长率变化(1953—2018 年)

单位:%

年份	GDP 增长率	年份	GDP 增长率	年份	GDP 增长率	年份	GDP 增长率
1953	15.60	1970	19.30	1987	11.70	2004	10.10
1954	4.30	1971	7.10	1988	11.20	2005	11.40
1955	6.90	1972	3.80	1989	4.20	2006	12.70
1956	15.00	1973	7.80	1990	3.90	2007	14.20
1957	5.10	1974	2.30	1991	9.30	2008	9.70
1958	21.30	1975	8.70	1992	14.20	2009	9.40
1959	9.00	1976	-1.60	1993	13.90	2010	10.60
1960	0.00	1977	7.60	1994	13.00	2011	9.60
1961	-27.30	1978	11.70	1995	11.00	2012	7.90
1962	-5.60	1979	7.60	1996	9.90	2013	7.80
1963	10.30	1980	7.80	1997	9.20	2014	7.40
1964	18.20	1981	5.10	1998	7.80	2015	7.00
1965	17.00	1982	9.00	1999	7.70	2016	6.80
1966	10.70	1983	10.80	2000	8.50	2017	6.90
1967	-5.70	1984	15.20	2001	8.30	2018	6.70
1968	-4.10	1985	13.40	2002	9.10		
1969	16.90	1986	8.90	2003	10.00		

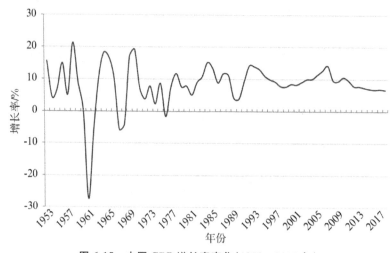

图 6-15　中国 GDP 增长率变化(1953—2018 年)

表 6-18　世界部分经济体 2018 年 GDP 增长率

单位:%

排名	经济体	GDP 增长率	排名	经济体	GDP 增长率
1	卢旺达	8.61	70	秘鲁	3.98
2	爱尔兰	8.17	71	罗马尼亚	3.95
3	利比亚	7.95	72	所罗门群岛	3.85
4	孟加拉国	7.86	73	科索沃	3.81
5	柬埔寨	7.50	74	几内亚比绍共和国	3.80
6	科特迪瓦	7.43	75	赞比亚	3.79
7	安提瓜和巴布达	7.39	76	中非共和国	3.79
8	塔吉克斯坦	7.30	77	毛里求斯	3.77
9	蒙古	7.23	78	洪都拉斯	3.75
10	越南	7.08	79	巴拿马	3.68
11	多米尼加共和国	6.98	80	巴拉圭	3.68
12	马尔代夫	6.89	81	立陶宛	3.64
13	贝宁	6.86	82	塞舌尔	3.63
14	布基纳法索	6.83	83	马绍尔群岛	3.62
15	印度	6.81	84	波斯尼亚和黑塞哥维那	3.62
16	埃塞俄比亚	6.81	85	毛里塔尼亚	3.55
17	马耳他	6.77	86	斐济	3.53
18	塞内加尔	6.77	87	吉尔吉斯斯坦	3.50
19	尼泊尔	6.66	88	马拉维	3.50
20	中国	6.57	89	以色列	3.45
21	冈比亚	6.55	90	塞拉利昂	3.45
22	尼日尔	6.48	91	科摩罗	3.43
23	肯尼亚	6.32	92	莫桑比克	3.43
24	加纳	6.26	93	摩尔多瓦	3.40
25	老挝	6.25	94	乌克兰	3.34
26	菲律宾	6.24	95	格陵兰	3.22
27	缅甸	6.20	96	斯里兰卡	3.21
28	土库曼斯坦	6.20	97	瓦努阿图	3.20

续表

排名	经济体	GDP 增长率	排名	经济体	GDP 增长率
29	几内亚	6.16	98	危地马拉	3.15
30	津巴布韦	6.16	99	新加坡	3.14
31	乌干达	6.15	100	卢森堡	3.11
32	摩纳哥	6.10	101	保加利亚	3.08
33	巴基斯坦	5.83	102	白俄罗斯	3.05
34	刚果（金）	5.76	103	伯利兹	3.04
35	瑙鲁	5.70	104	不丹	3.03
36	吉布提	5.46	105	摩洛哥	2.99
37	坦桑尼亚	5.45	106	捷克共和国	2.96
38	阿拉伯埃及共和国	5.31	107	澳大利亚	2.94
39	特克斯科斯群岛	5.28	108	美国	2.93
40	亚美尼亚	5.20	109	圣基茨和尼维斯	2.92
41	印度尼西亚	5.17	110	土耳其	2.83
42	波兰	5.15	111	东帝汶	2.81
43	乌兹别克斯坦	5.12	112	新西兰	2.77
44	匈牙利	5.09	113	瑞士	2.75
45	黑山	5.08	114	韩国	2.67
46	佛得角	5.08	115	北马其顿	2.66
47	多哥	4.91	116	圣多美和普林西比	2.66
48	马里	4.90	117	乍得	2.64
49	格鲁吉亚	4.80	118	哥斯达黎加	2.63
50	爱沙尼亚	4.76	119	克罗地亚	2.63
51	马来西亚	4.74	120	荷兰	2.60
52	拉脱维亚	4.62	121	哥伦比亚	2.57
53	冰岛	4.61	122	萨尔瓦多	2.54
54	马达加斯加	4.56	123	图瓦卢	2.50
55	博茨瓦纳	4.45	124	突尼斯	2.48
56	塞尔维亚	4.39	125	葡萄牙	2.44
57	中欧和波罗的海	4.31	126	沙特阿拉伯	2.43

续表

排名	经济体	GDP 增长率	排名	经济体	GDP 增长率
58	玻利维亚	4.22	127	奥地利	2.42
59	格林纳达	4.18	128	丹麦	2.39
60	阿尔巴尼亚	4.15	129	斯威士兰	2.35
61	泰国	4.13	130	西班牙	2.35
62	斯洛文尼亚	4.12	131	多米尼克	2.26
63	重债穷国（HIPC）	4.11	132	俄罗斯联邦	2.25
64	圭亚那	4.10	133	古巴	2.25
65	哈萨克斯坦	4.10	134	瑞典	2.23
66	喀麦隆	4.06	135	美属萨摩亚	2.18
67	塞浦路斯	4.06	136	圣文森特和格林纳丁斯	2.16
68	斯洛伐克共和国	4.03	137	墨西哥	2.14
69	智利	4.02			

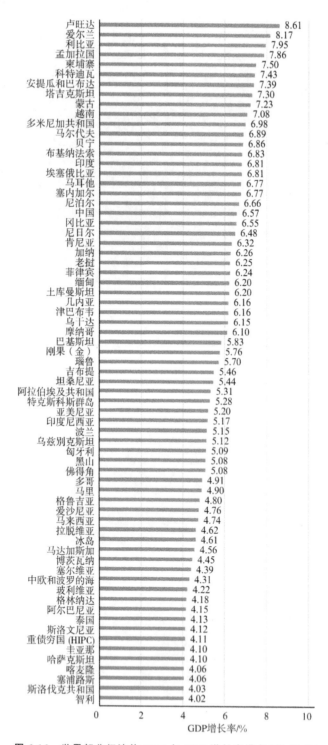

图 6-16　世界部分经济体 2018 年 GDP 增长率排名(前 69 名)

二、房地产业本身的强周期性

房地产业本身有着强烈的周期性,这种强周期性会反映在房地产投资的挤出效应中,形成房地产投资挤出效应的阶段差异性。以"去库存"以来中国房地产业土地购置面积和土地成交价款情况对房地产业的强周期性进行观察(见表 6-19),中国房地产业土地购置面积累计增长率和土地成交价款累计增长率都经历了五个明显的阶段(见图 6-17),中国房地产业土地购置面积累计增长率和土地成交价款累计增长率在 2015 年 12 月—2019 年 12 月均出现了高频率的波动。除此之外,房地产业的其他很多指标都可以反映房地产业的强周期特征。

表 6-19　中国房地产业土地购置面积和土地成交价款情况
(2015 年 12 月—2019 年 12 月)

日期	房地产业土地购置面积累计值(万平方米)	房地产业土地购置面积累计增长率(%)	房地产业土地成交价款累计值(亿元)	房地产业土地成交价款累计增长率(%)
2015 年 12 月	22810.79	−31.7	7621.61	−23.9
2016 年 2 月	2235.60	−19.4	705.09	0.9
2016 年 3 月	3576.58	−11.7	1164.65	3.7
2016 年 4 月	5113.65	−6.5	1568.09	−0.2
2016 年 5 月	7196.09	−5.9	2295.28	4.7
2016 年 6 月	9501.89	−3.0	3159.13	10.2
2016 年 7 月	11167.16	−7.8	3848.17	7.1
2016 年 8 月	12922.45	−8.5	4632.46	7.9
2016 年 9 月	14916.61	−6.1	5568.50	13.3
2016 年 10 月	16872.73	−5.5	6764.42	16.7
2016 年 11 月	19045.73	−4.3	7777.48	21.4
2016 年 12 月	22025.00	−3.4	9129.00	19.8
2017 年 2 月	2373.74	6.2	794.29	12.7
2017 年 3 月	3782.04	5.7	1358.62	16.7
2017 年 4 月	5527.58	8.1	2104.50	34.2
2017 年 5 月	7580.04	5.3	3035.59	32.3
2017 年 6 月	10340.52	8.8	4376.11	38.5

续表

日期	房地产业土地购置面积累计值（万平方米）	房地产业土地购置面积累计增长率（%）	房地产业土地成交价款累计值（亿元）	房地产业土地成交价款累计增长率（%）
2017 年 7 月	12409.60	11.1	5427.69	41.0
2017 年 8 月	14229.24	10.1	6609.41	42.7
2017 年 9 月	16733.09	12.2	8148.81	46.3
2017 年 10 月	19047.81	12.9	9694.77	43.3
2017 年 11 月	22158.24	16.3	11435.74	47.0
2017 年 12 月	25508.29	15.8	13643.39	49.4
2018 年 2 月	2344.56	−1.2	794.25	0.0
2018 年 3 月	3802.07	0.5	1633.88	20.3
2018 年 4 月	5411.56	−2.1	2391.37	13.6
2018 年 5 月	7741.76	2.1	3521.95	16.0
2018 年 6 月	11085.11	7.2	5265.31	20.3
2018 年 7 月	13817.61	11.3	6618.89	21.9
2018 年 8 月	16451.29	15.6	8176.91	23.7
2018 年 9 月	19366.18	15.7	10002.20	22.7
2018 年 10 月	21962.57	15.3	11695.01	20.6
2018 年 11 月	25325.63	14.3	13746.36	20.2
2018 年 12 月	29141.57	14.2	16102.16	18.0
2019 年 2 月	1545.19	−34.1	690.20	−13.1
2019 年 3 月	2543.33	−33.1	1193.54	−27.0
2019 年 4 月	3582.28	−33.8	1589.57	−33.5
2019 年 5 月	5169.79	−33.2	2269.45	−35.6
2019 年 6 月	8035.29	−27.5	3811.20	−27.6
2019 年 7 月	9761.17	−29.4	4794.82	−27.6
2019 年 8 月	12236.06	−25.6	6373.97	−22.0
2019 年 9 月	15454.03	−20.2	8185.84	−18.2
2019 年 10 月	18382.77	−16.3	9921.17	−15.2
2019 年 11 月	21719.67	−14.2	11960.37	−13.0
2019 年 12 月	25822.29	−11.4	14709.28	−8.7

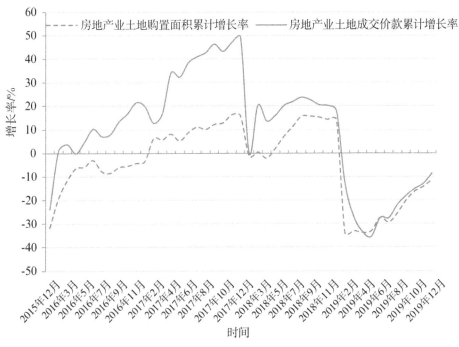

图 6-17　中国房地产业土地购置面积和土地成交价款累计增长率
（2015 年 12 月—2019 年 12 月）

三、房地产业调控政策的时效性

　　国家对房地产业出台了很多调控政策，这些政策都有很强的时效性，调控政策的时效性是房地产投资挤出效应出现阶段差异性的重要原因。国家调控房地产业的一个重要工具是贷款基准利率，从 1991 年 4 月 21 日到 2018 年 10 月 1 日，中国人民银行对贷款基准利率一共调整了 43 次（见表 6-20），其中，2008 年和 2015 年均调整了五次。同一年内五次调整贷款基准利率，这一情况充分说明贷款基准利率的时效性非常短。图6-18反映了贷款基准利率在短时间内的波动性。宏观调控政策的时效性越短，房地产业的发展波动就会越频繁，同时房地产投资挤出效应的阶段差异性也就越明显。

表 6-20　中国人民银行历年贷款基准利率调整
（1991 年 4 月 21 日—2018 年 10 月 1 日）

单位：%

日 期	六个月以内（含六个月）	六个月至一年（含一年）	一至三年（含三年）	三至五年（含五年）	五年以上
1991 年 4 月 21 日	8.10	8.64	9.00	9.54	9.72
1993 年 5 月 15 日	8.82	9.36	10.80	12.06	12.24
1993 年 7 月 11 日	9.00	10.98	12.24	13.86	14.04
1995 年 1 月 1 日	9.00	10.98	12.96	14.58	14.76
1995 年 7 月 1 日	10.08	12.06	13.50	15.12	15.30
1996 年 5 月 1 日	9.72	10.98	13.14	14.94	15.12
1996 年 8 月 23 日	9.18	10.08	10.98	11.70	12.42
1997 年 10 月 23 日	7.65	8.64	9.36	9.90	10.53
1998 年 3 月 25 日	7.02	7.92	9.00	9.72	10.35
1998 年 7 月 1 日	6.57	6.93	7.11	7.65	8.01
1998 年 12 月 7 日	6.12	6.39	6.66	7.20	7.56
1999 年 6 月 10 日	5.58	5.85	5.94	6.03	6.21
2002 年 2 月 21 日	5.04	5.31	5.49	5.58	5.76
2004 年 10 月 29 日	5.22	5.58	5.76	5.85	6.12
2006 年 4 月 28 日	5.40	5.85	6.03	6.12	6.39
2006 年 8 月 19 日	5.58	6.12	6.30	6.48	6.84
2007 年 3 月 18 日	5.67	6.39	6.57	6.75	7.11
2007 年 5 月 19 日	5.85	6.57	6.75	6.93	7.20
2007 年 7 月 21 日	6.03	6.84	7.02	7.20	7.38
2007 年 8 月 22 日	6.21	7.02	7.20	7.38	7.56
2007 年 9 月 15 日	6.48	7.29	7.47	7.65	7.83
2007 年 12 月 21 日	6.57	7.47	7.56	7.74	7.83
2008 年 9 月 16 日	6.21	7.20	7.29	7.56	7.74
2008 年 10 月 9 日	6.12	6.93	7.02	7.29	7.47
2008 年 10 月 30 日	6.03	6.66	6.75	7.02	7.20
2008 年 11 月 27 日	5.04	5.58	5.67	5.94	6.12
2008 年 12 月 23 日	4.86	5.31	5.40	5.76	5.94

续表

日期	六个月以内（含六个月）	六个月至一年（含一年）	一至三年（含三年）	三至五年（含五年）	五年以上
2010 年 10 月 20 日	5.10	5.56	5.60	5.96	6.14
2010 年 12 月 26 日	5.35	5.81	5.85	6.22	6.40
2011 年 2 月 9 日	5.60	6.06	6.10	6.45	6.60
2011 年 4 月 6 日	5.85	6.31	6.40	6.65	6.80
2011 年 7 月 7 日	6.10	6.56	6.65	6.90	7.05
2012 年 6 月 8 日	5.85	6.31	6.40	6.65	6.80
2012 年 7 月 6 日	5.60	6.00	6.15	6.40	6.55
2014 年 11 月 22 日	5.60	5.60	6.00	6.00	6.15
2015 年 3 月 1 日	5.35	5.35	5.75	5.75	5.90
2015 年 5 月 11 日	5.10	5.10	5.50	5.50	5.65
2015 年 6 月 28 日	4.85	4.85	5.25	5.25	5.40
2015 年 8 月 26 日	4.60	4.60	5.00	5.00	5.15
2015 年 10 月 24 日	4.35	—	4.75	—	4.90
2016 年 1 月 1 日	4.35	—	4.75	—	4.90
2017 年 1 月 1 日	4.35	—	4.75	—	4.90
2018 年 10 月 1 日	4.35	—	4.75	—	4.90

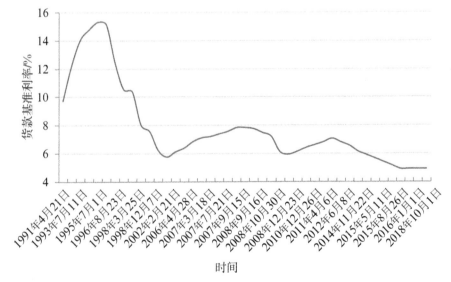

图 6-18　中国人民银行五年以上贷款基准利率变化
（1991 年 4 月 21 日—2018 年 10 月 1 日）

第四节　房地产投资挤出挤入效应之辨

在中国房地产投资对其他投资挤出效应的实证检验中,东部地区的房地产投资对其他投资产生了负的直接挤出效应(也即挤入效应),东部地区的房地产投资不但没有"直接挤出"其他投资,反而"直接挤入"了其他投资。房地产投资对其他投资除了会产生挤出效应外,也有可能产生挤入效应。产生挤入效应的原因,在第三章"房地产投资挤出效应的理论基础与分析框架"中进行了阐述:当房地产业的平均利润低于非房地产业时,生产要素会从房地产业流向非房地产业,从而推动非房地产业规模的不断扩张,房地产业的规模则会不断萎缩;在范围经济的作用下,非房地产业的成本将因规模的扩大而降低,房地产业的成本则会因规模的缩小而增加,于是非房地产业会产生更大的投资需求,而房地产业的投资需求将变小。此时,社会固定资产投资总额的预算线向左移动,等产量线也向左移动,社会固定资产投资总额的预算线与等产量线相切于新的均衡点(位于旧均衡点的左边),房地产业在新旧两个均衡点间所获得的固定资产投资差额(为负)就是房地产投资对其他投资的挤入效应。

在中国房地产投资对居民消费挤出效应的实证检验中,房地产投资对居民消费水平(基于全国总体情况)、城镇居民消费水平、农村居民消费水平均产生了负的挤出效应(也即挤入效应)。因此,我们认为房地产投资对居民消费也出现了挤入效应,关于这一结果的原因在第三章"房地产投资挤出效应的理论基础与分析框架"中也有描述:房地产投资的增加通过影响房地产市场预期促使房价上涨。对自有住房居民而言,房价上涨会使房产增值,这便是房价上涨的财富效应。在消费者偏好不变的情况下,财富效应会导致自有住房居民的非住房消费支出增加,同时住房消费支出也会增加,此时房地产投资通过房价上涨对自有住房居民的消费产生挤入效应。

总结而言,挤出效应和挤入效应在本质上是一致的,挤入效应是负的挤出效应。若无特别说明,挤出效应指正的挤出效应。

第七章

结论与政策建议

第一节　主要结论

自 2015 年 12 月"去库存"以来,中国房地产业进入新的发展周期。"去库存"与中国房地产投资"大扩张"、中国房价的"大涨幅"并存,共同形成中国房地产业新的阶段性特征。研究房地产投资的挤出效应以促进房地产业和国民经济健康稳定发展,就成为当前一个非常重要的现实课题。

对挤出效应理论的一般性逻辑进行梳理,并回顾挤出效应在其他领域的扩展,例如社会规范、信贷市场、上市公司过度融资行为、旅游业等,形成房地产投资挤出效应研究的理论基础。

参考挤出效应的一般性逻辑和扩展,并联系中国房地产投资的实际,本书选择其他投资、制造业和居民消费三个视角来观察中国房地产投资的挤出效应。在演进过程中,房地产投资对其他投资的挤出效应最早产生,对制造业的挤出效应其次,对居民消费的挤出效应最后。

房地产投资对其他投资的挤出效应指房地产业对投资的过度吸附能力导致其他产业投资的流失。在理论基础之上,进一步参考 Agosin 和 Machado(2005)的回归方程,构建滞后两期的差分方程作为实证检验方程。对差分方程进行求导可以得到房地产投资对其他投资挤出效应的计算公式,它由两部分组成:房地产投资对其他投资的直接挤出效应和间接挤出效应。直接挤出效应指房地产投资对其他投资的"固有"挤出倾向,间接挤出效应指房地产业投入产出系数,不具有"固有"倾向,会随着房地产业的发展而变化。房地产投资对其他投资直接挤出效应和间接挤出效应的提出,是对房地产挤出效应研究的小小创新。房地产投资对制造业的挤出效应指房地产投资的增加导致房地产业对生产要素的过度吸附,阻碍生产要素向制造业流动,从而制约制造业发展的现象。在理论基础之上,进一步参考 Mendicino 和 Punzi(2014)、Chakraborty 等(2018)等研究,建立房地产投资对制造业挤出效应的回归方程。在实证分析的过程中,主要关注"去库存"以来中国房地产投资对制造业的挤出效应。

房地产投资对居民消费的挤出效应指房地产投资的增加通过影响房地产市场预期促使房价上涨,进而削弱居民消费能力的现象。在房地产投资对居民消费挤出效应的分析框架中,鉴于通货膨胀对房地产业和居民消费的影响均比较大,不同的通胀水平下房地产投资对居民消费的挤出效应可能会出现较大的差异性。于是选择门限效应模型进行回归,以观察不同的通胀水平下房地产投资对居民消费挤出效应的差异性。

以中国 31 个省级行政区 2003—2017 年的面板数据为样本,实证检验中国房地产投资对其他投资的挤出效应,得出的结论为:在全国总体样本回归中,λ_1 是一个正数,这意味着中国房地产投资对其他投资产生了正的直接挤出效应,房地产投资对其他投资存在正的挤出倾向;λ_2 是一个负数,中国房地产投资对其他投资产生了负的间接挤出效应,这意味着中国房地产业对投资的吸引力在减弱,其他产业投资会相对增加。在分样本回归中,有以下结论:东部地区的直接挤出效应为负,表明东部地区的房地产投资不但没有"直接挤出"其他投资,反而"直接挤入"了其他投资,东部地区的间接挤出效应为正,意味着东部地区房地产业对投资的吸引力在增强,其他产业投资会相对减少;中部地区直接挤出效应为正,间接挤出效应为正;西部地区直接挤出效应为正,间接挤出效应为负。对比来看,全国总体、东部地区、中部地区、西部地区的直接挤出效应大小不同,间接挤出效应的方向不同,这显示了中国房地产投资挤出效应的区域差异性。经过稳健性检验,以上实证检验结果是稳健的。

以中国 2015 年 12 月—2019 年 12 月的月度时间序列数据作为样本数据("去库存"从 2015 年 12 月 20 日开始),实证检验中国房地产投资对制造业的挤出效应,得出的结论为:房地产投资对制造业产生显著的挤出效应,说明"去库存"以来房地产投资与制造业之间产生了"挤出"的关系,这对于理解当前阶段房地产业的阶段性特征以及制定相应的调控政策是有帮助的。以上结果具有稳健性。

以中国 31 个省级行政区 2001—2017 年的面板数据为样本,实证检验中国房地产投资对居民消费的挤出效应,得出的结论为:当通货膨胀率处于较低水平时(即低于门限值),房地产投资对居民消费水平产生显著的正向影响;当通货膨胀率突破门限值后,房地产投资对居民消费水平仍然产生显著的正向影响,并且估计系数更大。因此,可以认为房地产投资对居民消费水平产生了负向的挤出效应(也即挤入效应),并且这种负向挤出的程度在通货膨胀率较高的背景下更大,这体现房地产投资挤出效应的阶段差异性。以上结果具有稳健性。

对实证检验结果进行综合分析发现,中国房地产投资的挤出效应具有三个特征:房地产投资挤出效应的区域差异性、房地产投资挤出效应的城乡差异性、房地产投资挤出效应的阶段差异性。

第二节 政策建议

根据实证检验结果以及对实证检验结果的分析,本书认为可以从以下几个方面调控房地产投资的挤出效应、促进房地产业的健康发展。

一、探索房地产投资分区域分阶段调控制度

基于房地产投资挤出效应的区域差异性和阶段差异性,需要对房地产投资进行分区域、分阶段的调控,而非"一刀切"和一成不变。

首先,进一步下放用地审批权,中央政府应向地方政府让渡更多的调控自主权。用地审批权是政府调控房地产的重要政策工具。2020 年 3 月 1 日,国务院印发《关于授权和委托用地审批权的决定》,三类用地审批权(永久基本农田以外的农用地转用审批权、永久基本农田的农用地转用审批权、土地征收审批权)被下放到试点的省级人民政府。这是中央政府向省级地方政府让渡房地产调控自主权的一个强烈信号。建议在此基础上探索更大范围的用地审批权下放,将更多类别的用地审批权下放到地方政府,同时扩大用地审批权下放的纵深,探索用地审批权下放到地市级政府甚至县级政府的可行性。只有当地方政府具备了调控房地产投资的自主权,地方政府才可以根据自身的经济体量、财政实力、金融发展水平等情况制定灵活的调控政策。

其次,建立房地产投资区域预警机制,提高不同地区决策的科学性。当某一个区域的房地产投资过热,并且对其他投资、制造业和当地居民消费产生强烈的挤出效应时,应该启动房地产投资预警机制,借助中央政府和地方政府的合力给该区域的房地产投资降温。各个地区的房地产投资预警机制可以由住房和城乡建设局牵头,联合发改委、经信局、自然资源局等相关部门建立。在预警机制实施的过程中需要密切关注本地区房地产业的各项指标,及时做出风险研判,并提出政策建议。

再次,地方政府定期发布房地产投资蓝皮书,披露当地房地产投资情况并形成投资导向。目前,以全国总体为研究对象的房地产投资蓝皮书已有相关研究机构在做,但是研究范围为地级市及以下的房地产投资蓝皮书还很少。建议由各地的社科院承担这项任务,组织相关研究力量对当地的房地产投资进行研究,并定期发布研

究报告。

最后,探索区域之间房地产联合调控机制。房地产业具有很强的扩散性,房地产投资、房地产价格、房地产交易在相邻区域之间有很强的流动性。因此,仅仅依靠某一个区域的力量对房地产进行调控是很难达到理想效果的。建议以都市圈、城市群为载体建立房地产联合调控机制,比如,粤港澳大湾区、长江三角洲城市群、京津冀城市群等可以建立联合调控机制,同步实施房地产调控政策,及时防范房地产风险。不过,在建立房地产联合调控机制的过程中,需要正确处理都市圈、城市群内部不同城市的政策诉求,防止内部冲突。

二、促进房地产业与其他产业协调发展

房地产业作为国民经济中重要的综合性产业之一,与其他产业之间存在着较高的关联度。这一关联既可以使房地产业对其他产业产生挤出效应,也可以产生溢出效应(或者说负的挤出效应)。房地产业与其他产业的关系对整个宏观经济会产生重要影响。因此,在各个产业相互作用的复合体中,需要从协调性、合作性的角度去处理房地产业与其他产业的关系,形成协调发展、互相助力的格局。

首先,科学认识房地产业的地位,合理调整产业支持力度。随着我国经济社会发展进入新的阶段,城镇化率达到了较高水平,我们需要科学地认识和衡量房地产业在整个产业结构中的地位,需要正确处理房地产业与国民经济在发展速度和规模上的矛盾。放眼未来,无论是从我国自身发展的需要,还是从全球经济竞争的客观现实来说,都对中国经济发展提出了新的要求,房地产业作为支柱产业的现状需要逐步调整,我国的产业结构也需要进一步合理化。

其次,推动形成产业之间的良性互动。房地产业是一个具有较强关联性的产业。一方面,房地产在前期开发建设时与建筑业密不可分,而建筑业本身也包括了很多细分行业,如钢铁、水泥、冶金、玻璃、建筑设计等;另一方面,在房地产后期的销售阶段又会涉及房产销售、室内设计、家居装饰、家电家具等。与房地产相关的产业数量众多,因此房地产投资有可能不仅不会产生挤出效应,反而还会产生溢出效应。在房地产业与工业、金融业、零售业、制造业的互动中,较为关键的是要合理把握利益分割,如果能将相关产业结合成为产业联盟,形成利益共同体,并通过内部的利益协调,将房地产业转化为其他产业的发展动力,就能促进房地产业自身的良性发展。从全球房地产业发展趋势看,我国在房地产业与其他产业融合的过程中,有很多领域值得探索,例如,绿色建筑、健康住宅理念的深化与实践,不断将房地产建设的过程智慧化、环保化,在房地产建筑中体现出生态要素和绿色要素,提升建筑材料研发

与生产的技术含量,确保建筑材料的安全性。

三、减轻国民经济对房地产业的依赖

房地产业在我国经历了 20 多年的快速发展,它在推动我国的经济社会发展方面,发挥了重要作用,作出了很大的贡献,很多地方政府到目前为止依然依靠房地产业的发展来拉动当地经济。但房地产业的非理性发展给我国经济带来的负面效应也很明显,且该行业本身依旧存在很多的顽疾没有解决。各级政府必须减少经济发展对房地产业的依赖度,避免房地产业对其他行业产生过度的挤出效应。

首先,合理预期,放弃一味求高的经济增长目标。现阶段的中国,各个省(区、市)都把房地产业作为支柱产业之一,希望本地区的房地产价格、土地价格不断上涨,从而带动本地区的经济增长。与此同时,过高的经济增长速度必然需要更大的地方财政投入,因此可能造成地方财政不足、缺口变大。而地方政府为了能够多增加财政收入、弥补缺口,会进一步期望房价上涨。如此一来,地方政府就与该地区的房地产业形成了一个恶性循环,不仅会将房地产业推向非理性发展,也会不断增强地方政府对房地产业的依赖程度,由此产生了"房地产绑架了地方经济"的舆论。造成这一现象的重要原因是我们还停留在一味求高的地方经济增长目标以及相关的政绩考核指标上。因此,要解决地方经济对土地、房价的依赖,需要从地方经济发展目标的预期合理化入手,科学确定经济发展目标,形成全面的地方政府政绩考核标准和体系。除了 GDP 增长速度外,生态环境保护、民生改善等更具长远意义和价值的指标也需要成为地方政府的考核内容,这样才能有效降低国民经济对房地产业的过度依赖,从而抑制房地产业的畸形发展。

其次,进一步推进房产税改革。目前,我国正在推进和完善房产税的立法与制度。房产税可以对房地产投资挤出效应起到很好的调控作用,因此建议加快房产税立法工作。房产税改革试点的法律依据可以追溯到《中华人民共和国房产税暂行条例》(国发〔1986〕90 号)。从法律效力层次而言,《中华人民共和国房产税暂行条例》的立法层次较低、权威性不足。因此,建议在条件成熟时,尽快将《中华人民共和国房产税暂行条例》上升为由全国人大制定的法律,从而提高房产税的法律效力层次和权威性。此外,在房产税立法时,鉴于房产税是地方税系,建议赋予地方政府适当的税收管理权限,这可以让房产税更好地适应我国各地税收征管水平不同、经济发展水平不同的实际情况。

最后,推动产业转型升级,布局经济新增长点。现阶段,找到中国经济新的突破点,培育经济增长新动力,能有效地提升其他行业在国民经济中的占比,使国民经济

多点开花,从而避免过度依赖房地产业,也可降低房地产业动荡对国民经济造成的不良影响。地方政府在调整经济结构、构建产业新体系上需要进一步发力。就目前中国经济发展趋势来看,新一轮技术革命正在蓬勃发展,由此所带来的新产业、新业态、新模式也进入了新的发展阶段,地方政府要及时把握这种新变化,通过创造新产品、发展新业态、研发新技术,构建多元产业体系。例如,抓住新一轮技术革命,大力发展战略性新兴产业。培育和壮大战略性新兴产业,是当前供给侧结构性改革的重要内容。战略性新兴产业在国家政策的鼓励和支持下会很快进入快速发展期,逐渐成为支撑经济转型升级、提质增效和创新型国家建设的重要力量。"十三五"以来,在国家层面,提出了要推进新一代信息技术、生物技术、高端装备、新材料、节能环保、新能源、新能源汽车和数字创意等战略性新兴产业的发展,各地在发展过程中可以结合自身的产业基础、区域优势、未来潜力等,合理布局,调整重点行业,有规划地进行培育。与此同时,加快推动传统产业向战略性新兴产业转型,特别要重视低端传统产业的优化升级,可以通过自主创新等方式向高端领域渗透和延伸,构建战略性新兴产业集群。还可以通过建设工业园区、科技园区等载体,以大产业链的建设蓝图配置资源,以龙头企业为核心,以产业链延伸为纽带,实现平台对产业链及产业集群的集聚效应,提高产业核心竞争力。此外,还需要构建有利于企业自主创新的环境,进一步明确企业创新主体的地位,推动企业与相关的研究机构、大学科研院所等开展合作。特别是要大力支持民营企业自主创新,不断提高科技成果的转化效率,在人才引进、财税政策、产业基金、优惠条款等方面出台扶持政策。

四、加强房地产市场健康发展的长效机制建设

房地产市场的健康发展是房地产业健康发展的重要保障,也是调节房地产投资挤出效应的重要环节。中国房地产市场很多政策都注重短期成效,比如限售、限价、限购、限贷等,而综合运用金融、土地、财税立法等手段形成的长效机制还比较少,急需探索。

首先,进一步规范房地产业的投融资政策。房地产投融资政策,是房地产业发展的重要阀门。要对房地产开发企业自有资金的比例进行严格监管,支持符合条件的房企推进市场化债转股。对房地产企业的资金来源,如信托资金、海外发债等,强化审查,避免房地产业对社会资金的过度吸附。引导房地产企业创新方式、开拓市场,提升销售成效,加快回款节奏,提升企业的内源融资能力。在风险可控的前提下,政府和金融机构要不断优化首套房购买者的金融支持方案,为自住性、改善性需求提供多种方式的金融支持。同时,重视评估购房者的还款能力、信用度等,降低死

账出现率。合理提高多套住房拥有者的贷款买房门槛和成本,通过提高首付款比例、贷款利率等方式,减少此类购房者的金融支持。加快房地产税制改革,创新方式,探索税种的多样性,增加房地产保有环节的持有成本。

其次,推进城乡户籍和土地制度综合性改革。围绕房地产业发展需要,逐步探索以就业制度改革、户籍制度改革为主要内容的城乡一体化发展机制。深化城乡户籍改革,打破原有的划分方式,将人与产业、就业结合起来,形成"产业跟着功能走,人口跟着产业走,土地跟着人口和产业走"的方式,将土地指标真正用在需要的地区上,形成"功能—产业—人口—土地"的土地调控逻辑链条。深化土地制度改革,建立多主体供给、多元竞争的土地供给制度,根据各地区的房地产业发展现状,调整土地供给结构,合理分配工业用地和城市居住用地的占比。探索以城市群、都市圈为基础的跨省土地规划,在更大的土地范围内,科学规划建设用地。建立规范的二级土地交易市场,保证交易依法合规,保护农民的合法权益。

再次,探索住房公积金制度改革。一方面,建立更具差异性的缴存方式:根据企业规定、个人意愿等,灵活调整个人自愿缴存比例;在使用方面,降低公积金提取的限制,提高公积金的利用率;在提取过程中,保障特殊群体,如低收入家庭等的提取速度,使公积金更好地为真正需要购房的人群服务。另一方面,完善住房公积金的监管机制,加大住房公积金信息的公开度、透明度,通过信息库建设、数据共享等方式,更好地接受相关部门的监督,提高住房公积金的管理效率和使用效率。在完善公积金风险防范体系等制度的基础上,在保证资金安全的前提下,尝试拓宽住房公积金融资渠道,增强公积金的流动性,使公积金保值增值。

最后,建立和完善房地产基础统计制度。全面、真实的数据是进行科学决策的参考和基础,我国房地产业的真实数据还未实现全国互联共通,需要尽快建立和完善相关的统计制度。形成全国房地产登记统计的统一方式,确保数据结构具有一致性、数据信息具有真实性和准确性。加快推进全国联网的房地产登记信息数据库建设,确保国家、省、市、县各级登记信息的实时共享,确保政府部门、金融机构、房地产企业数据的真实共享,利用大数据分析的方式,及时掌握房地产市场动向,为有效的房地产市场调控提供了信息支撑。此外,进一步完善房地产市场的信息披露制度,推进房地产市场信息公开化和透明化。

五、化解房地产泡沫,稳定房地产业风险

中国房地产市场存在多个利益主体,包括中央政府、地方政府、房地产商、购房者、金融机构等,各个利益主体间的合作与博弈使得我国房地产业的发展涉及很多

复杂的因素,因此很容易产生泡沫,带来高风险。目前阶段,需要认识到房地产业基础性、长效性的机制绝非短期内就能建立和见效的,于是限购、限贷等短期调控方式在稳定房地产业风险中仍然有着不可替代的作用。

首先,要坚定"房产"的清晰定位。"房子是用来住的、不是用来炒的"的论断对有效调控房地产市场和化解泡沫、降低风险具有基础性作用。房产的居住性是首位的,保障"住",遏制"炒",通过各种手段不断弱化房地产的投资属性和金融属性,引导市场的预期。一方面,各地依然可以通过限制购房的套数和次数,降低房产作为交易品在市场的流通性,放慢购房市场的增长。另一方面,通过税收调节力度,在房地产投资的收益兑现环节、保有环节降低收益,降低人们对于房地产投资和交易获益的期待值,从而抑制投资行为。另外,大力发展房屋租赁市场,可以有效地将房产的居住属性、投资属性以及其他消费属性分离开来。目前来看,我国房地产市场还处于总量基本平衡的状态,但由于受到对房价走势不确定的焦虑、租房市场混乱等因素的影响,很大一部分人会倾其所有购入住房,导致出现租售比严重失衡、房屋租赁市场投资价值较低等现象。因此,进一步规范和管理房屋租赁市场,引导广大年轻人暂时以租房代替贷款买房,也能有效地将住房所具有的其他消费属性(租赁)发挥出来,降低房产的投资属性。

其次,要控制"房贷"的合理规模。房地产泡沫的重要特征是房地产价格的持续上升,而泡沫膨胀的背后往往囤积着大量的金融资源,这不仅会给房地产业带来更大的风险,也会将风险转嫁到金融机构。数据显示,房地产泡沫膨胀的过程往往伴随着金融市场风险的不断累积,房价大幅上涨会导致房地产抵押贷款在短时间迅速增长,进而导致金融机构在房地产业的风险敞口增大,金融系统面临的违约风险也会同步上升。因此,建议合理控制金融业对房地产业的贷款规模,优化金融业的贷款结构,避免金融资源过度"脱实就虚",从而有效防范房地产业的风险。具体而言,可以通过进一步完善货币政策,来加强房地产业金融政策的稳定性和制度化。比如,抬高信贷成本,将房贷利率控制在合理水平,稳定个人住房贷款的规模。此外,谨防由各地政策的差异造成市场价差的进一步扭曲所诱发的套利行为,优化房地产调控过程中的中央统筹协调职责,将三、四线城市与一、二线城市的金融政策联合统筹,尽最大可能减少一、二线城市资金进入三、四线城市的套利行为。

再次,要把握"房交"的约束性、规范性。目前,中国房地产交易市场的相关机制和交易流程还不够完善,缺乏有效的约束和规范,这阻碍了房地产业的健康发展。第一,要明确交易市场的供求状况,其中的一个重要环节就是加速全国房地产登记联网,摸清居民在本地区以及其他地区的房产情况,通过大数据精准分析当前房地产市场中的个人房产总量、刚性需求量、可交易房产量等,并将数据共享至金融机构、房产交易机构,筛选和区分出居住性买房、改善性买房、投资性买房与投机性买房,精准控制进入房地产交易市场的人群。第二,要进一步完善房地产交易市场的法规体系,引导市场形成守法、诚信、自律的市场行为规范,构建透明、公平、规范的市场交易秩序。严格管理房屋中介机构、房产销售企业等的销售行为,杜绝房地产商、经纪人的故意欺诈和给购房者谋取不合理的融资等行为,严防交易合同陷阱,建立行业黑名单,动员社会力量参与监督。加强对房地产市场媒体宣传和舆论热点的监控,禁止房地产企业的虚假宣传行为。

最后,要落实"保障性住房"的托底价值。保障性住房有利于改善中低收入阶层的居住条件,同时也是房地产市场健康发展的重要组成部分,未来的住房保障体系和房地产市场可以形成联动。对于部分地区,商品房市场常年所积压的存量商品房可以通过政府采购的方式,改造成经济适用房或者廉租房、公共租赁住房等其他形式的保障性住房,这样既可以避免房地产业的过度建设,减少建设资金的投入,也可以充分利用现有的房地产,减少房地产积压所产生的不良市场影响。建议鼓励民间资本投资保障性住房,加强相关政策研究,让更多具有一定资金、技术和管理优势的民营企业参与到保障性住房建设、棚户区改造中来。进一步构建政府与民间资本间的相互信任,合理界定购买范围,明确政府和企业双方的职责,引入外部竞争和第三方评价机制,营造良好的合作氛围。

六、优化房地产业的宏观调控机制

精准有力的宏观调控对房地产业发展具有较大的干预作用,我国的宏观调控取得了明显的政策效果。当前的调控主要从当下的经济形势出发,采取短期性、行政式手段,在一定阶段内取得了良好的效果,但也会引发一系列问题,甚至从长远来看反而会进一步加剧房地产业的挤出效应。为进一步调控房地产业的挤出效应,需要不断优化宏观调控机制。

首先,加快宏观调控制度改革,形成立足长远的系统性调控制度体系。房地产业是一个自身具有复杂性,且会对整个国民经济产生较大影响的产业,对它的宏观调控政策必须是既要管近又要管远,既要重视自身又要关注其他的系统机制。在完善房地产业的宏观调控机制时,需要进一步明确房地产市场宏观调控政策的独立性,而不仅仅是将其视作从属于经济宏观调控的一个部分。此外,在房地产交易调控中,要保障供给总量、注重供给结构的调整,统筹完善由商品住房、保障性住房、共有产权房、租赁住房组成的"四位一体"的住房供应体系,通过放宽市场准入条件的方式提高后三类的住房供应量,并形成涵盖税收、金融、供地等方面的系统配套政策支持。进一步完善限购政策,使其成为一项具有稳定性、长期性的政策,通过有效的调控,实现供求之间基本的平衡。同时注重交易制度的完善,规范住房交易过程中的过度杠杆行为,坚决控制投机性购房的信贷行为,努力抑制投机现象。当然,与房地产业调控相关的其他改革也需跟上改革的步伐,包括城乡土地制度综合性改革、房地产税改革、房地产投融资政策改革等,所有调控政策形成一个科学的房地产业调控机制体系,在有效保障产业发展的同时也能控制挤出效应。

其次,关注区域差异,形成"一地一策"的多元性调控。纵观多年来中国房地产业宏观调控政策的发展,不难发现全国政策在很大程度上出现了一致性和相似性,房地产市场是一个区域市场,各地市场的特点不一,在中国尤其如此。房地产业在各地区的发展存在很大差异,其在各地区的经济增长中发挥的作用也不尽相同,并呈现出较大的区域差异性。因此,在宏观调控上也需要关注这一特征,关注区域之间的差别,在相关政策上体现差异性和多元性,尽量做到"一地一策""一线一策"。具体而言,要促进中央与地方政府间的财权、事权统一协调,国家可以将部分房地产调控权力下放到地方政府,各地方政府可以对中央的调控政策作出一定程度的调整。在此基础上,充分调动地方政府对房地产业的调控积极性,加强执行力度,研究本地区经济发展特征,出台地方调控政策。其中,比较有代表性的是差别化的限购政策,这一调控政策一直受到大家关注,并在各地的探索中取得了较好的成效。针对不同地区、不同城市发展速度的差别,应该采取不同的调控政策。部分一、二线城市的房价上涨过快或者价位较高,并且房产的刚性需求增长较慢,此类城市应更注重住房调控政策的约束性,需要通过适度收紧信贷、增加保障房等措施,来抑制房地产业的过快发展可能产生的挤出效应。对于一些三、四线城市而言,原有房产库存高,并且除了刚性需求外,改善性需求一直存在,这些地区的调控政策应考虑到对合理需求的满足,通过调整首付比例、二套房贷款利率等措施,把房地产业的发展控制在可控可管的范围内。

最后,重视依法治理,形成法规完善的规范性调控。目前,房地产市场中出现的政府和市场缺位、错位、越位等一系列问题直接影响了房地产业的健康发展,房地产业的挤出效应也由此增强。其中一个重要原因就是缺乏完善的法律体系,使得国家宏观调控过度依赖政策。因此,形成完善的房地产业宏观调控的法律法规体系、在房地产市场实现依法治理就变得非常重要。在宏观调控中可以充分发挥法治的作用,通过完善的法律体系规范房地产市场,引导其合理发展,弱化挤出效应。完善的法律体系既包括需要进一步完善的土地、税收、保障性住房等互相联系的系列法规体系,也包括需要加快研究的房地产税等相关法规。而加快推进房地产租赁市场的法治化进程也非常重要,以立法的形式进一步保障在部分城市试行的"租售同权"的顺利推进,确保租房人群通过租用的房产享受与买房人同等的教育、医疗等权益。这一方式在国内某些一线城市已经试行,但仍需通过相关法规的进一步规范,来保护租房人群的合法权益,提高租房群体的稳定感和安全感,由此降低他们的购房需求。

第三节　研究展望

房地产业在中国已经不仅仅是一个产业问题,而是一个会影响整个国民经济的宏观经济问题,因此,研究中国宏观经济不可避免地要关注房地产业。在本书的基础上,笔者将在以下四个方向进行深化研究。

第一,关于房地产投资的挤出效应在中国重点经济区域的差异性。比如粤港澳大湾区、长江经济带、长江三角洲城市群、京津冀城市群等重点经济区域房地产投资的挤出效应。

第二,关于房地产投资挤出效应的国际差异。比如美国、欧盟、非洲、拉丁美洲等国家和地区房地产投资的挤出效应。

第三,关于房产税的研究。房产税是影响中国房地产业的一个重要事件,房产税改革的事件效应、房产税的成本收益度量等都是有价值的研究方向。

第四,关于房地产市场的经济治理。十九届四中全会明确提出了"经济治理"的要求。那么,房地产市场的经济治理该如何推进？这个问题的研究将具有现实意义。

参考文献

[1] Agnello L, Castro V, Sousa R M. How does Fiscal Policy React to Wealth Composition and Asset Prices? [J]. Journal of Macroeconomics, 2012(1):874—890.

[2] Agosin M R, Machado R. Foreign Investment in Developing Countries: Does It Crowd in Domestic Investment? [J]. Oxford Development Studies, 2005(2): 149—162.

[3] Albarran P, Attanasio O P. Limited Commitment and Crowding Out of Private Transfers: Evidence from a Randomised Experiment [J]. The Economic Journal, 2003(486):77—85.

[4] Almudhaf F, Hansz A J. Random Walks and Market Efficiency: Evidence from Real Estate Investment Trusts(REIT) Subsectors[J]. International Journal of Strategic Property Management, 2018(2):81—92.

[5] Amédée-Manesme C O, Barthélémy F, Prigent J L. Real Estate Investment: Market Volatility and Optimal Holding Period under Risk Aversion[J]. Economic Modelling, 2016(58):543—555.

[6] André C, Gupta R, Kanda P T. Do House Prices Impact Consumption and Interest Rate? Evidence from OECD Countries Using an Agnostic Identification Procedure[J]. University of Pretoria Economics Department Working Papers, 2011:18.

[7] Andreoni J. Giving with Impure Altruism: Applications to Charity and Ricardian Equivalence[J]. Journal of Political Economy, 1989(6):1447—1458.

[8] Anward S, Sun S. Can the Presence of Foreign Investment Affect the Capital Structure of Domestic Firms? [J]. Journal of Corporate Finance, 2015(2):32—43.

[9] Aoki K, Proudman J, Vlieghe G W. Houses as Collateral: Has the Link between House Prices and Consumption in the UK Changed? [J]. Economic Policy Review, 2002(1):163—177.

[10] Attanasio O P, Weber G. Is Consumption Growth Consistent with

Intertemporal Optimization? Evidence from the Consumer Expenditure Survey[J]. Journal of Political Economy,1995(6):1121−1157.

[11]Bai J,Ng S. Panel Unit Root Tests with Cross-Section Dependence:A Further Investigation[J]. Econometric Theory,2010(4):1088−1114.

[12]Bajari P,Chan P,Krueger D,et al. A Dynamic Model of Housing Demand: Etimation and Policy Implications[J]. Internation Economic Review,2013(2): 409−442.

[13]Baltagi B H. Econometric Analysis of Panel Data[M]. John Wiley & Sons Ltd. ,2005.

[14]Bao H X H,Li S H. Overconfidence and Real Estate Research:A Survey of the Literature[J]. The Singapore Economic Review,2016(4):1−24.

[15]Barclay M J,Heitzman S M,Smith C W. Debt and Taxes:Evidence from the Real Estate Industry[J]. Journal of Corporate Finance,2013(1):74−93.

[16]Barro R J. Are Government Bonds Net Wealth? [J]. Journal of Political Economy,1974(6):1095−1117.

[17]Bergstrom T,Blume L,Varian H. On the Private Provision of Public Goods[J]. Journal of Public Economics,1986(1):25−49.

[18]Boarnet M G. Spillovers and Locational Effects of Public Infrastructure[J]. Journal of Regional Science,1998(3):381−400.

[19]Bracke P. House Prices and Rents:Microevidence from a Matched Data Set in Central London[J]. Real Estate Economics,2015(2):403−431.

[20]Braid R M. The Short-Run Comparative Statises of a Rental Housing Market[J]. Journal of Urban Economics,1981(3):286−310.

[21]Bresson G,Logossah K. Crowding-Out Effects of Cruise Tourism on Stay-Over Tourism in the Caribbean:Non-Parametric Panel Data Evidence[J]. Tourism Economics,2011(1):127−158.

[22]Brooks A C. Do Public Subsidies Leverage Private Philanthropy for the Arts? Empirical Evidence on Symphony Orchestras[J]. Nonprofit and Voluntary Sector Quarterly,1999(1):32−45.

[23]Brooks A C. Public Subsidies and Charitable Giving:Crowding Out,Crowding In,or Both? [J]. Journal of Policy Analysis and Management,2000(3):451−464.

[24]Buiter W H. "Crowding-Out" and the Effectiveness of Fiscal Policy[J].

Journal of Public Economics,1977(3):309—328.

[25]Cardella E, Seiler M J. The Effect of Listing Price Strategy on Real Estate Negotiations:An Experimental Study[J]. Journal of Economic Psychology, 2016(52):71—90.

[26]Cardesín Díaz J M,Araujo J M. Historic Urbanization Process in Spain(1746—2013):From the Fall of the American Empire to the Real Estate Bubble[J]. Journal of Urban History,2017(1):33—52.

[27]Chakraborty I,Goldstein I,MacKinlay A. Housing Price Booms and Crowding-Out Effects in Bank Lending[J]. The Review of Financial Studies,2018(7): 2806—2853.

[28]Chaney T,Sraer D,Thesmar D. The Collateral:How Real Estate Shocks Affect Corporate Investment[J]. American Economic Review,2012(6):2381—2409.

[29]Chenery H B,Syrquin M. Patterns of Development,1950—1970[M]. Oxford University Press,1975.

[30]Coskun Y. The Establishment of the Real Estate Regualation and Supervison Agency of Turkey(RERSAT)[J]. Housing Finance International,2011(4):42—51.

[31]Costa-Font J. Family Ties and the Crowding Out of Long-Term Care Insurance[J]. Oxford Review of Economic Policy,2010(4):691—712.

[32]Cukierman A, Meltzer A H. A Political Theory of Government Debt and Deficits in a Neo-Ricardian Framework[J]. American Economic Review,1989(4): 713—732.

[33] Danielsen B, Harrison D, Van Ness R, et al. Liquidity, Accounting Transparency,and the Cost of Capital:Evidence from Real Estate Invetment Trusts[J]. Journal of Real Estate Research,2014(2):221—252.

[34]De Jonge H,Arkesteijn M H,Den Heijer A C,et al. Real Estate & Housing: Corporate Real Estate Management:Designing an Accommodation Strategy (DAS Frame)[J]. Journal of Psychosomatic Research,2009(50):199—204.

[35]Diaz A,Luengo-Prado M J. The Wealth Distribution with Durable Goods[J]. International Economic Review,2010(1):143—170.

[36]Dokko Y,Edelstein R H,Lacayo A J,et al. Real Estate Income and Value Cycles:A Model of Market Dynamics[J]. Journal of Real Estate Research, 1999(1):69—96.

[37]Donner H,Song H S,Wilhelmsson M. Forced Sales and Their Impact on Real Estate Prices[J]. Journal of Housing Economics,2016(34):60—68.

[38]Eckel C C, Grossman P J, Johnston R M. An Experimental Test of the Crowding Out Hypothesis[J]. Journal of Public Economics,2005(8):1543—1560.

[39]Eriksen M D,Rosenthal S S. Crowd Out Effects of Place—Based Subsidized Rental Housing:New Evidence from the LIHTC Program[J]. Journal of Public Economics,2010(11—12):953—966.

[40]Evans T A. An Estimate of the Accuracy of Hedonic Real Estate Valuations Using the Orange County Bankruptcy[J]. Economica,2012(316):703—720.

[41]Farla K, De Crombrugghe D, Verspagen B. Institutions, Foreign Direct Investment and Domestic Investment:Crowding Out or Crowding In? [J]. World Development,2016(88):1—9.

[42]Favilukis J,Ludvigson S C,Van Nieuwerburgh S. The Macroeconomic Effects of Housing Wealth, Housing Finance, and Limited Risk Sharing in General Equilibrium[J]. Journal of Political Economy,2017(1):140—223.

[43]Feinberg R M,Kuehn D,Mckernan S M,et al. Explaining Variation in Title Charges:A Study of Five Metropolitan Residential Real Estate Markets[J]. Review of Industrial Organization,2015(2):145—167.

[44]Fernandez-Villaverde J,Krueger D. Consumption and Saving over the Life Cycle:How Important are Consumer Durables? [J]. Maccroeconomic Dynamics,2011(5):725—770.

[45]Fourie J,Siebrits K,Spronk K. Tourist Displacement in Two South African Sport Mega-Events[J]. Development Southern Africa,2011(3):319—332.

[46]Fu S, Liao Y, Zhang J. The Effect of Housing Wealth on Labor Force Participation:Evidence from China[J]. Journal of Housing Economics,2016(33):59—69.

[47]Georgellis Y,Iossa E,Tabvuma V. Crowding Out Intrinsic Motivation in the Public Sector[J]. Journal of Public Administration Research & Theory,2011(3):473—493.

[48]Goldsmith R W. Financial Structure and Development[M]. Yale University Press,1969.

[49]Hansen B E. Inference When a Nuisance Parameter is Not Identified under the

Null Hypothesis[J]. Econometrica:Journal of the Econometric Society,1996(2): 413—430.

[50]Hansen B E. Sample Splitting and Threshold Estimation[J]. Econometrica, 2000(3):575—603.

[51]Hansen B E. Threshold Effects in Non-Dynamic Panels:Estimation,Testing, and Inference[J]. Journal of Econometrics,1999(2):345—386.

[52]Hatemi-J A,Roca E. How Globally Contagious was the Recent US Real Estate Market Crisis? Evidence Based on a New Contagion Test[J]. Economic Modelling,2011(6):2560—2565.

[53]Haurin D R,Rosenthal S S. House Price Appreciation,Savings,and Consumer Expenditures[J]. Department of Housing and Urban Development(HUD), 2006(5):1—45.

[54]Henderson D J,Carrol R J,Li Q. Nonparametric Estimation and Testing of Fixed Effects Panel Data Models[J]. Journal of Econometrics,2008(1):257—275.

[55] Heutel G. Crowding Out and Crowding In of Private Donations and Government Grants[J]. NBER Working Papers,2009(2):197—204.

[56] Hintermaier T, Koeniger W. Debt Portfolios[J]. CEPR Press Discussion Paper,2011:8359.

[57] Hsiao C, Pesaran M H, Lahiri K, et al. Analysis of Panels and Limited Dependent Variable Models[M]. Cambridge University Press,1999.

[58] Huang J, Rong Z. Housing Boom, Real Estate Diversification, and Capital Structure:Evidence from China[J]. Emerging Markets Review,2017(32):74—95.

[59]Jain S. Symbiosis vs. Crowding-Out:The Interaction of Formal and Informal Credit Markets in Developing Countries [J]. Journal of Development Economics,1999(2):419—444.

[60]Janssen M C W,Mendys E. The Price of a Price:On the Crowding Out of Social Norms[R]. Tinbergen Institute Discussion Paper,2001.

[61]Jin M,Zhang Y,Pan L,et al. The Price of a Price:On the Crowding Out of Social Norms[J]. Journal of Economic Behavior & Organization,2004(3):377—395.

[62]John R M. Crowding Out Effect of Tobacco Expenditure and Its Implications on Household Resource Allocation in India[J]. Social Science & Medicine, 2008(6):1356—1367.

[63] Kallberg J G, Liu C H, Pasquariello P. On the Price Comovement of US Residential Real Estate Markets[J]. Real Estate Economics,2014(1):71-108.

[64] Kannan P,Rabanal P,Scott A M. Monetary and Macroprudential Policy Rules in a Model with House Price Booms[J]. BE Journal of Macroeconomics,2012(1): 1-44.

[65] Kao C. Spurious Regression and Residual-Based Tests for Cointegration in Panel Data[J]. Journal of Econometrics,1999(1):1-44.

[66] Kato-Vidal E L. Foreign Investment and Wages:A Crowding Effect in Mexico[J]. Latin American of Economics,2013(2):209-231.

[67] Kimura T, Kurozumi T. Effectiveness of History-Dependent Monetary Policy[J]. Journal of the Japanese Internation Economics,2004(3):330-361.

[68] Krainer J, Wilcox J A. Regime Shifts in Real Estate Markets:Time-Varying Effects of the US and Japanese Economies on House Prices in Hawaii[J]. Real Estate Economics,2013(3):449-480.

[69] Kuntz M, Helbich M. Geostatistical Mapping of Real Estate Prices:An Empirical Comparison of Kriging and Cokriging[J]. International Journal of Geographical Information Science,2014(9):1904-1921.

[70] Lai L W C, Lorne F T. Sustainable Urban Renewal and Built Heritage Conservation in a Global Real Estate Revolution[J]. Sustainability,2019(3):850.

[71] Lambertini L,Mendicino C,Punzi M T. Leaning Against Boom-Bust Cycles in Credit and Housing Prices[J]. Journal of Economic Dynamics and Control, 2013(8):1500-1522.

[72] Li J,Chen D, Shapiro D M. FDI Spillovers at the National and Subnational Level:The Impact on Product Innovation by Chinese Firms[J]. Management and Organization Review,2013(3):413-435.

[73] Lin W, Liu Y, Meng J. The Crowding-Out Effect of Formal Insurance on Informal Risk Sharing:An Experimental Study[J]. Social Science Electronic Publishing,2014:184-211.

[74] Ling D C, Naranjo A, Scheick B. Geographic Portfolio Allocations, Property Selection and Performance Attribution in Public and Private Real Estate Markets[J]. Real Estate Economics,2018(2):404-448.

[75] Ling D C, Naranjo A. Returns and Information Transmission Dynamics in

Public and Private Real Estate Markets[J]. Real Estate Economics, 2015(1): 163—208.

[76]Liow K H, Ye Q. Regime Dependent Volatilities and Correlation in International Securitized Real Estate Markets[J]. Empirica, 2018(3): 457—487.

[77]Liu Z, Wang P, Zha T. Land-Price Dynamics and Macroeconomic Fluctuations[J]. Econometrica, 2013(3): 1147—1184.

[78]Lynch B. Maximising FM's Contribution to Shareholder Value Part I: Can the Capital Expenditure Process for Fixed Assets be Improved? [J]. Journal of Facilities Management, 2002(1): 48—55.

[79]Malpezzi S, Vandell K. Does the Low-Income Housing Tax Credit Increase the Supply of Housing? [J]. Journal of Housing Economics, 2002(4): 360—380.

[80]Marino M, Lhuillery S, Parrotta P, et al. Additionality or Crowding-Out? An Overall Evaluation of Public R&D Subsidy on Private R&D Expenditure[J]. Research Policy, 2016(9): 1715—1730.

[81]McDonald J F, Stokes H H. Monetary Policy and the Housing Bubble[J]. Journal of Real Estate Finance and Economics, 2013(3): 437—451.

[82]McKinnon R I. Money and Capital in Economic Development[M]. Brookings Institution Press, 1973.

[83]Mendicino C, Punzi M T. House Prices, Capital Inflows and Macro-Prudential Policy[J]. Journal of Banking & Finance, 2014: 337—355.

[84] Miao J, Wang P, Zhou J. Housing Bubbles and Policy Analysis [J]. Unpublished Working Paper, Boston University and HKUST, 2014.

[85]Montz B E, Tobin G A. The Spatial and Temporal Variability of Residential Real Estate Values in Response to Flooding[J]. Disasters, 1988(4): 345—355.

[86]Nanda A, Clapp J M, Pancak K A. Do Laws Influence the Cost of Real Estate Brokerage Services? A State Fixed Effects Approach [J]. Real Estate Economics, 2016(4): 400—402.

[87]Nguyen T B, Van Der Krabben E, Samsura D A A. Commercial Real Estate Investment in Ho Chi Minh City-A Level Playing Field for Foreign and Domestic Investors? [J]. Habitat International, 2014: 412—421.

[88]Nicholas T, Scherbina A. Real Estate Prices During the Roaring Twenties and the Great Depression[J]. Real Estate Economics, 2013(2): 278—309.

［89］Ong S E. Real Estate Investment：A Capital Market Approach［J］. Journal of Property Investment ＆ Finance,2004(6)：542—543.

［90］Ong S E. Real Estate Investment：A Capital Market Approach［J］. Journal of Property Investment ＆ Finance,2004(6)：542—543.

［91］Peng L. The Risk and Return of Commercial Real Estate：A Property Level Analysis［J］. Real Estate Economics,2016(3)：555—583.

［92］Philips P C B,Moon H R. Nonstationary Panel Data Analysis：An Overview of Some Recent Developments［J］. Econometric Reviews,2000(3)：263—286.

［93］Piazzesi M,Schneider M. Housing and Macroeconomics［J］. Handbook of Macroeconomics,2016(2)：1547—1640.

［94］Pollmann-Schult M. Crowding-Out of Unskilled Workers in the Business Cycle：Evidence from West Germany［J］. European Sociological Review,2005(5)：467—480.

［95］Preuss H. A Method for Calculating the Crowding-Out Effect in Sport Mega-Event Impact Studies：The 2010 FIFA World Cup［J］. Development Southern Africa,2011(3)：367—385.

［96］Raschky P A,Schwarze R,Schwindt M,et al. Uncertainty of Governmental Relief and the Crowding Out of Flood Insurance［J］. Environmental ＆ Resource Economics,2013(2)：179—200.

［97］Reed R R,Ume E S. Housing and Unemployment：The Search for the "American Dream"［J］. Journal of Macroeconomics,2016：72—86.

［98］Resmini L,Siedschlag I. Is Foreign Direct Investment to China Crowding Out the Foreign Direct Investment to Other Countries？ ［J］. China Economic Review,2013(1)：1—16.

［99］Ribar D C,Wilhelm M O. Altruistic and Joy-of-Giving Motivations in Charitable Behavior［J］. Journal of Political Economy,2002(2)：425—457.

［100］Robstad O. House Prices,Credit and the Effect of Monetary Policy in Norway：Evidence from Structural VAR Models［J］. Empirical Economics,2018(2)：461—483.

［101］Schiff J. Does Government Spending Crowd Out Charitable Contributions？ ［J］. National Tax Journal,1985(4)：535—546.

［102］Shaw E S. Financial Deepening in Economic Development［M］. Oxford

University Press,1973.

[103]Sheiner L. Housing Prices and the Savings of Renters[J]. Journal of Urban Economics,1995(1):94—125.

[104]Sheridan S. Commercial Real Estate Brokers See Hot,Cold and Lukewarm Markets[J]. Politics & Gender,2016(3):451—477.

[105] Siciliani L. Paying for Performance and Motivation Crowding Out [J]. Economics Letters,2009(2):68—71.

[106] Sinai T,Waldfogel J. Do Low-Income Housing Subsidies Increase the Occupied Housing Stock? [J]. Journal of Public Economics,2005(11—12): 2137—2164.

[107]Skuras D,Tsegenidi K,Tsekouras K. Product Innovation and the Decision to Invest in Fixed Capital Assets:Evidence from an SME Survey in Six European Union Member States[J]. Research Policy,2008(10):1778—1789.

[108]Sun L,Titman S D,Twite G J. REIT and Commercial Real Estate Returns:A Postmortem of the Financial Crisis[J]. Real Estate Economics,2015(1):8—36.

[109]Szkorupová Z. Relationship between Foreign Direct Investment and Domestic Investment in Selected Countries of Central and Eastern Europe[J]. Procedia Economics and Finance,2015(1):1017—1022.

[110]Ullah A,Roy N. Nonparametric and Semiparametric Econometrics of Panel Data[M]. In Handbook of Applied Economic Statistics,CRC Press Inc,1998.

[111]Van Steen P J M,Pellenbarg P H,Groote P D. Housing Related Fees and Real Estate Tax Rates in Cities in the Netherlands [J]. Tijdschrift Voor Economische En Sociale Geografie,2016(4):502—504.

[112] Varga J. Model Real Estate Development Operating Agreement with Commentary[J]. Business Lawyer,2008(2):385—510.

[113]Vesterlund L. The Informational Value of Sequential Fundraising[J]. Journal of Public Economics,2003(3—4):627—657.

[114]Wang S G,Fan T G. Research on the Development of China's Real Estate Policies [R]. International Conference on Education Social Development, Amsterdam,Netherlands,2015.

[115]Wong S K,Lai T C C,Deng K K. Short Sales and Price Discovery in the Hong Kong Real Estate Market[J]. Real Estate Economics,2017(1):133—153.

[116]Wu C,Ding Y,Zhou X X. Three-dimensional Data Modeling of Real Estate Objects in China[J]. Journal of Geographical Systems,2019(3):433－450.

[117]Yu H J,Lee S. Government Housing Policies and Housing Market Instability in Korea[J]. Habitat International,2010(2):145－153.

[118]Zhu B,Betzinger M,Sebastian S. Housing Market Stability,Mortgage Market Structure,and Monetary Policy:Evidence from the Euro Area[J]. Journal of Housing Economics,2017:1－21.

[119]傲日格乐.资本涌入、房价预期与土地价格决定——基于大中型城市房地产市场的实证检验[J].经济问题,2019(9):93－101.

[120]曹雪姣,郭沛廷,张程.政府决策的两难:社会组织的财政扶持与挤出效应[J].经济经纬,2018(1):158－164.

[121]车树林.政府债务对企业杠杆的影响存在挤出效应吗?——来自中国的经验证据[J].国际金融研究,2019(1):86－96.

[122]陈斌开,黄少安,欧阳涤非.房地产价格上涨能推动经济增长吗?[J].经济学(季刊),2018(3):1079－1102.

[123]陈兵,孙赫泽.信用法治下房地产税的价值定位与实践进路[J].东北师大学报(哲学社会科学版),2019(5):36－45.

[124]陈创练,戴明晓.货币政策、杠杆周期与房地产市场价格波动[J].经济研究,2018(9):52－67.

[125]陈华,郑晓亚.人民币汇率对房地产市场价格的多渠道影响效应研究:基于金融动态 CGE 模型[J].中央财经大学学报,2019(3):116－128.

[126]陈杰,农汇福.保障房挤出效应的存在性及其时空异质性:基于省级面板门限模型的证据[J].统计研究,2016(4):27－35.

[127]陈庆海,杨陈,林婉.关于房地产税与土地出让金关系的辨析与抉择[J].税务研究,2018(5):63－67.

[128]陈学胜.违约风险、房地产贷款市场博弈与房地产价格[J].统计研究,2019(4):84－94.

[129]陈长石,刘晨晖.棚户区改造、非常规货币政策与房地产价格[J].财贸经济,2019(7):143－159.

[130]程博.房价高昂对制造业的挤出效应及其防范[J].社会科学家,2018(3):70－76.

[131]程永文,孙刚,洪世勤.住房投资的挤出效应检验[J].江淮论坛,2014(1):72－75.

[132]戴国强,肖立伟.欧盟房地产金融宏观审慎管理框架、经验与启示[J].上海金

融,2019(10):41—47.

[133]丁如曦,李东坤.日本房地产泡沫形成及破灭原因的综合检视及其对当代中国的启示[J].当代经济研究,2019(7):101—112.

[134]段文斌,余泳泽.FDI资本挤入(挤出)效应的内在机制及其"门槛特征"研究——理论推导与面板门限实证检验[J].南开经济研究,2012(6):49—63.

[135]段忠东.房地产价格与通货膨胀、产出的关系——理论分析与基于中国数据的实证检验[J].数量经济技术经济研究,2007(12):127—139.

[136]范建双,周琳.城镇化及房地产投资对中国碳排放的影响机制及效应研究[J].地理科学,2019(4):644—653.

[137]范欣,宋冬林,赵新宇.基础设施建设打破了国内市场分割吗?[J].经济研究,2017(2):20—34.

[138]方建国.房地产市场治理长效机制建设探析[J].宏观经济管理,2019(3):72—77.

[139]方兴.中国房地产限购政策能够有效抑制房价上涨吗——基于70个大中城市的实证研究[J].财经科学,2018(1):41—53.

[140]付颖哲,徐策.德国抑制土地和房地产投机的经验[J].宏观经济管理,2011(2):68—69.

[141]干春晖,郑若谷,余典范.中国产业结构变迁对经济增长和波动的影响[J].经济研究,2011(5):4—16.

[142]耿晔强.消费环境对我国农村居民消费影响的实证分析[J].统计研究,2012(11):36—40.

[143]耿中元,朱植散.货币政策、企业家信心与上市公司投资效率[J].经济理论与经济管理,2018(12):33—46.

[144]苟兴朝.挤出还是挤入:公共财政投资对私人投资影响分析——兼论我国公共保障性住房政策效应[J].求实,2011(9):42—45.

[145]顾海峰,张元姣.货币政策与房地产价格调控:理论与中国经验[J].经济研究,2014(S1):29—43.

[146]郭克莎,黄彦彦.从国际比较看中国房地产市场发展的问题及出路[J].财贸经济,2018(1):5—22.

[147]韩立岩,王哲兵.我国实体经济资本配置效率与行业差异[J].经济研究,2005(1):77—84.

[148]韩昱.香港特区政府治理房地产泡沫经验及其启示[J].价格理论与实践,2017(9):160—163.

[149]何珊珊,徐长生,朱乾宇.中国房地产行业存在过度进入和投资吗[J].当代财经,2019(4):3—13.

[150]何杨,林子琨.基于公共服务均等化目标的房地产税税率研究[J].税务研究,2018(5):46—51.

[151]何钰子,魏华阳.FDI挤占了中国本土企业的出口参与吗?[J].财经问题研究,2018(10):114—121.

[152]胡赛.融资约束对企业家精神"挤出效应"的实证分析——基于企业出口竞争力的视角[J].浙江学刊,2018(4):118—127.

[153]胡书东.中国财政支出和民间消费需求之间的关系[J].中国社会科学,2002(6):26—32,204.

[154]黄送钦,吴利华,吴成颂.FDI竞争具有债务融资"挤出效应"吗?[J].数量经济技术经济研究,2017(1):130—145.

[155]黄昕,董兴,平新乔.地方政府房地产限购限贷限售政策的效应评估[J].改革,2018(5):107—118.

[156]荆中博,王乐仪,方意.风险溢出、周期性与中国房地产市场系统性风险[J].当代经济科学,2019(5):11—23.

[157]景刚,王立国.房地产投资对中国经济增长影响效应研究——基于31省市面板数据[J].投资研究,2019(4):80—92.

[158]景维民,张璐.环境管制、对外开放与中国工业的绿色技术进步[J].经济研究,2014(9):34—47.

[159]黎绍凯,张洪,窦昕烨.我国房地产业挤占了非房地产投资吗——"合理投资"还是"过度投资"[J].投资研究,2017(12):19—35.

[160]黎绍凯.房地产投资挤出效应及对经济增长的影响——来自290个地级市面板数据的分析[D].云南财经大学,2017.

[161]李畅,谢家智,吴超.房地产投资与制造业:促进效应还是挤出效应——基于非参数逐点回归的实证分析[J].金融经济学研究,2013(5):39—48.

[162]李成,李一帆.货币政策、行政管制与房地产价格变动——基于百城住宅数据的经验分析[J].云南财经大学学报,2019(1):38—51.

[163]李春风,刘建江,陈先意.房价上涨对我国城镇居民消费的挤出效应研究[J].统计研究,2014(12):32—40.

[164]李广泳,武普照.节能环保技术R&D投资的"挤出效应"研究[J].科学管理研究,2015(1):5—8.

[165]李欢欢,滕丽,蔡砥.污染型邻避设施对住宅房地产价格的溢出效应研究——以广州市番禺区垃圾处理站为例[J].生态经济,2019(11):148－152,159.

[166]李会平,郑旭.全面征收房地产税会抑制居民的购房意愿吗?——基于上海市的调查研究[J].公共行政评论,2019(2):65－81.

[167]李江涛,褚磊,纪建悦.房地产投资与工业全要生产率[J].山东大学学报(哲学社会科学版),2018(5):131－139.

[168]李杰,沈良延,赵玉丹.恶性房地产泡沫产生原因的经验分析[J].中央财经大学学报,2016(9):101－111.

[169]李菁,徐英杰.交通基础设施对房地产开发投资空间分布的影响[J].财经问题研究,2018(7):124－129.

[170]李美佳,徐志刚.外商直接投资独资化挤出国内投资吗:基于工业行业要素密集度异质性的视角[J].世界经济研究,2017(10):65－77.

[171]李强,郑江淮.基础设施投资真的能促进经济增长吗?——基于基础设施投资"挤出效应"的实证分析[J].产业经济研究,2012(3):50－58.

[172]李伟民.金融大辞典[M].哈尔滨:黑龙江人民出版社,2002.

[173]李文.住宅房地产税的实施约束与税制设计[J].税务研究,2019(8):45－50.

[174]李祥发,冯宗宪.房地产周期、固定资产投资周期与经济周期的关联性——基于货币政策视角下的分析[J].经济理论与经济管理,2014(4):34－44.

[175]李迎星,田露,杨梦.限购政策是否降低房地产价格增速?[J].系统工程理论与实践,2019(4):906－921.

[176]李长生.房地产税开征预期对住房价格的影响[J].云南财经大学学报,2019(9):64－72.

[177]林梨奎,江民星.中国房地产交易真的是卖方市场吗?——基于双边随机边界模型的实证研究[J].审计与经济研究,2019(2):105－115.

[178]林嵩.房地产行业对于创业活动的挤出效应——基于中国跨地区面板数据的分析[J].经济管理,2012(6):21－29.

[179]刘灿辉,曾繁华,周华.FDI技术溢出与挤出效应——基于 DEA 与湖北省面板数据的实证分析[J].经济与管理研究,2012(4):64－70.

[180]刘华,王玮思,陈力朋.住房保有环节的房地产税与中国式住房投资[J].税务研究,2018(5):52－58.

[181]刘焕鹏,徐炜,董利红.高速增长的房地产投资是否推升了劳动力成本?——基于中国地级及以上城市的证据[J].现代财经(天津财经大学学报),2018(4):

16－29.

[182]刘骞文,闫笑.地方政府"土地引资"背景下的FDI挤入挤出效应研究[J].财经研究,2016(1):17－29.

[183]刘金东,高凤勤,陶然.房地产税的支付意愿与纳税能力分析——基于130个城市的家庭调查[J].税务研究,2019(8):51－58.

[184]刘金东,杨璇,汪崇金.高房价、土地财政与房住不炒:房地产税能抑制房价吗?[J].现代财经(天津财经大学学报),2019(1):3－15.

[185]刘金全,张菀庭,徐宁.中国房地产价格调控模式比较——李嘉图范式还是非李嘉图范式[J].财经科学,2018(7):83－95.

[186]刘骏民,伍超明.虚拟经济与实体经济关系模型——对我国当前股市与实体经济关系的一种解释[J].经济研究,2004(4):60－69.

[187]刘凯,伍亭.人民币汇率波动与中国对外直接投资:促进还是挤出[J].宏观经济研究,2017(11):11－20.

[188]刘水.基于分形视角的中国房地产市场有效性研究[J].宏观经济研究,2019(9):102－114.

[189]刘威,满燕云,何杨.东欧转型国家房地产税制及经验[J].国际税收,2015(4):38－42.

[190]刘伟,张辉.中国经济增长中的产业结构变迁和技术进步[J].经济研究,2008(11):4－15.

[191]刘雅娇,胡静波.房地产价格对实体经济波动的动态影响——基于Sys-GMM模型的实证分析[J].财经科学,2018(4):75－85.

[192]刘阳,彭雪梅,王东明.延迟退休年龄对青年就业的影响——基于挤出和产出效应的比较研究[J].保险研究,2017(2):115－127.

[193]刘一欧,黄静.我国政府投资对民间投资的挤出(挤入)效应研究——基于区域差异视角的面板数据分析[J].经济经纬,2012(4):22－26.

[194]龙斧,梁晓青.代际消费不平等:阶层化视角下子女教育支出对家庭消费的挤出效应[J].南方人口,2019(4):26－36.

[195]娄文龙,张娟.中国房地产宏观调控政策变迁量化研究——基于共词和聚类分析的视角[J].上海经济研究,2018(8):63－72.

[196]罗楚亮.经济转轨、不确定性与城镇居民消费行为[J].经济研究,2004(4):100－106.

[197]罗知,张川川.信贷扩张、房地产投资与制造业部门的资源配置效率[J].金融

研究,2015(7):60—74.

[198]马红,侯贵生,王元月.虚拟经济与实体经济非协调发展、资本投向与挤出效应[J].中南财经政法大学学报,2018(3):55—64,159.

[199]马亚明,王虹珊.影子银行、房地产市场与宏观经济波动[J].当代财经,2018(1):12—23.

[200]毛捷,赵金冉.政府公共卫生投入的经济效应——基于农村居民消费的检验[J].中国社会科学,2017(10):70—89,205—206.

[201]孟宪春,张屹山,李天宇.有效调控房地产市场的最优宏观审慎政策与经济"脱虚向实"[J].中国工业经济,2018(6):81—97.

[202]米旭明,刘春雨,李硕.投资房地产能够提升企业资本效率吗?——来自中国上市公司的经验证据[J].南开经济研究,2019(2):78—100.

[203]钮立新.中国进出口贸易与固定资产投资拉动经济比较研究——基于协整关系的实证检验[J].财经理论与实践,2012(5):109—112.

[204]潘敏,周闯.宏观审慎监管、房地产市场调控和金融稳定——基于贷款价值比的DSGE模型分析[J].国际金融研究,2019(4):14—23.

[205]潘雄锋,彭晓雪,孔新男.外商直接投资对国内投资挤入挤出效应的区制动态分析[J].运筹与管理,2016(6):195—201.

[206]彭建刚,许李欣,彭安.《多德—弗兰克法案》影响了美国房地产金融市场吗?[J].湖南大学学报(社会科学版),2019(1):52—60.

[207]彭俊华,许桂华,周爱民.房价波动对实体经济的影响:带动效应还是挤出效应?[J].投资研究,2017(8):39—51.

[208]彭俞超,黄娴静,沈吉.房地产投资与金融效率——金融资源"脱实向虚"的地区差异[J].金融研究,2018(8):51—67.

[209]乔长涛,赵颖.公共部门对私营部门就业的挤出效应分析——来自中国地级市层面的证据[J].财贸经济,2017(4):130—144.

[210]任荣荣,李牧汀.美国都市带房地产市场发展的经验与启示[J].宏观经济研究,2018(7):164—175.

[211]任亚军,徐小云."高房价"对创业意愿的挤出效应——基于跨地区面板数据的分析[J].上海金融,2017(11):33—36.

[212]石大千,杨咏文.FDI与企业创新:溢出还是挤出?[J].世界经济研究,2018(9):120—135.

[213]史桂芬,楚涵宇.中国房地产税征收的经济效应分析[J].东北师大学报(哲学

社会科学版),2019(5):46—56.

[214]苏冬蔚,曾海舰.宏观经济因素、企业家信心与公司融资选择[J].金融研究,2011(4):129—142.

[215]孙维峰,贾玉霞.自然资源依赖对技术创新的挤出效应研究[J].科技管理研究,2018(14):19—24.

[216]谭语嫣,谭之博,黄益平,等.僵尸企业的投资挤出效应:基于中国工业企业的证据[J].经济研究,2017(5):175—188.

[217]谭之博,赵岳.外商直接投资的挤入挤出效应:金融发展的影响[J].金融研究,2014(9):69—83.

[218]唐云锋,吴琦琦.土地财政制度对房地产价格的影响因素研究[J].经济理论与经济管理,2018(3):43—56.

[219]万广华,张茵,牛建高.流动性约束、不确定性与中国居民消费[J].经济研究,2001(11):35—44,94.

[220]万其龙.基于空间视角的地方政府债务竞争与私人投资挤出效应[J].经济与管理研究,2019(4):93—108.

[221]王凯,庞震.我国房价上涨对居民消费的影响:财富效应还是挤出效应?[J].华东经济管理,2019(4):102—107.

[222]王全浩.任泽平:中国房地产存在明显泡沫[N].新京报,2016—09—21.

[223]王睿,李连发.中国货币政策调控与房地产价格波动——基于拔靴分样本滚动窗口因果检验的新证据[J].上海经济研究,2019(8):86—97.

[224]王善平,彭莉莎.国企高杠杆、影子银行活动对R&D投入的挤出效应研究[J].湘潭大学学报(哲学社会科学版),2018(3):51—56.

[225]王维安,贺聪.房地产价格与通货膨胀预期[J].财经研究,2005(12):64—76.

[226]王许沁,张宗毅,葛继红.农机购置补贴政策:效果与效率——基于激励效应与挤出效应视角[J].中国农村观察,2018(2):60—74.

[227]王雪,韩永辉,王聪.中国房地产市场的联动效应和溢出效应分析——基于DAG和溢出指数的考证[J].数理统计与管理,2018(4):713—726.

[228]王志鹏,李子奈.外商直接投资对国内投资挤入挤出效应的重新检验[J].统计研究,2004(7):37—43.

[229]王重润,崔寅生.房地产投资挤出效应及其对经济增长的影响[J].现代财经(天津财经大学学报),2012(9):41—50.

[230]王重润,温礼瑶.房价上涨、投资性房地产与企业创新[J].金融与经济,2019(10):

60—65.

[231]魏修建,张丽淑.零售产业 FDI 行业内效应研究::溢出还是挤出？——基于我国省级面板数据的经验证据[J].商业经济与管理,2012(9):5—11.

[232]文春晖,李思龙,郭丽虹,等.过度融资、挤出效应与资本脱实向虚——中国实体上市公司 2007—2015 年的证据[J].经济管理,2018(7):39—55.

[233]吴婷婷,扈文秀,赵凡.泡沫经济危机动态预警研究——基于房地产市场国际经验数据[J].预测,2018(3):49—55.

[234]武力超,林俊民,韩华桂,等.人口结构对中日美房地产市场影响的比较研究[J].审计与经济研究,2018(2):106—120.

[235]习近平:决胜全面建成小康社会 夺取新时代中国特色社会主义伟大胜利——在中国共产党第十九次全国代表大会上的报告[EB/OL].(2017-10-27)[2020-08-09].http://www.gov.cn/zhuanti/2017-10/27/content_5234876.htm.

[236]冼国明,欧志斌.FDI 对中国国内投资的挤入和挤出效应及进入壁垒对该效应的影响——基于行业面板数据的重新检验[J].世界经济研究,2008(3):64—89.

[237]肖珂,黄宗远.我国房地产业对制造业挤出效应的传导机制研究[J].郑州大学学报(哲学社会科学版),2019(3):47—53.

[238]肖鹏,张秀群.财政投资对私人投资的挤出效应分析——基于 1981—2012 年的数据的实证检验[J].财政研究,2014(9):55—58.

[239]熊虎,沈坤荣.地方政府债务对创新的挤出效应研究[J].经济科学,2019(4):5—17.

[240]熊凌云.上市公司房地产投资与企业创新[J].当代财经,2019(1):84—95.

[241]徐颖君.外国直接投资对中国国内投资的影响:挤入还是挤出？[J].国际贸易问题,2006(8):87—93.

[242]许桂华,俊华,戴伟.房价波动、挤出效应与金融支持实体经济效率——基于省际空间面板的分析[J].财经科学,2017(8):23—37.

[243]许祥云,李立恒.房地产价格上涨对工业产出的影响及状态性特征[J].财政研究,2018(8):62—75.

[244]严成樑,龚六堂.财政支出、税收与长期经济增长[J].经济研究,2009(6):4—15.

[245]杨继生.通胀预期、流动性过剩与中国通货膨胀的动态性质[J].经济研究,2009(1):106—117.

[246]杨连星,张梅兰.中国对外直接投资与国内投资:挤出还是挤入？[J].世界经济研究,2019(1):56—69.

[247]杨源源,胡恒强,尹雷."挤出"还是"挤入":结构性财政支出对私人投资的影响[J].

江西社会科学,2018(1):44－55.

[248]杨峥.房地产税的价格效应——基于人口城镇化的区位粘性视角[J].经济与
管理研究,2018(6):100－109.

[249]杨志勇.稳步推进房地产税立法的主要争议及对策思路[J].税务研究,2019(8):
38－44.

[250]姚玲珍,丁彦皓.房价变动对不同收入阶层消费的挤出效应——基于上海市的
经验论证[J].现代财经(天津财经大学学报),2013(5):3－15,27.

[251]易先忠,欧阳峣,傅晓岚.国内市场规模与出口产品结构多元化:制度环境的门
槛效应[J].经济研究,2014(6):18－29.

[252]于雪.房地产价格泡沫与拐点研究——基于日本东京和中国上海的对比分析[J].
管理评论,2019(9):58－69.

[253]余永定,李军.中国居民消费函数的理论与验证[J].中国社会科学,2000(1):
123－133,207.

[254]余泳泽,李启航.城市房价与全要素生产率:"挤出效应"与"筛选效应"[J].财
贸经济,2019(1):128－143.

[255]袁志刚,宋铮.城镇居民消费行为变异与我国经济增长[J].经济研究,1999(11):
20－28.

[256]原鹏飞,冯蕾.经济增长、收入分配与贫富分化——基于模型的房地产价格上
涨效应研究[J].经济研究,2014(9):77－90.

[257]岳树民,杨鹏展,徐从超.居民住房房地产税免税扣除方式的效应分析——基
于中国家庭收入调查数据的微观模拟[J].财贸经济,2019(1):36－52.

[258]翟乃森.房地产市场的繁荣与萧条:宏观经济层面研究进展与争议[J].当代经
济管理,2019(6):9－16.

[259]张澄,沈悦.房地产价格与宏观经济波动下的银行风险承担:主观偏好还是被
动选择[J].财经论丛,2019(2):47－56.

[260]张帆,孙薇.政府创新补贴效率的微观机理:激励效应和挤出效应的叠加效
应——理论解释与检验[J].财政研究,2018(4):48－60.

[261]张光南,朱宏佳.FDI对国内投资挤入挤出效应的再检验——基于珠三角城市面
板数据的实证研究[J].国际商务(对外经济贸易大学学报),2013(1):53－64.

[262]张莉."金砖四国"FDI资本挤出挤入效应研究[J].世界经济与政治论坛,2012(2):
27－40.

[263]张敏.中央投资的增加是否挤出了私人投资?[J].投资研究,2018(2):24－42.

[264]张平,邓郁松.中国房地产税改革的定位与地方治理转型[J].经济社会体制比较,2018(2):43—54.

[265]张平,侯一麟.中国城镇居民的房地产税纳税意愿——基于不同减免方案的模拟分析[J].公共行政评论,2019(2):45—64.

[266]张平.房地产税的政府层级归属:作为地方税的理论依据与美国经验启示[J].中国行政管理,2016(12):125—130.

[267]张平淡.中国环保投资的就业效应:挤出还是带动?[J].中南财经政法大学学报,2013(1):11—17.

[268]张青政,杜学文.房地产企业税收策划法律问题研究——以营改增制度变迁为观察重点[J].经济问题,2019(12):26—33.

[269]张延群.我国房地产投资是否具有挤出效应?——基于 I(2)VECM 的分析[J].数理统计与管理,2016(2):329—340.

[270]张屹山,孟宪春,李天宇.房地产投资对经济增长的空间效应分析[J].西安交通大学学报(社会科学版),2018(1):12—18.

[271]张卓,李秉坤,尹航.我国政策性农业保险对农业产出规模的挤出效应——基于干预—控制框架 DID 模型的分析[J].商业研究,2019(8):110—117.

[272]郑群峰,王迪,阚大学.中国政府投资挤出(挤入)效应空间计量研究[J].财贸研究,2011(3):69—78.

[273]中央经济工作会议举行 习近平李克强作重要讲话[EB/OL].(2015-12-21)[2020-08-11].http://www.gov.cn/xinwen/2015-12/21/content_5026332.htm.

[274]周晓燕,徐崇波.政府投资对民间投资的影响:挤入效应还是挤出效应?[J].经济问题探索,2016(9):128—134.

[275]祝梓翔,邓翔,杜海韬.房价波动、住房自有率和房地产挤出效应[J].经济评论,2016(5):52—67.

附 录 实证检验的原始数据

（篇幅所限，只展示部分原始数据）

省(区、市)	年份	$(CPI)_{it}$	$(EXP)_{it}$	$(HOU)_{it}$	$(EXP)'_{it}$	$(EXP)''_{it}$	$(IND)_{it}$	$(OPEN)_{it}$
北京	2001	103.1	99.6	0.501370	98.5	106.4	0.670134	0.887408
北京	2002	98.2	117.3	0.262292	118.6	104.1	0.691210	0.765194
北京	2003	100.2	105.2	0.215351	105.4	100.2	0.686200	0.853177
北京	2004	101.0	108.2	0.225210	108.1	104.8	0.678291	1.015275
北京	2005	101.5	105.2	0.035105	102.8	110.5	0.696509	1.112368
北京	2006	100.9	109.5	0.127776	107.5	111.8	0.719107	1.179232
北京	2007	102.4	107.1	0.160448	106.4	112.4	0.734873	1.112577
北京	2008	105.1	105.1	−0.04363	104.4	111.4	0.753555	1.338366
北京	2009	98.5	108.5	0.224740	108.0	112.6	0.755301	0.935044
北京	2010	102.4	109.7	0.240988	109.4	108.8	0.751109	1.181294
北京	2011	105.6	106.0	0.046617	106.4	96.8	0.760721	1.313698
北京	2012	103.3	106.6	0.038576	106.5	106.7	0.764563	1.230326
北京	2013	103.3	106.6	0.104635	105.7	118.5	0.775151	1.144439
北京	2014	101.6	104.7	0.066582	104.3	108.9	0.779484	1.017080
北京	2015	101.8	106.7	0.124274	106.6	106.5	0.796527	0.716553
北京	2016	101.4	106.2	−0.042250	106.1	107.4	0.802322	0.596006
北京	2017	101.9	105.7	−0.077000	105.8	105.5	0.805562	0.639757
天津	2001	101.2	108.6	0.204136	108.8	107.1	0.459228	0.374366
天津	2002	99.6	104.7	0.090345	104.0	106.5	0.463776	0.430241
天津	2003	101.0	108.0	0.202172	107.9	106.8	0.446391	0.481365
天津	2004	102.3	112.1	0.248498	112.9	107.8	0.424228	0.563415
天津	2005	101.5	109.4	0.241058	109.6	105.9	0.424563	0.543142
天津	2006	101.5	109.9	0.228308	108.7	108.4	0.426265	0.553238
天津	2007	104.2	109.9	0.255965	109.5	107.8	0.428354	0.483153

续表

省(区、市)	年份	$(CPI)_{it}$	$(EXP)_{it}$	$(HOU)_{it}$	$(EXP)'_{it}$	$(EXP)''_{it}$	$(IND)_{it}$	$(OPEN)_{it}$
天津	2008	105.4	111.8	0.293726	110.1	113.8	0.429624	0.395865
天津	2009	99.0	109.0	0.124610	107.9	113.0	0.452702	0.308214
天津	2010	103.5	114.0	0.178813	113.7	107.6	0.459501	0.327415
天津	2011	104.9	110.0	0.246481	108.9	110.2	0.461582	0.336408
天津	2012	102.7	109.1	0.166397	107.5	117.6	0.469871	0.329589
天津	2013	103.1	106.7	0.175254	105.6	113.2	0.483285	0.340908
天津	2014	101.9	106.9	0.147776	106.1	112.2	0.495658	0.317533
天津	2015	101.7	106.2	0.101138	105.7	109.6	0.521529	0.237714
天津	2016	102.1	106.9	0.228933	106.4	109.3	0.564361	0.216802
天津	2017	102.1	106.4	−0.028970	106.3	106.5	0.581515	0.252460
河北	2001	100.5	107.4	0.298828	108.3	103.2	0.345549	0.026732
河北	2002	99.0	107.9	0.243358	109.5	102.2	0.357203	0.028485
河北	2003	102.2	106.7	0.435500	104.0	105.4	0.352489	0.036483
河北	2004	104.3	111.9	0.257213	113.5	104.9	0.330926	0.040874
河北	2005	101.8	110.2	0.239411	106.8	109.8	0.333650	0.042104
河北	2006	101.7	113.5	0.229995	111.9	111.1	0.339684	0.039602
河北	2007	104.7	111.6	0.472819	109.2	108.3	0.338106	0.047628
河北	2008	106.2	111.0	0.528931	104.9	110.3	0.329506	0.062530
河北	2009	99.3	110.7	0.401682	112.0	103.7	0.352082	0.055242
河北	2010	103.1	110.6	0.490053	110.4	105.3	0.349303	0.064740
河北	2011	105.7	113.7	0.348641	108.3	120.5	0.346029	0.065945
河北	2012	102.6	108.1	0.010453	104.1	112.1	0.353143	0.049799
河北	2013	103.0	110.8	0.116280	107.0	115.7	0.361394	0.052151
河北	2014	101.7	109.4	0.178295	106.2	113.2	0.372550	0.050458
河北	2015	100.9	109.7	0.055558	105.9	114.0	0.401924	0.038828
河北	2016	101.5	110.7	0.095761	106.8	114.5	0.415358	0.033345
河北	2017	101.7	109.5	0.027319	106.6	112.0	0.442145	0.036716
山西	2001	99.8	106.6	0.182210	82.1	118.8	0.444650	0.019280
山西	2002	98.4	123.4	0.445445	132.0	106.9	0.427000	0.023139

省(区、市)	年份	$(CPI)_{it}$	$(EXP)_{it}$	$(HOU)_{it}$	$(EXP)'_{it}$	$(EXP)''_{it}$	$(IND)_{it}$	$(OPEN)_{it}$
山西	2003	101.8	107.6	0.409907	106.6	102.4	0.412103	0.023716
山西	2004	104.1	109.8	0.323130	106.9	109.4	0.385194	0.031241
山西	2005	102.3	109.8	0.414977	106.9	109.3	0.380820	0.039059
山西	2006	102.0	114.6	0.172088	112.4	112.2	0.378423	0.040646
山西	2007	104.6	111.6	0.241156	109.3	113.1	0.374804	0.063703
山西	2008	107.2	108.7	0.262079	103.7	117.1	0.377212	0.048817
山西	2009	99.6	105.6	0.460479	104.5	104.7	0.392335	0.053208
山西	2010	103.0	109.4	0.240891	106.3	111.7	0.370876	0.057928
山西	2011	105.2	109.6	0.334256	105.5	113.5	0.352467	0.053555
山西	2012	102.5	112.6	0.278727	108.8	116.6	0.386611	0.041832
山西	2013	103.1	110.5	0.295096	107.5	113.5	0.419351	0.038119
山西	2014	101.7	105.0	0.072534	102.4	107.2	0.444986	0.035100
山西	2015	100.6	111.5	0.065064	112.1	106.4	0.531788	0.030543
山西	2016	101.1	103.7	0.068554	102.5	103.7	0.554514	0.034250
山西	2017	101.1	118.8	−0.269870	116.5	121.4	0.517140	0.030398
内蒙古	2001	100.6	106.2	0.452234	108.9	98.0	0.408003	0.067983
内蒙古	2002	100.2	113.9	0.134917	118.9	100.6	0.418081	0.069398
内蒙古	2003	102.2	104.7	0.218167	103.6	105.1	0.419025	0.057990
内蒙古	2004	102.9	110.7	0.226787	111.9	103.7	0.417616	0.064429
内蒙古	2005	102.4	110.2	0.455378	106.9	114.6	0.394942	0.065085
内蒙古	2006	101.5	113.4	1.005059	111.0	113.7	0.391232	0.061596
内蒙古	2007	104.6	118.1	0.541105	118.0	110.9	0.384142	0.056723
内蒙古	2008	105.7	109.1	0.485955	105.8	112.5	0.378058	0.043542
内蒙古	2009	99.7	115.0	0.095607	115.3	105.3	0.379523	0.031269
内蒙古	2010	103.2	111.1	0.373446	107.4	114.9	0.360609	0.031292
内蒙古	2011	105.6	114.3	0.420691	111.2	117.6	0.349299	0.032582
内蒙古	2012	103.1	111.7	−0.188370	109.6	113.9	0.354553	0.028973
内蒙古	2013	103.2	109.9	0.145241	107.7	113.7	0.368673	0.028930
内蒙古	2014	101.6	108.7	−0.073110	107.8	108.6	0.395187	0.028217

续表

省(区、市)	年份	$(CPI)_{it}$	$(EXP)_{it}$	$(HOU)_{it}$	$(EXP)'_{it}$	$(EXP)''_{it}$	$(IND)_{it}$	$(OPEN)_{it}$
内蒙古	2015	101.1	104.6	−0.211420	103.6	105.4	0.404537	0.024734
内蒙古	2016	101.2	105.5	0.048499	104.2	107.2	0.437833	0.026544
内蒙古	2017	101.7	104.3	−0.215050	102.7	106.9	0.499916	0.037733
辽宁	2001	100.0	107.6	0.219622	107.8	106.1	0.406926	0.144696
辽宁	2002	98.9	108.4	0.201863	108.4	107.2	0.413719	0.142136
辽宁	2003	101.7	105.3	0.252582	103.6	109.1	0.414466	0.164502
辽宁	2004	103.5	106.5	0.441477	108.4	99.7	0.421455	0.192249
辽宁	2005	101.4	111.6	0.246933	107.5	114.2	0.409512	0.178904
辽宁	2006	101.2	106.6	0.306480	106.0	108.6	0.408217	0.171960
辽宁	2007	105.1	110.1	0.311148	112.4	100.1	0.401883	0.164487
辽宁	2008	104.6	116.9	0.376087	117.2	112.2	0.380999	0.154283
辽宁	2009	100.0	112.2	0.281328	111.1	114.0	0.387264	0.132554
辽宁	2010	103.0	113.4	0.312509	112.4	112.5	0.371093	0.137953
辽宁	2011	105.2	114.3	0.294827	117.2	107.4	0.367080	0.130745
辽宁	2012	102.8	110.4	0.215765	107.7	114.3	0.380744	0.117201
辽宁	2013	102.4	109.5	0.182361	106.7	117.6	0.405432	0.113691
辽宁	2014	101.7	108.7	−0.178190	106.6	115.7	0.417660	0.118564
辽宁	2015	101.4	108.6	−0.328720	107.1	113.8	0.461928	0.098276
辽宁	2016	101.6	110.1	−0.411330	110.4	107.8	0.515456	0.129861
辽宁	2017	101.4	103.4	0.092999	102.6	106.9	0.525739	0.157852
吉林	2001	101.3	107.7	0.463634	108.1	106.6	0.404999	0.068123
吉林	2002	99.5	107.0	0.255997	107.1	103.9	0.408288	0.06816
吉林	2003	101.2	116.2	0.192430	109.4	107.0	0.404000	0.123316
吉林	2004	104.1	109.6	0.148592	109.0	107.9	0.391940	0.134563
吉林	2005	101.5	110.0	0.223848	108.5	113.3	0.390532	0.091902
吉林	2006	101.4	108.5	0.584632	105.8	116.2	0.394625	0.091694
吉林	2007	105.3	110.9	0.580088	111.7	107.0	0.383266	0.092677
吉林	2008	105.1	108.2	0.308031	107.8	108.6	0.375385	0.092519
吉林	2009	100.1	110.7	0.180379	111.0	109.2	0.378672	0.080874

省(区、市)	年份	$(CPI)_{it}$	$(EXP)_{it}$	$(HOU)_{it}$	$(EXP)'_{it}$	$(EXP)''_{it}$	$(IND)_{it}$	$(OPEN)_{it}$
吉林	2010	103.7	103.9	0.217188	104.2	102.2	0.358938	0.096606
吉林	2011	105.2	110.8	0.297912	107.5	120.9	0.348185	0.104276
吉林	2012	102.5	110.7	0.095902	111.0	109.1	0.347623	0.098238
吉林	2013	102.9	112.6	−0.043970	110.6	116.9	0.360843	0.090635
吉林	2014	102.0	105.5	−0.177490	105.6	103.6	0.361696	0.091690
吉林	2015	101.7	107.7	−0.102790	105.2	113.0	0.388330	0.063172
吉林	2016	101.6	103.4	0.100104	102.6	104.8	0.424539	0.064059
吉林	2017	101.6	106.2	−0.104860	105.6	105.9	0.458406	0.063809
黑龙江	2001	100.8	106.4	0.412872	107.2	102.8	0.348426	0.043272
黑龙江	2002	99.3	106.5	−0.008770	106.5	105.0	0.362752	0.053762
黑龙江	2003	100.9	109.9	0.119967	114.0	95.6	0.361783	0.050084
黑龙江	2004	103.8	104.8	0.311061	104.3	106.5	0.348960	0.054155
黑龙江	2005	101.2	112.1	0.250199	109.4	121.2	0.336874	0.051949
黑龙江	2006	101.9	104.5	0.200613	104.6	102.9	0.337479	0.056731
黑龙江	2007	105.2	111.5	0.189998	110.0	114.7	0.350935	0.053942
黑龙江	2008	105.6	112.5	0.150352	109.8	117.2	0.349477	0.052828
黑龙江	2009	100.2	111.1	0.282044	109.4	113.4	0.392681	0.048903
黑龙江	2010	103.9	112.3	0.495106	114.2	105.7	0.389691	0.060291
黑龙江	2011	105.8	109.8	0.455985	107.7	115.0	0.390883	0.107029
黑龙江	2012	103.2	105.8	0.251122	104.8	106.6	0.404651	0.106757
黑龙江	2013	102.2	109.7	0.04492	108.5	111.8	0.424362	0.097033
黑龙江	2014	101.5	116.1	−0.174930	115.4	116.3	0.457706	0.088085
黑龙江	2015	101.1	106.8	−0.250690	106.5	106.8	0.507310	0.053584
黑龙江	2016	101.5	105.6	−0.128320	104.2	108.5	0.540419	0.049662
黑龙江	2017	101.3	107.3	−0.056940	106.6	108.8	0.558197	0.058344
上海	2001	100.0	105.6	0.114029	105.3	104.2	0.523777	0.528532
上海	2002	100.5	108.4	0.187338	108.3	104.0	0.529330	0.585193
上海	2003	100.1	109.7	0.203434	108.5	108.5	0.508526	0.789918
上海	2004	102.2	111.1	0.304270	110.0	107.3	0.507537	0.886903

续表

省（区、市）	年份	$(CPI)_{it}$	$(EXP)_{it}$	$(HOU)_{it}$	$(EXP)'_{it}$	$(EXP)''_{it}$	$(IND)_{it}$	$(OPEN)_{it}$
上海	2005	101.0	109.7	0.060742	107.2	120.1	0.516477	0.847008
上海	2006	101.2	109.9	0.023042	109.6	110.7	0.521032	0.859105
上海	2007	103.2	110.2	0.025039	111.0	98.8	0.54595	0.846017
上海	2008	105.8	105.9	0.098047	106.2	102.3	0.55951	0.754788
上海	2009	99.6	105.7	0.018346	105.9	103.9	0.593552	0.617058
上海	2010	103.1	109.9	0.354709	109.7	108.3	0.572849	0.742322
上海	2011	105.2	106.5	0.137907	105.9	114.3	0.580488	0.766733
上海	2012	102.8	106.0	0.056584	106.0	106.2	0.604465	0.718953
上海	2013	102.3	107.3	0.184025	107.0	110.3	0.631834	0.672988
上海	2014	102.7	107.3	0.137215	107.3	108.3	0.648163	0.667944
上海	2015	102.4	106.5	0.081853	107.4	100.7	0.677559	0.628029
上海	2016	103.2	106.7	0.069211	107.6	101.4	0.697794	0.590283
上海	2017	101.7	107.3	0.039768	107.2	107.6	0.691788	0.622775
江苏	2001	100.8	107.4	0.155107	101.9	108.9	0.365333	0.196731
江苏	2002	99.2	109.6	0.313182	110.5	106.4	0.366925	0.248332
江苏	2003	101.0	111.7	0.488541	118.5	98.6	0.361115	0.362563
江苏	2004	104.1	113.6	0.567707	118.9	99.5	0.346452	0.459830
江苏	2005	102.1	113.2	0.216864	112.1	109.8	0.355521	0.462274
江苏	2006	101.6	112.8	0.233997	109.9	114.1	0.364	0.453069
江苏	2007	104.3	112.4	0.319503	110.5	113.2	0.374	0.426287
江苏	2008	105.4	110.0	0.313465	108.8	109.5	0.383724	0.345759
江苏	2009	99.6	113.0	0.010271	110.8	115.2	0.395535	0.276633
江苏	2010	103.8	111.4	0.287818	108.9	109.3	0.413549	0.319082
江苏	2011	105.3	114.0	0.295056	110.3	115.9	0.424396	0.298530
江苏	2012	102.6	114.2	0.114613	112.6	115.9	0.435049	0.256243
江苏	2013	102.3	116.6	0.166828	114.7	119.6	0.455161	0.230095
江苏	2014	102.2	111.9	0.137924	110.4	114.0	0.470123	0.209252
江苏	2015	101.7	110.2	−0.010500	108.5	113.1	0.486133	0.183802
江苏	2016	102.3	109.1	0.098445	107.7	110.6	0.499967	0.163287

续表

省(区、市)	年份	$(CPI)_{it}$	$(EXP)_{it}$	$(HOU)_{it}$	$(EXP)'_{it}$	$(EXP)''_{it}$	$(IND)_{it}$	$(OPEN)_{it}$
江苏	2017	101.7	109.3	0.075113	107.7	112.2	0.502735	0.179078
浙江	2001	99.8	109.1	0.504528	105.2	110.5	0.386423	0.117853
浙江	2002	99.1	111.0	0.337469	106.5	111.6	0.403314	0.129735
浙江	2003	101.9	113.9	0.344745	111.5	109.2	0.400905	0.169001
浙江	2004	103.9	112.5	0.321606	115.6	104.4	0.393539	0.192316
浙江	2005	101.3	113.6	0.124494	113.9	108.2	0.399480	0.186740
浙江	2006	101.1	113.6	0.080873	111.6	112.5	0.399648	0.193995
浙江	2007	104.2	111.6	0.157145	104.1	113.1	0.405970	0.196989
浙江	2008	105.0	109.1	0.110585	109.0	106.9	0.409982	0.183920
浙江	2009	98.5	112.4	0.114254	112.7	110.1	0.431432	0.162580
浙江	2010	103.8	110.5	0.342089	107.0	115.1	0.435166	0.178429
浙江	2011	105.4	110.7	0.367492	107.7	113.6	0.438760	0.185913
浙江	2012	102.2	106.0	0.263223	104.5	108.8	0.452358	0.160036
浙江	2013	102.3	107.4	0.189424	105.8	110.6	0.475380	0.142775
浙江	2014	102.1	107.3	0.168290	105.7	110.8	0.478450	0.124946
浙江	2015	101.4	106.0	-0.020720	103.9	111.0	0.497637	0.102317
浙江	2016	101.9	105.4	0.050259	103.7	108.8	0.509860	0.096591
浙江	2017	102.1	107.2	0.101402	107.3	104.8	0.533189	0.118834
安徽	2001	100.5	106.3	0.262254	109.1	104.1	0.379172	0.034103
安徽	2002	99.0	105.9	0.319849	111.5	101.0	0.397480	0.040632
安徽	2003	101.7	108.0	0.642774	109.8	104.7	0.417633	0.060851
安徽	2004	104.5	101.4	0.455516	130.4	71.5	0.412645	0.056950
安徽	2005	101.4	110.4	0.311674	106.3	110.4	0.399570	0.060186
安徽	2006	101.2	112.1	0.387450	109.2	110.5	0.391049	0.070522
安徽	2007	105.3	112.9	0.399435	109.8	111.3	0.378999	0.073536
安徽	2008	106.2	110.9	0.527537	108.4	109.3	0.365428	0.069201
安徽	2009	99.1	110.3	0.225410	107.9	108.8	0.363929	0.046101
安徽	2010	103.1	114.5	0.348521	111.3	114.9	0.339314	0.064963
安徽	2011	105.6	115.3	0.159757	106.5	113.3	0.325212	0.060054

续表

省(区、市)	年份	$(CPI)_{it}$	$(EXP)_{it}$	$(HOU)_{it}$	$(EXP)'_{it}$	$(EXP)''_{it}$	$(IND)_{it}$	$(OPEN)_{it}$
安徽	2012	102.3	106.6	0.206801	105.3	103.8	0.327008	0.045976
安徽	2013	102.4	103.8	0.252131	102.1	100.5	0.341777	0.055614
安徽	2014	101.6	107.0	0.099520	104.1	109.8	0.353915	0.052127
安徽	2015	101.3	107.2	0.019797	104.8	108.8	0.390905	0.044081
安徽	2016	101.8	108.1	0.040385	105.8	109.3	0.410459	0.043450
安徽	2017	101.2	108.1	0.219159	105.6	109.7	0.429249	0.058540
福建	2001	98.7	105.1	0.087380	107.7	101.7	0.397324	0.176879
福建	2002	99.5	107.2	0.104217	109.4	103.7	0.395250	0.204292
福建	2003	100.8	108.7	0.454155	111.5	104.8	0.391260	0.235734
福建	2004	104.0	107.3	0.319607	106.4	105.6	0.382767	0.260399
福建	2005	102.2	108.5	0.131020	106.6	109.1	0.389250	0.244567
福建	2006	100.8	111.5	0.457022	107.9	108.6	0.398588	0.224925
福建	2007	105.2	106.7	0.438338	105.9	105.2	0.407632	0.201516
福建	2008	104.6	108.0	−0.003000	105.7	109.8	0.401589	0.178579
福建	2009	98.2	111.1	0.006430	108.4	112.3	0.412575	0.146989
福建	2010	103.2	108.1	0.600616	106.7	104.9	0.396999	0.171292
福建	2011	105.3	106.8	0.322994	105.3	106.2	0.391724	0.186423
福建	2012	102.4	107.0	0.173616	104.6	110.4	0.392712	0.186171
福建	2013	102.5	107.1	0.311194	105.4	108.1	0.396217	0.177982
福建	2014	102.0	107.9	0.233442	105.9	111.1	0.395980	0.163315
福建	2015	101.7	108.8	−0.021410	106.5	114.0	0.415588	0.134652
福建	2016	101.7	110.9	0.026673	109.3	113.8	0.428797	0.122534
福建	2017	101.2	109.4	0.044761	107.3	113.5	0.454062	0.138685
江西	2001	99.5	104.8	0.024236	108.0	101.2	0.406108	0.018713
江西	2002	100.1	106.0	0.499174	106.0	104.3	0.396955	0.021701
江西	2003	100.8	102.9	0.631612	99.6	104.0	0.371545	0.030165
江西	2004	103.5	111.6	0.712370	110.8	109.8	0.354616	0.036711
江西	2005	101.7	109.6	0.368344	109.5	108.1	0.348041	0.032819
江西	2006	101.2	125.0	0.239911	129.2	120.1	0.334953	0.040381

省(区、市)	年份	$(CPI)_{it}$	$(EXP)_{it}$	$(HOU)_{it}$	$(EXP)'_{it}$	$(EXP)''_{it}$	$(IND)_{it}$	$(OPEN)_{it}$
江西	2007	104.8	108.4	0.148987	110.3	105.9	0.330839	0.052491
江西	2008	106.0	114.8	0.258700	93.4	105.4	0.337949	0.058693
江西	2009	99.3	112.3	0.257659	108.9	113.4	0.344482	0.048278
江西	2010	103.0	111.9	0.158602	108.3	114.8	0.330263	0.058755
江西	2011	105.2	111.6	0.113944	108.0	115.3	0.335065	0.052942
江西	2012	102.7	110.5	0.226663	106.7	113.4	0.346444	0.040467
江西	2013	102.5	110.0	0.118323	106.3	113.7	0.354517	0.036875
江西	2014	102.3	110.1	0.211382	106.3	113.7	0.368000	0.041847
江西	2015	101.5	109.3	0.125926	106.7	112.1	0.391014	0.034572
江西	2016	102.0	108.9	0.149423	105.8	112.3	0.419749	0.036732
江西	2017	102.0	108.2	0.165015	105.2	111.8	0.427019	0.039994
山东	2001	101.8	107.6	0.137238	105.3	108.6	0.356663	0.097515
山东	2002	99.3	108.1	0.331676	105.4	105.4	0.360130	0.103320
山东	2003	101.1	107.5	0.315487	106.7	107.5	0.340485	0.123898
山东	2004	103.6	109.9	0.487575	106.8	108.2	0.317185	0.136720
山东	2005	101.7	115.2	0.314343	113.2	113.0	0.322578	0.136535
山东	2006	101.0	115.4	0.278403	113.9	113.7	0.328183	0.133283
山东	2007	104.4	113.6	0.212404	111.8	114.1	0.334417	0.139721
山东	2008	105.3	113.3	0.283150	112.9	111.0	0.334870	0.146415
山东	2009	100.0	110.8	0.340239	109.5	111.1	0.347178	0.120033
山东	2010	102.9	110.3	0.191412	108.4	111.6	0.366177	0.146781
山东	2011	105.0	109.6	0.337889	112.4	122.5	0.382941	0.156869
山东	2012	102.1	110.4	0.263860	106.9	115.6	0.399810	0.147465
山东	2013	102.2	110.1	0.146481	107.7	112.0	0.420449	0.148400
山东	2014	101.9	110.1	0.156366	106.6	116.1	0.434824	0.136674
山东	2015	101.2	109.0	0.068586	105.2	115.0	0.452957	0.095580
山东	2016	102.1	108.5	0.012755	104.6	114.2	0.466769	0.094970
山东	2017	101.5	108.6	0.073185	105.2	113.9	0.479920	0.109236
河南	2001	100.7	106.9	0.320493	108.0	106.1	0.323191	0.016109

续表

省（区、市）	年份	$(CPI)_{it}$	$(EXP)_{it}$	$(HOU)_{it}$	$(EXP)'_{it}$	$(EXP)''_{it}$	$(IND)_{it}$	$(OPEN)_{it}$
河南	2002	100.1	108.6	0.345391	109.9	105.1	0.327790	0.014873
河南	2003	101.6	108.6	0.341139	109.3	104.7	0.343472	0.020885
河南	2004	105.4	109.5	0.394805	105.6	108.8	0.318268	0.023657
河南	2005	102.1	107.7	0.501120	105.2	105.1	0.300476	0.020406
河南	2006	101.3	112.3	0.497864	108.3	111.6	0.301019	0.020377
河南	2007	105.4	109.1	0.438457	105.8	107.3	0.300548	0.022338
河南	2008	107.0	114.3	0.441519	110.8	113.2	0.283029	0.026058
河南	2009	99.4	112.4	0.287600	110.1	110.0	0.292648	0.021499
河南	2010	103.5	114.1	0.360622	113.1	110.3	0.286150	0.021406
河南	2011	105.6	112.0	0.242403	107.6	114.9	0.296748	0.032095
河南	2012	102.5	110.4	0.155623	106.8	111.1	0.309385	0.047051
河南	2013	102.9	109.6	0.266357	106.7	110.2	0.356485	0.046115
河南	2014	101.9	108.6	0.138393	104.2	113.7	0.370988	0.044991
河南	2015	101.3	110.5	0.101291	108.0	111.0	0.402010	0.051708
河南	2016	101.9	109.0	0.282262	105.9	110.6	0.417816	0.046623
河南	2017	101.4	109.0	0.147451	106.8	109.1	0.433374	0.046372
湖北	2001	100.3	110.0	0.123375	111.9	104.7	0.415915	0.037975
湖北	2002	99.6	111.5	0.181169	114.0	104.1	0.426301	0.036443
湖北	2003	102.2	109.0	0.338110	110.8	101.1	0.421041	0.042693
湖北	2004	104.9	107.3	0.410977	107.6	103.7	0.406968	0.049715
湖北	2005	102.9	113.3	0.328125	110.6	117.3	0.403014	0.057503
湖北	2006	101.6	113.3	0.260766	112.3	113.1	0.408532	0.057575
湖北	2007	104.8	118.9	0.281482	118.4	117.3	0.408462	0.054553
湖北	2008	106.3	113.3	0.233430	112.3	113.1	0.394287	0.055154
湖北	2009	99.6	105.3	0.344775	103.7	106.3	0.395578	0.038327
湖北	2010	102.9	115.2	0.348039	112.4	115.0	0.379103	0.048713
湖北	2011	105.8	121.1	0.276992	117.4	18.8	0.369138	0.046231
湖北	2012	102.9	109.7	0.228882	105.6	114.5	0.368917	0.035648
湖北	2013	102.8	110.6	0.293984	108.2	112.7	0.402347	0.033834

省(区、市)	年份	$(CPI)_{it}$	$(EXP)_{it}$	$(HOU)_{it}$	$(EXP)'_{it}$	$(EXP)''_{it}$	$(IND)_{it}$	$(OPEN)_{it}$
湖北	2014	102.0	110.8	0.212345	108.8	111.7	0.414545	0.036789
湖北	2015	101.5	109.2	0.066630	106.5	109.2	0.431022	0.034442
湖北	2016	102.2	109.7	0.011096	107.7	111.7	0.439354	0.027145
湖北	2017	101.5	109.4	0.064824	107.0	113.2	0.465284	0.030166
湖南	2001	99.1	107.7	0.435387	106.2	103.0	0.415812	0.021708
湖南	2002	99.5	103.9	0.405083	101.4	103.9	0.428947	0.021543
湖南	2003	102.4	109.0	0.524185	110.2	103.0	0.428280	0.028179
湖南	2004	105.1	109.7	0.455767	108.1	106.0	0.430517	0.034285
湖南	2005	102.3	109.7	0.364619	106.6	108.7	0.437058	0.027981
湖南	2006	101.4	107.8	0.216841	106.4	104.7	0.420023	0.023437
湖南	2007	105.6	111.4	0.357012	109.9	107.6	0.406310	0.025539
湖南	2008	106.0	109.0	0.266824	107.0	106.4	0.401010	0.024849
湖南	2009	99.6	108.9	0.134593	107.8	106.1	0.413701	0.024361
湖南	2010	103.1	109.1	0.354506	109.7	105.3	0.397137	0.028282
湖南	2011	105.5	109.6	0.323164	107.6	110.5	0.383310	0.029684
湖南	2012	102.0	109.2	0.137204	105.7	111.4	0.390156	0.026631
湖南	2013	102.5	108.1	0.189005	105.6	109.0	0.409289	0.026044
湖南	2014	101.9	109.2	0.097115	106.6	111.2	0.421880	0.024739
湖南	2015	101.4	107.4	−0.093570	105.8	107.0	0.441481	0.021905
湖南	2016	101.9	108.0	0.131340	106.5	106.7	0.463746	0.018002
湖南	2017	101.4	108.0	0.158635	106.2	107.0	0.494325	0.025616
广东	2001	99.3	101.9	0.132458	100.3	103.0	0.460523	0.557348
广东	2002	98.6	113.2	0.146975	110.2	105.7	0.469837	0.629145
广东	2003	100.6	117.0	0.106048	106.4	103.4	0.453083	0.682634
广东	2004	103.0	115.9	0.099163	107.9	108.2	0.441848	0.726388
广东	2005	102.3	110.0	0.174106	108.6	113.2	0.433229	0.689280
广东	2006	101.8	107.4	0.158056	106.9	102.2	0.435758	0.675374
广东	2007	103.7	112.9	0.365455	112.6	105.0	0.442988	0.633814
广东	2008	105.6	107.1	0.171625	107.1	105.6	0.443558	0.527166

续表

省(区、市)	年份	$(CPI)_{it}$	$(EXP)_{it}$	$(HOU)_{it}$	$(EXP)'_{it}$	$(EXP)''_{it}$	$(IND)_{it}$	$(OPEN)_{it}$
广东	2009	97.7	110.9	0.004093	111.3	106.9	0.457229	0.436234
广东	2010	103.1	109.3	0.235831	107.5	109.4	0.450123	0.488009
广东	2011	105.3	107.9	0.314294	105.3	114.1	0.452877	0.463124
广东	2012	102.8	108.3	0.112867	107.9	107.7	0.464704	0.453483
广东	2013	102.5	106.4	0.212375	105.5	108.0	0.488252	0.451263
广东	2014	102.3	108.3	0.177031	106.9	113.4	0.489948	0.389982
广东	2015	101.5	106.8	0.117828	106.2	107.5	0.506142	0.324474
广东	2016	102.3	105.7	0.207219	104.9	107.0	0.520078	0.293029
广东	2017	101.5	105.2	0.171510	104.3	107.6	0.536042	0.288880
广西	2001	100.6	104.4	0.437290	104.3	102.7	0.408811	0.020395
广西	2002	99.1	107.6	0.354444	106.9	108.2	0.425897	0.030272
广西	2003	101.1	105.3	0.598167	108.4	100.3	0.417655	0.035701
广西	2004	104.4	108.6	0.598786	108.0	103.5	0.396656	0.045600
广西	2005	102.4	114.9	0.490980	107.1	118.5	0.391787	0.047390
广西	2006	101.3	108.5	0.290073	108.3	103.9	0.386654	0.051642
广西	2007	106.1	111.8	0.449484	114.5	102.2	0.370360	0.054187
广西	2008	107.8	110.9	0.169799	110.4	103.9	0.360278	0.058251
广西	2009	97.9	115.8	0.297032	114.2	111.6	0.376217	0.051761
广西	2010	103.0	111.0	0.482426	109.0	108.6	0.353518	0.057551
广西	2011	105.9	108.4	0.258038	105.2	112.4	0.341129	0.060055
广西	2012	103.2	110.3	0.024692	107.5	109.5	0.354067	0.067879
广西	2013	102.2	109.1	0.038387	107.9	105.4	0.375639	0.060579
广西	2014	102.1	107.6	0.138645	103.8	112.4	0.378647	0.063578
广西	2015	101.5	107.3	0.038401	104.4	110.9	0.388032	0.085834
广西	2016	101.6	106.3	0.256091	103.7	109.1	0.395639	0.089570
广西	2017	101.6	106.5	0.119054	102.4	113.4	0.442369	0.108576
海南	2001	98.5	106.0	0.654739	105.9	105.2	0.429166	0.135634
海南	2002	99.5	108.0	0.175336	107.5	107.1	0.421577	0.134895
海南	2003	100.1	106.7	0.820487	105.0	107.1	0.411578	0.163313

续表

省(区、市)	年份	$(CPI)_{it}$	$(EXP)_{it}$	$(HOU)_{it}$	$(EXP)'_{it}$	$(EXP)''_{it}$	$(IND)_{it}$	$(OPEN)_{it}$
海南	2004	104.4	107.5	0.529364	106.1	107.6	0.409072	0.233174
海南	2005	101.5	106.4	0.265405	106.3	104.4	0.410525	0.135507
海南	2006	101.5	109.1	0.259845	106.6	105.8	0.406852	0.110008
海南	2007	105.1	109.6	0.429196	108.9	104.2	0.421665	0.130351
海南	2008	106.9	110.3	0.563455	104.7	109.6	0.428107	0.135908
海南	2009	99.3	110.1	0.443770	106.0	108.5	0.452536	0.147546
海南	2010	104.8	111.8	0.624774	110.6	109.8	0.461938	0.207503
海南	2011	106.1	115.2	0.390942	111.0	124.3	0.455444	0.261521
海南	2012	103.2	109.3	0.362427	107.0	111.8	0.469099	0.247279
海南	2013	102.8	108.2	0.349770	103.7	115.1	0.517422	0.219832
海南	2014	102.4	108.7	0.196272	104.8	115.7	0.518530	0.200844
海南	2015	101.0	108.5	0.190235	104.5	116.9	0.532635	0.171976
海南	2016	102.8	106.6	0.049061	103.1	112.3	0.542510	0.151139
海南	2017	102.8	109.5	0.148529	107.7	110.2	0.560970	0.090903
重庆	2001	101.7	106.4	0.408508	102.4	108.1	0.424921	0.030622
重庆	2002	99.6	106.2	0.250369	102.1	106.6	0.428204	0.026025
重庆	2003	100.6	109.7	0.333374	107.3	107.2	0.423110	0.032703
重庆	2004	103.7	109.2	0.198847	104.0	113.9	0.405203	0.048178
重庆	2005	100.8	109.2	0.317078	106.8	109.2	0.415351	0.041866
重庆	2006	102.4	111.1	0.216213	111.0	103.3	0.422089	0.043226
重庆	2007	104.7	115.3	0.349755	113.6	111.8	0.390325	0.047658
重庆	2008	105.6	110.0	0.166020	108.4	105.8	0.372904	0.045544
重庆	2009	98.4	112.4	0.250161	110.6	109.0	0.378934	0.035907
重庆	2010	103.2	114.1	0.307811	111.8	113.3	0.363517	0.042178
重庆	2011	105.3	114.1	0.243683	110.3	119.4	0.361969	0.060489
重庆	2012	102.6	111.9	0.244783	107.8	117.7	0.393915	0.080975
重庆	2013	102.7	112.2	0.201100	109.4	114.9	0.466883	0.106082
重庆	2014	101.8	111.1	0.204944	108.8	113.7	0.467833	0.137954
重庆	2015	101.3	110.6	0.033345	108.5	113.0	0.477039	0.076402

续表

省(区、市)	年份	$(CPI)_{it}$	$(EXP)_{it}$	$(HOU)_{it}$	$(EXP)'_{it}$	$(EXP)''_{it}$	$(IND)_{it}$	$(OPEN)_{it}$
重庆	2016	101.8	110.0	−0.006750	107.9	111.5	0.481293	0.082742
重庆	2017	101.0	108.6	0.068205	106.4	110.9	0.492364	0.083441
四川	2001	102.1	106.4	0.368322	106.0	102.3	0.405220	0.029234
四川	2002	99.7	108.7	0.284281	106.4	106.4	0.411360	0.030776
四川	2003	101.7	109.8	0.309222	106.4	109.1	0.410584	0.037645
四川	2004	104.9	106.1	0.131324	102.8	105.8	0.393487	0.037459
四川	2005	101.7	110.8	0.375176	106.5	110.9	0.384115	0.035499
四川	2006	102.3	106.5	0.303728	107.1	103.3	0.381994	0.040332
四川	2007	105.9	110.2	0.450880	108.5	108.4	0.367493	0.041555
四川	2008	105.1	107.1	0.094112	102.9	106.1	0.362004	0.049499
四川	2009	100.8	112.1	0.094145	109.7	114.4	0.367373	0.048267
四川	2010	103.2	113.7	0.381687	109.6	116.5	0.350901	0.054569
四川	2011	105.3	114.4	0.284576	110.2	117.2	0.333578	0.057432
四川	2012	102.5	112.2	0.158639	105.9	116.9	0.345259	0.054668
四川	2013	102.8	108.7	0.179586	105.4	111.4	0.361903	0.053094
四川	2014	101.6	108.4	0.136800	106.6	110.0	0.386983	0.054598
四川	2015	101.5	108.0	0.098843	104.7	111.0	0.436817	0.037503
四川	2016	101.9	107.3	0.097571	104.2	110.2	0.472340	0.043076
四川	2017	101.4	108.6	−0.025130	105.8	110.9	0.497286	0.055783
贵州	2001	101.8	103.2	0.438600	100.6	104.1	0.375321	0.016410
贵州	2002	99.0	106.5	0.238770	106.8	105.7	0.386327	0.016618
贵州	2003	101.2	106.3	0.264306	107.5	105.0	0.391407	0.023000
贵州	2004	104.0	104.2	0.159219	106.7	100.8	0.394445	0.031923
贵州	2005	101.0	115.9	0.266809	111.9	116.6	0.406558	0.022247
贵州	2006	101.7	115.0	0.211978	117.2	107.3	0.422996	0.019743
贵州	2007	106.4	104.8	0.336635	102.3	105.8	0.455232	0.021220
贵州	2008	107.6	105.7	0.246686	103.1	106.1	0.463937	0.028576
贵州	2009	98.7	114.3	0.192733	110.4	117.2	0.481969	0.016544
贵州	2010	102.9	111.6	0.499502	103.8	114.6	0.473054	0.018043

省(区、市)	年份	$(CPI)_{it}$	$(EXP)_{it}$	$(HOU)_{it}$	$(EXP)'_{it}$	$(EXP)''_{it}$	$(IND)_{it}$	$(OPEN)_{it}$
贵州	2011	105.1	109.9	0.569060	103.0	111.5	0.487788	0.021551
贵州	2012	102.7	109.2	0.680176	105.5	110.9	0.479080	0.015471
贵州	2013	102.5	112.7	0.323617	106.7	118.7	0.471401	0.010753
贵州	2014	102.4	113.1	0.126190	110.2	111.9	0.445535	0.009109
贵州	2015	101.8	109.9	0.007963	106.7	110.1	0.448854	0.013478
贵州	2016	101.4	112.6	−0.025450	109.6	112.0	0.446729	0.005397
贵州	2017	100.9	112.2	0.024216	109.4	111.9	0.449043	0.011810
云南	2001	99.1	86.1	0.057071	94.4	116.6	0.386207	0.028827
云南	2002	99.8	109.3	0.094112	109.6	104.1	0.395405	0.028524
云南	2003	101.2	103.1	0.194369	105.8	96.3	0.396617	0.032141
云南	2004	106.0	121.9	0.304079	119.2	120.8	0.386945	0.040353
云南	2005	101.4	110.8	0.646835	104.0	114.8	0.396976	0.049720
云南	2006	101.9	106.6	0.345227	101.6	109.6	0.390636	0.056635
云南	2007	105.9	104.8	0.273100	98.8	110.8	0.397438	0.064134
云南	2008	105.7	110.8	0.318853	110.2	106.4	0.389804	0.056278
云南	2009	100.4	111.9	0.322348	111.2	107.8	0.408383	0.039131
云南	2010	103.7	112.7	0.221002	109.9	113.9	0.400365	0.054578
云南	2011	104.9	116.2	0.421672	110.1	121.6	0.416253	0.047617
云南	2012	102.7	113.7	0.392155	108.9	114.4	0.410857	0.067331
云南	2013	103.1	111.7	0.396260	111.8	105.2	0.425302	0.050416
云南	2014	102.4	107.7	0.144000	102.3	114.8	0.432530	0.051867
云南	2015	101.9	110.9	−0.062400	109.4	108.6	0.451369	0.036017
云南	2016	101.5	106.8	0.007242	104.3	106.7	0.466794	0.037783
云南	2017	100.9	106.8	0.036420	102.5	108.3	0.478312	0.049411
西藏	2001	100.1	106.2	0.530612	103.8	107.2	0.500503	0.006269
西藏	2002	100.4	119.0	0.846667	114.1	122.5	0.552703	0.025157
西藏	2003	100.9	121.8	−0.277980	161.2	84.3	0.522773	0.017261
西藏	2004	102.7	111.8	1.695000	110.2	111.9	0.559590	0.026170
西藏	2005	101.5	95.3	0.116883	86.9	108.0	0.551608	0.013198

续表

省(区、市)	年份	$(CPI)_{it}$	$(EXP)_{it}$	$(HOU)_{it}$	$(EXP)'_{it}$	$(EXP)''_{it}$	$(IND)_{it}$	$(OPEN)_{it}$
西藏	2006	102.0	96.2	0.478405	79.5	119.2	0.549457	0.029106
西藏	2007	103.4	110.1	0.312360	113.9	105.0	0.550801	0.014944
西藏	2008	105.7	109.3	0.176370	112.0	104.6	0.553805	0.010247
西藏	2009	101.4	115.1	0.146288	113.4	115.3	0.545700	0.004122
西藏	2010	102.2	112.1	−0.431110	111.8	110.8	0.541560	0.008676
西藏	2011	105.0	105.8	−0.427460	103.3	108.1	0.532443	0.018712
西藏	2012	103.5	108.6	0.339181	109.5	107.2	0.538921	0.006210
西藏	2013	103.6	116.7	0.409025	108.7	122.4	0.537068	0.003824
西藏	2014	102.9	111.3	4.465909	103.6	112.8	0.534681	0.010279
西藏	2015	102.0	116.1	−0.054620	109.1	117.3	0.537963	0.019839
西藏	2016	102.5	108.0	−0.029590	104.1	107.1	0.526711	0.017895
西藏	2017	101.6	110.6	−0.168520	108.0	109.7	0.514562	0.022155
陕西	2001	101.0	107.3	0.264799	106.6	106.0	0.431792	0.039265
陕西	2002	98.9	106.9	0.238425	106.1	102.4	0.427631	0.031148
陕西	2003	101.7	107.6	0.523914	107.5	102.4	0.411130	0.033536
陕西	2004	103.1	108.1	0.227603	104.8	111.7	0.388779	0.032471
陕西	2005	101.2	106.8	0.293204	103.2	111.3	0.393162	0.031236
陕西	2006	101.5	110.9	0.320823	107.7	111.1	0.380799	0.029085
陕西	2007	105.2	110.6	0.355721	108.1	108.3	0.378338	0.029216
陕西	2008	106.4	109.9	0.423877	106.6	110.8	0.369090	0.027991
陕西	2009	100.5	109.7	0.235362	107.2	109.0	0.384800	0.036934
陕西	2010	104.0	111.7	0.231344	108.9	110.0	0.364393	0.039409
陕西	2011	105.7	112.3	0.216849	108.5	113.7	0.348122	0.039294
陕西	2012	102.8	114.1	0.301247	109.4	117.9	0.346600	0.026845
陕西	2013	103.0	110.4	0.220183	106.6	113.1	0.359888	0.037844
陕西	2014	101.6	110.1	0.083172	107.9	111.4	0.370140	0.046652
陕西	2015	101.0	106.5	0.027942	104.2	108.1	0.407400	0.054293
陕西	2016	101.3	107.3	0.097206	104.9	109.4	0.423464	0.048311
陕西	2017	101.6	108.1	0.133450	105.9	109.8	0.423515	0.048280

省(区、市)	年份	$(CPI)_{it}$	$(EXP)_{it}$	$(HOU)_{it}$	$(EXP)'_{it}$	$(EXP)''_{it}$	$(IND)_{it}$	$(OPEN)_{it}$
甘肃	2001	104.0	106.1	0.132082	103.6	106.1	0.408168	0.022253
甘肃	2002	100.0	108.2	0.202104	106.3	103.0	0.417871	0.022069
甘肃	2003	101.1	108.7	0.347123	102.8	110.8	0.421415	0.026604
甘肃	2004	102.3	110.9	0.418898	110.0	110.7	0.407707	0.037586
甘肃	2005	101.7	109.6	0.201443	104.1	112.7	0.407119	0.065199
甘肃	2006	101.3	108.9	0.128406	109.2	102.5	0.395266	0.081048
甘肃	2007	105.2	106.3	0.371981	106.2	102.4	0.383549	0.108690
甘肃	2008	108.2	105.2	0.385918	100.9	111.4	0.389732	0.098559
甘肃	2009	101.3	107.1	0.098649	107.0	104.8	0.402434	0.063117
甘肃	2010	104.1	109.3	0.305036	103.6	108.5	0.372869	0.094709
甘肃	2011	105.9	120.2	0.377463	114.2	127.2	0.391164	0.084522
甘肃	2012	102.7	111.8	0.528790	108.6	112.8	0.401687	0.059516
甘肃	2013	103.2	111.7	0.291665	113.3	108.1	0.432915	0.054381
甘肃	2014	102.1	110.8	−0.004390	109.6	107.3	0.440206	0.029750
甘肃	2015	101.6	109.6	0.064576	107.1	109.0	0.492092	0.019631
甘肃	2016	101.3	108.8	0.106723	107.3	106.4	0.514060	0.025557
甘肃	2017	101.4	107.8	0.111161	104.7	109.2	0.541342	0.028207
青海	2001	102.6	107.5	0.137778	107.4	103.7	0.434145	0.015380
青海	2002	102.3	105.5	0.101563	103.1	104.0	0.436900	0.011092
青海	2003	102.0	107.5	0.318558	107.5	103.2	0.435187	0.013841
青海	2004	103.2	109.2	0.176154	111.2	102.4	0.415576	0.021443
青海	2005	100.8	114.0	0.109375	108.6	125.3	0.392715	0.013586
青海	2006	101.6	106.6	0.071110	105.8	106.6	0.384025	0.014447
青海	2007	106.7	110.8	0.097178	111.2	108.0	0.369863	0.021568
青海	2008	110.1	106.6	0.496346	102.7	112.6	0.349424	0.018390
青海	2009	102.6	108.6	0.423130	107.0	108.2	0.368585	0.021158
青海	2010	105.4	107.0	0.485106	103.4	107.8	0.348689	0.016180
青海	2011	106.1	112.8	0.337369	106.3	120.1	0.323376	0.010130
青海	2012	103.1	115.2	0.310941	110.6	121.2	0.329695	0.014292

续表

省（区、市）	年份	$(CPI)_{it}$	$(EXP)_{it}$	$(HOU)_{it}$	$(EXP)'_{it}$	$(EXP)''_{it}$	$(IND)_{it}$	$(OPEN)_{it}$
青海	2013	103.9	111.8	0.305409	111.1	109.7	0.360998	0.016212
青海	2014	102.8	109.7	0.244982	106.7	113.2	0.370370	0.015735
青海	2015	102.6	110.1	0.089954	112.0	108.0	0.414063	0.007537
青海	2016	101.8	109.2	0.181310	106.3	113.6	0.428114	0.004109
青海	2017	101.5	106.6	0.029401	102.9	111.6	0.466320	0.005957
宁夏	2001	101.6	105.9	0.488760	112.1	96.3	0.450124	0.044380
宁夏	2002	99.4	112.4	0.331320	116.7	104.6	0.453760	0.025178
宁夏	2003	101.7	113.7	0.649708	113.7	113.7	0.438881	0.026257
宁夏	2004	103.7	115.9	0.319780	118.8	110.2	0.423991	0.040366
宁夏	2005	101.5	114.6	0.112963	118.4	106.1	0.423581	0.037327
宁夏	2006	101.9	106.9	0.028885	109.3	101.5	0.406089	0.054306
宁夏	2007	105.5	111.7	0.210164	112.1	106.5	0.398407	0.041022
宁夏	2008	108.5	116.2	0.262915	118.0	105.0	0.394544	0.035826
宁夏	2009	100.7	106.4	0.383961	104.4	106.9	0.416564	0.023196
宁夏	2010	104.1	108.6	0.563045	107.2	104.6	0.415737	0.031650
宁夏	2011	106.3	111.1	0.321815	106.0	118.3	0.410007	0.021086
宁夏	2012	102.0	109.2	0.276358	105.5	114.7	0.419649	0.015519
宁夏	2013	103.4	108.8	0.302505	105.0	116.1	0.429540	0.015991
宁夏	2014	101.9	111.7	0.171440	107.7	117.7	0.433803	0.025275
宁夏	2015	101.1	112.5	−0.032320	108.2	120.0	0.444544	0.016602
宁夏	2016	101.5	107.2	0.149170	104.9	109.6	0.454003	0.016052
宁夏	2017	101.6	108.0	−0.103440	103.3	118.5	0.468228	0.027223
新疆	2001	104.0	104.2	0.705032	102.9	104.7	0.422077	0.061206
新疆	2002	99.4	109.7	−0.104270	111.5	105.8	0.436859	0.070993
新疆	2003	100.4	100.4	0.168510	99.4	103.9	0.399666	0.097819
新疆	2004	102.7	105.9	0.021563	106.9	100.5	0.377241	0.096974
新疆	2005	100.7	110.7	−0.029040	106.3	113.5	0.356890	0.091271
新疆	2006	101.3	107.2	0.189062	105.7	103.9	0.347478	0.051414
新疆	2007	105.5	110.9	0.392455	110.0	108.0	0.353912	0.047777

续表

省(区、市)	年份	$(CPI)_{it}$	$(EXP)_{it}$	$(HOU)_{it}$	$(EXP)'_{it}$	$(EXP)''_{it}$	$(IND)_{it}$	$(OPEN)_{it}$
新疆	2008	108.1	105.9	0.358306	104.6	104.6	0.339782	0.048450
新疆	2009	100.7	107.6	0.031711	105.5	111.3	0.371218	0.048126
新疆	2010	104.3	118.7	0.474139	116.0	116.6	0.324910	0.051809
新疆	2011	105.9	110.8	0.485074	107.9	109.7	0.339652	0.058568
新疆	2012	103.8	115.9	0.173706	114.8	116.2	0.360169	0.048987
新疆	2013	103.9	103.7	0.362322	106.1	102.1	0.406702	0.038827
新疆	2014	102.1	107.0	0.229045	102.8	113.5	0.408251	0.027765
新疆	2015	100.6	108.4	−0.015700	106.2	108.8	0.447122	0.014516
新疆	2016	101.4	110.4	−0.075560	107.6	113.2	0.451177	0.014149
新疆	2017	102.2	107.7	0.123955	106.7	106.6	0.459405	0.018212

后 记

持续了三年半的时间,本书写到了此刻。"不忘初心、牢记使命",这句话突然出现在脑海中。迄今为止,写过的文字超过了 100 万,发表的文章有 70 多篇,但是学术的目的到底是什么?这一问题始终萦绕在我的脑海里。回想起来,当初读博时,我不希望仅仅为了毕业证而读书,也不希望博士生的生活里只有"文章"。"文章"不代表兴趣,更不能代表乐趣。如果读博期间,能够找到学术的兴趣和乐趣,哪怕一篇文章未写,也值得。这几年来,最大的遗憾就是读书太少。在我的设想里,博士最大的任务是读书,而非发论文。我一直试图弥补在读书上的遗憾,大学里图书馆的北馆和南馆是我经常去的地方。读的书越多,越觉得该读的书越多,故读书将成为以后我的必修课。

站在现在的时间节点回看过去的几年,有很多感慨和无奈。感慨时间太快,许多事情来不及做,甚至来不及去好好回想。无奈人生的旅途中,个体的渺小无法对抗时空的伟大,很多时候只能"由它去吧"。从事学术研究已有 14 年,学术研究同样面临着诸多感慨和无奈。学术永远没有"完美",也没有终点,再逻辑严密的模型都能找到漏洞,再精准无比的数据都有可能面临质疑。有时候我在想,对学术的评价是否应该由"缺什么"向"有什么"转变?因为发掘一项研究的价值,远比找到它的缺陷重要得多。

学术之路以后还要继续走下去,书也要继续读下去。也许有一天会发现,过去走过的路、写过的文章、讲过的话都是垃圾,大概到那个时候,就是悟"道"了吧。

最后,我要感谢我的导师钟坚教授和一直支持我的沈艳女士。

2022 年 8 月